Western Cuisine

서양조리실무

민 계 홍 저

기문사
www.kimoonsa.co.kr

머리말

본서는 필자가 오랫동안 호텔에서 서양조리 업무를 담당할 때 익혔던 지식을 정리한 것이다. 조리를 배우려는 학생들이나 또는 현장에서 근무하는 사람들에게 필자의 실무경험이 조금이나마 도움을 줄 수 있지 않을까 하는 생각에서였다. 따라서 본서는 최근 실무현장에서 실질적으로 활용되고 있는 메뉴를 중심으로 꼭 알아야 될 기본적인 이론을 바탕으로 이해하기 쉽게 접근을 하려고 노력을 하였다.

이 책을 쓰게 된 계기는 2010년 1년 동안 호주 퀸즐랜드 브리즈번에 있는 퀸즐랜드 대학교(The University of Queensland) 관광학과(School of Tourism)의 초청으로 그곳에서 학술 연구를 할 수 있는 시간을 갖게 되었다. 1년이란 시간이 길다면 길고 짧다면 짧은 시간이라고 할 수 있겠지만 틈틈이 시간이 나는 대로 그동안 배운 조리 이론 지식 내용, 그리고 대학에서 학생들에게 수업을 하기 위해서 준비했던 강의 자료 등을 정리하여 본 교재를 집필하게 되었다.

집필의 시작은 의욕을 가지고 열심히 하려고 하였으나 막상 책이 나온다고 하니 부끄럽고 아쉬움이 많이 남습니다. 정말 부족한 제 자신을 돌이켜 볼 수 있는 기회인 것 같다.

P·r·e·f·a·c·e

이 책의 내용을 요약하면 크게 서양요리의 개요, 주방의 조직 및 직무, 위생과 안전관리, 주방 조리기구의 종류 및 용도, 메뉴의 구성, 식재료, 허브와 향신료, 기본 조리법, 채소썰기 및 가니쉬, 감자요리, 조식, 샌드위치, 스톡과 수프, 소스, 전채요리, 샐러드와 드레싱, 생선요리, 육류요리, 가금류요리, 디저트, 치즈에 대한 내용으로 구성하였다.

이 교재를 통해서 독자 여러분들의 아낌없는 조언을 부탁드리며, 앞으로 지속적으로 수정과 보완을 하여 질 높은 교재가 되도록 노력할 것이다.

마지막으로 부족한 교재이지만 이 책이 나오기까지 많은 도움을 주신 영원한 스승 밀레니엄 서울힐튼호텔 박효남 상무님과 김국환 부장님, 그리고 최병식 차장, 기문사 관계자 분들께 글로나마 진심으로 감사를 드리고 싶다.

2012년 6월

전주시 효자동 천잠산 아래에서

민 계 홍 씀

차 례

제1장

서양요리의 개요

음식을 서양식과 동양식으로 구분하듯이 일반적으로 서양요리라고 하면 아시아 여러 나라의 요리를 제외한 미국, 캐나다, 프랑스, 이탈리아, 영국, 스위스, 스페인, 독일 등 미국과 유럽에서 발달한 서구 여러 나라 음식을 총칭한다.

이러한 현대 서양요리는 미국, 캐나다를 중심으로 한 아메리칸 요리(American Food)와 유럽을 중심으로 한 프랑스 요리(French Food), 이탈리아 요리(Italian Food)로 크게 나눌 수 있다.

아메리카와 유럽에는 많은 나라들이 있지만 이 모든 나라들의 요리가 우리나라에서 서양요리로서 알려진 것은 아니다. 요리라고 하는 것은 그 지역의 문화를 포함하고 있고, 그 지역 국가들의 국력이나 지리적인 여건, 풍습, 민족의 분포도 등 다양한 요인에 의하여 번성하고 발전되거나 때로는 퇴색되기도 한다.

서양요리는 문화적으로나 경제적으로 발전이 비교적 빨랐던 그리스, 이탈리아, 프랑스를 중심으로 발전된 요리를 일컬으며, 제2차 세계대전 이후 급속한 경제력과 군사대국인 미국의 세력에 의하여 전 세계에 빠른 속도로 전파되었으며, 미국의 상업주의적인 문화가 가미되어 변형된 부분도 여러 곳에서 발견되고 있다.

동양요리가 농경문화에 바탕을 두고 있다면 서양요리는 목축문화에 그 뿌리를 두고 있다고 할 수 있다. 농경문화에 바탕을 둔 요리는 가공단계가 단순하고 요리의 성격이 섬세하다. 흔히들 젓가락 문화라고도 하지만, 그것은 일부분에 지나지 않는다. 반면, 서양요리는 농사를 짓지 않는 것은 아니나 동양과 비교하면 상대적으로 목축 즉 육류에 기반을 둔 요리가 많다.

이렇게 목축에서 생성된 요리는 가공단계를 거치지 않으면 부패를 가져오기 때문에 여러 공정에 걸쳐 가공함으로써 다양한 부산물이 생겨나고, 이것들이 다시 새로운 요리의 재료로 제공되기도 한다.

서양요리의 일반적인 특징은 한국음식과는 달리 아침, 저녁메뉴로 구분되어 있고 식사를 할 때에는 와인을 함께 마시며, 개인용 그릇 · 스푼 · 나이프 등이 음식에 따라서 사용되므로 식사 도구 등이 위생적이고 식사예법이 동양과 다른 점이 많다.

조리를 하는데 사용되는 식품 재료로는 육류와 가금류가 많이 쓰이며, 우유, 유제품, 유지가 많이 이용된다. 조미료로는 식품의 맛을 그대로 유지할 수 있도록 소금을 사용하고, 또한 여러 가지 향신료와 주류를 사용하여 음식의 향미를 좋게 하며, 재료와 조리법에 어울리는 많은 소스가 개발되었다.

서양요리는 비교적 재료, 즉 식품의 선택이 광범위하고 재료의 분량과 배합이 체계적이고 합리적이다. 오븐을 사용하는 조리가 발달하여 간접적인 조리방법으로 식품의 맛과 향미, 색상을 살려 조리하는 것도 독특하다. 특히, 식사의 방법과 조리법에 있어서 다음과 같은 특징이 있다.

식품재료 사용이 광범위하고 배합이 용이하며, 식품조리에 따른 음식의 색, 맛의 변화, 담기 등이 합리적이다. 맛과 영양을 보충하기 위하여 소스를 사용한다. 조미료는 요리를 만든 후에 개인의 식성에 따라 조절할 수 있도록 테이블 위에 소스, 소금, 후추, 버터 등이 제공된다.

1. 서양요리의 역사

서양요리가 언제부터 시작되었는지 정확하게 알 수는 없으나 아마도 인류의 역사만큼이나 아주 오랜 긴 역사를 지니고 있다고 해도 과언이 아니다. 인간의 식생활 변화는 불의 발견과 더불어 더욱 급속하게 발전하였다고 볼 수 있다. 우연한 기회에 불을 접하게 된 인간은 몸을 따뜻하게 하기 위하여 불을 사용하였으며, 불에 익힌 고기가 날것보다 연하고 맛있다는 것을 알게 되면서 이 맛을 즐기게 되어 조리법으로 불이 이용되기 시작하였고, 비단 육류뿐만 아니라 곡류에 이르기까지 불의 쓰임은 다양해졌다. 이렇듯 불의 발견으로 최초의 요리방법은 구이였다고 볼 수 있다. 뜨거운 불 위에서 굽거나, 타다 남은 숯 위에서 덩어리 또는 꼬치에 끼워 구웠을 것이다. 또한 원시시대에 사용했던 요리방법 중의 하나가 삶는 것인데, 이 방법은 옹기가 발명된 후 사용했을 것으로 추측된다. 그런가 하면 동물의 가죽과 내장 등에 뜨거운 조약돌, 음식 등을 같이 넣고 물을 가득 채우고 온도유지를 위하여 구덩이에 뜨거운 조약돌을 채워 넣는 방법도 사용되었다고 한다.

프랑스나 유럽 전역에 존재하고 있는 동굴벽화나 이집트의 피라미드에서 발견되고 있는 요리에 대한 흔적은 고대 이전에 인간들은 이미 대단히 발전된 요리를 즐기고 있었던 것으로 추정된다.

이집트 피라미드에서는 와인의 생성과정이나 빵을 만드는 과정이 현대에서도 사용하고 있는 기술들을 순서대로 나열하고 있다. 그것이 주술적인 의미이든 망자로 하여금 저승에서도 훌륭한 요리를 즐길 수 있도록 배려한 것이든 간에 당시에 이미 많은 분야의 요리들이 발전되어 있었다는 것은 놀라운 일이 아닐 수 없다.

1) 고대 그리스

고대 그리스인들은 하루에 네 끼의 식사를 하며, 이들이 즐겨 먹은 것은 돼지고기와 양고기에 오래가노와 큐민 같은 향이 독특한 허브를 곁들어 사용한 것으로 전해지고 있다. 특히, 주위에서 생산되는 올리브 오일과, 꿀, 산양의 젖, 호두와 같은 넛을 가미한 케이크가 이미 이 당시에 식탁에 올려졌다.

고대 그리스는 건조한 기후 때문에 이런 환경에서도 잘 자라는 양배추나 랜틸과 같은 채소를 식이요법으로 사용하였고, 지정학적으로 바다에 둘러싸여 있는 관계로 참치와 가자미, 문어, 도미 등 풍부한 해산물을 이용한 요리가 많고, 이것들을 저장하기 위한 방법으로 소금에 절이는 염장법을 흔히 사용하고 있었다. 육류로는 사육되는 돼지나 양 외에도 야생에서 서식하는 여우, 사슴, 토끼, 심지어는 고양이까지도 식용으로 사용하였다.

고대 그리스가 이처럼 요리발전을 이룰 수 있었던 것은 지형적으로 온화한 기후와 귀족사회에 바탕을 둔 노예제도가 성립되어 있었으므로 요리를 전적으로 담당하는 분업이 이루어질 수 있었기에 가능했을 것이다.

2) 로마 시대

로마 시대야말로 서양요리의 전성 시대라 할 수 있다. 로마의 거대한 국력에 권력을 바탕으로 한 부의 발전은 상류층의 요리에 관심을 극적으로 불러일으켰다. 로마 시대에는 요리에 필수적 3요소인 미식가와 요리사, 풍부한 재료가 갖추어져 있었다. 그 결과, 현대에 와서도 로마 시대의 요리법이 전수되어 이탈리아는 물론이고 프랑스 등 유럽 곳곳에서 로마시대 레시피를 바탕으로 하는 유명한 레스토랑이 남아 성업을 이루고 있다. 특히, 로마 시대에 요리가 발전할 수 있었던 요인은 그리스의 풍부한 문화를 기반으로 한 로마인들의 식습관에다 덧붙여 중국의 실크로드를 통한 아시아인들의 왕래로 새로운 요리의 기술과 방법, 재료가 어울려졌기 때문으로 분석된다. 로마 시대 만찬장을 묘사한 그림에서 중국식 광뚱지방 요리가 나타나는 것을 보면 이미 어느 정도 중국식 요리가 미식가들에 의해서 즐겨지고 있었다고 볼 수 있다. 이 당시의 연회행사 그림에는 요리와 소스 등 모든 음식들이 먹기 위해서라기보다는 사치스럽고 낭비적인 요소가 다분하다.

로마의 초기 정복자들은 자신들의 권력을 과시하기 위한 방법으로 거듭되는 연회행사를 치렀고 당시에 풍부했던 낙타나 산돼지 등을 통째 구어 많은 사람들이 즐겼다.

초기 로마 제국의 요리는 육류 외에도 보리와 콩가루를 이용한 죽 종류가 유행하였고, 요리에 예술적인 면을 강조하는 제빵기술자들이 대거 등장하는 시기이기도 하다.

점차 로마의 국력이 강해지고 국가로서의 기반이 견고해지면서 아시아와 주위 여러 나라의 정복에 나섰던 군인들의 귀한으로 더욱 새롭고 다양한 요리들이 로마에 소개된다. 이때에 옥수수가 이집트로부터 들어오고, 올리브 오일은 스페인, 햄은 고을(Gaul : 고대 프랑스 사람들), 향신료는 아시아로부터 들어와 진정으로 요리의 전성기를 맞이하게 된다.

부유한 로마사람들은 말 그대로 대식가들이었다. 이들은 계속적으로 요리를 즐기기 위해서 더 많은 요리재료와 주방시설 그리고 요리사들이 필요하게 되었다. 거대한 연회행사를 치르기 위해서는 요리에 대한 기본지식과 준비방법, 요리시간들을 객관적인 방법으로 표시해야 하고 요리사들 사이에서도 정보와 교환이 원활하게 이루어져야 했다. 따라서 요리에 대한 양 목표가 자연스럽게 발달하게 되었다. 로마 시대는 예술이나 문학의 암흑시대라고들 한다. 그러나 요리에 있어서는 최고의 황금기라 하여도 과언이 아니다. 그것은 요리수요자인 귀족, 정치인, 군인 등 상류층이 두터웠고, 이들 요구에 부응하는 요리장의 급증과 거대한 국력에 의한 광범위한 지역에서의 다양한 재료공급 등 모든 요소가 충족될 수 있었기 때문으로 풀이된다.

3) 중세의 요리(476~1453)

역사학자들은 중세의 요리가 사라센(Saracen, 중세의 유럽인이 서(西)아시아의 이슬람교도를 부르던 호칭)의 영향을 크게 받았으리라고 생각한다. 그런데 사라센의 요리법이 고대 그리스에서 건너간 것임을 생각한다면 중세요리는 고대 그리스 요리의 변모된 모습이라고 할 수 있다.

11세기~13세기 십사군 전쟁에 참가하였던 십자군 중에 일부 군인들이 지금까지 유럽에서는 보지도 못한, 당시로는 귀한 식재료를 가져왔는데, 설탕이나 아몬드, 피스타치오, 시금치가 그것들이다, 또한 십자군의 귀환 이후로 향신료의 사용이 더욱 확대되어, 고기의 냄새를 감추는 데 사용됐다. 중세 시대에 사용된 향신료에는 샤프란(Saffron), 생강(Ginger), 클로브(Clove), 시나몬(Cinnamon), 넛멕(Nutmeg) 등이 있는데, 향신료 간의 상관관계에까지 관심이 미치지는 못하였으며, 단편적으로 사용되었다. 반면에 중세 시대에 들어와서는 소스(Sauce)를 만들 때 버흐 주스(Ver Jus : 덜 익은 포도주로부터 추출한 달지 않은 액)나 식초가 사용되었으며, 오렌지나 레몬 주스가 사용되기도 하였다. 식초는 신맛이 강한 식재료로 단맛을 내는 향신료와 함께 사용되었다.

이 당시에는 육수를 사용하는 방법이 미쳐 알려지지 않았지만 육류나 생선의 즙에 빵가루, 아몬드, 계란 노른자를 섞어 소스를 만들었다. 이를 통해 중세의 사람들이 농후제(Liaison)에 대한 기본적인 개념을 갖고 있음을 알 수 있다.

중세 초기 시대와 고대 시대를 구별 짓는 것은 음식을 구워 먹는 방법이 오히려 퇴보되었다는 점이다. 다시 말하면 고대 시대에는 약한 불이나 가마솥에 굽는 방법을 알았지만, 중세에는 더 이상 커다란 화덕에 장작더미를 넣고 굽는 그러한 요리방법들을 사용하지 않았다. 13C 초에는 건축가들이 주방 안에 조리대를 설치하기 시작했으며, 13C 말경에는 가마솥에 굽거나 소스를 곁들여 구미를 돋우는 요리방식을 채택하였다. 또 이 시기에는 식재료가 풍부했고 식사 전에는 과일도 먹었다.

로마인들은 그리스인들의 요리보다 더욱 섬세하고 맛있는 그들 자신의 요리를 개발하였으며, 연회나 식도락적인 축제가 발전 · 번창하였다.

그 시대에는 항상 짜고 단 요리만을 찾았으며, 한 가지 유일한 새것이 있었다면 지방 산물들을 도입하였다는 것과 식사 끝에 과일을 내놓는 것뿐이었다. 식사법에 대해서는 손을 씻는 습관이나 포크를 사용한다든가 하는 이탈리아식의 영향이 지대했다. 하지만 결국 잼을 만드는 방법이나 과일로 케이크를 만든다거나, 혹은 여러 가지 디저트, 양념, 풀, 해산물, 돼지고기류, 조류, 집에서 기른 조류(티티새, 자고새, 타조, 학, 앵무새), 채소 등을 많이 쓰며, 식사는 주로 짜고 달거나, 고기를 다져 생선이나 채소 속에 넣거나 여러 종류의 재료들을 잘게 썰어 음식은 걸쭉했으며, 복잡하게 구워서 먹는 것보다는 간단하게 서로 섞어서 만들어 먹었다. 조리방법으로는 약한 불로 끓이거나 직접 나무 위에서 굽거나, 간접적으로 화덕에 굽는 등 여러 가지 방법이 있었다. 밀가루는 빵이나 과자를 만들어 거기에 꿀을 발라 먹었고, 포도주는 5~10년을 저장했다가 마시곤 했다.

14C 이후에는 소스의 사용이 조리기술 중 으뜸으로 평가되었고, 이 시기의 대연회에서는 화려한 요리를 연출하였으며, 이때 조리기구들이 많이 개발되었다. 특히, 글루아(Goulios)족이었던 프랑스의 선조들은 서양요리의 원조라고 할 수 있다.

독일은 소시지, 감자, 양배추 절임인 사워크라우트(Sauerkraut) 등이 있고 돼지고기요리가 발전했지만, 영국 같은 곳은 식문화가 덜 발달하였는데, 이것은 그 나라의 역사, 문화, 풍토와도 밀접한 관계가 있다.

1370년 프랑스 찰스 5세 요리사인 기욤 티렐(Guillaume Tirel)에 의해서 써진 르 비앙드(Le Viande)는 사실 중세요리의 총체로서 단지 고기요리에 대한 내용뿐 아니라, 이름이 뜻하는 대로 전통적인 요리, 식생활 습관에 대한 모든 것이 서술되어 있는, 요즈음으로 말하면 요리백과사전에 해당되는 것이었다.

4) 르네상스 시대 및 17세기의 요리

16C의 요리에 관하여 기술되어진 책은 거의 없다. 프랑스에서는 요리에 관한 중요한 저서를 번역한 번역본이 있다. 중세의 다른 책과는 달리 요리에 대한 이해뿐만 아니라, 이탈리아, 프랑스의 르네상스에 대한 깊은 이해를 보여 주고 있다.

16C에 나타난 가장 두드러진 변화는 설탕의 사용이 확대되었다는 점이다. 설탕 정제기술의 발달로 중세 시대보다는 설탕을 얻기가 쉬워졌고, 설탕을 이용하여 젤리(Jelly)나 잼(Jam)을 만들기 시작하였다.

프랑스 요리의 근대적 발달의 근본은 1533년 이탈리아 피렌체의 메디치가 공주인 카트린 드 메디시아(1519~1589)가 프랑스 국왕 앙리2세(1519~1559)와 결혼하면서부터 프랑스의 식문화가 크게 달라졌다. 16세기까지만 해도 프랑스의 식문화는 그리 풍성치 못했다 한다. 기록에 의하면 당시 나이프로 요리를 잘라 손으로 집어먹던 장면에 대한 묘사가 흔히 보이는데, 그랬던 프랑스의 식문화가 지금처럼 완성될 수 있었던 것은 이탈리아에 의해서였다. 그녀가 가져온 많은 식기와 함께 온 요리사들에 의해 궁정음식이 변하면서 식문화는 달라졌고, 프랑스 요리의 르네상스가 시작되었다. 이탈리아의 조리사들에게 프랑스 궁중의 요리사가 배웠고, 다시 파리에 요리학교가 생겨 많은 요리사가 양성되었다. 결국 오늘날 가장 우아한 음식으로 칭송받는 프랑스 요리는 이탈리아 외 여러 나라의 것을 집대성한 결과물이라 할 수 있겠다.

17C가 되면서 프랑스 요리는 더욱 발전하여 유럽의 다른 어느 나라의 요리와도 구분되어졌으며, 오늘날과 같은 요리로 발전하였다. 소스와 관련된 가장 중요한 사항은 음식을 떠나서 16C 전에 사용되던 샤프란, 생강 등은 더 사용되지 않고 음식 본래의 풍미를 덜 해치는 후추와 같은 향신료가 널리 사용된 것이다.

17C에는 여러 가지 참고할 만한 변화가 일어났는데, 첫 번째는 17C에 이르러서 버터가 돼지기름(Lard)으로 대체되기 시작하였다는 점이다.

두 번째는 루(Roux)가 도입되었다는 점이다. 그 전에는 구운 빵가루로 소스(Sauce)의 농도를 맞추곤 하였는데, 이 방법은 밀가루 냄새가 덜 난다는 장점이 있다. 반면, 루는 보다 부드러운 질감을 제공한다는 장점이 있어서 20C에 이르러서 루는 소스의 농도를 맞추는 주재료가 되었다.

세 번째는 17C에 이르러서 대량의 육류로부터 강한 풍미를 지닌 액즙을 뽑는 방법이 사용됐다는 점이다. 큰 덩어리의 육류를 갈색으로 굽고 다시 잘라 거기서 육즙을 뽑아내는데, 그것을 주스(jus)라고 한다. 이러한 루의 도입과 주스의 추출은 프랑스 요리와 기타 유럽의 요리를 구분 짓는 척도가 되었으며, 프랑스 요리의 기본적 요소인 브이용(Bouillon), 스터핑(Stuffing), 리에종(Liaison : 농후제)도 이 시기에 도입되었다.

루이 시절은 프랑스 요리의 황금기라는 말을 자주 사용하게 된다. 이 당시에 프랑스 요리는 질적으로는 물론이고 양적으로도 매우 성장하는 그야말로 요리의 전성기라 할 수 있다. 루이 13세(1601~1643) 시대에는 요리가 그다지 발전한 것은 없으나 요리의 법칙과 조리법을 체계적으로 기술해 놓은 책이 바렌에 의해 간행되었는데, 이 책을 기본으로 하여 프랑스 요리가 비약적인 발전을 하는 계기가 되었다.

루이 14세(1638~1715)는 자신과 귀족들을 대상으로 대단히 많은 연회를 성대하게 치르는 것을 즐겼고, 요리 중에서도 장식을 중시하는 "요리예술(Culinary Art)"을 끊임없이 추구하였다. 이러한 요구를 부응하기 위해서 전국적으로 훌륭한 요리장을 선발하고, 그들로 하여금 요리에만 전념할 수 있도록 모든 지원을 아끼지 않았다.

루이 15세(1710~1774)의 친정 시대에도 미식을 좋아하여 왕이나 귀족들이 스스로 요리를 만들기도 하게 되자 요리에 귀족들의 이름이 붙여지기도 했다. 루이 16세(1754~1792) 통치원년의 요리방법은 좀 더 세분화하게 된다. 이때에 요리를 제공하기 위한 전용식당을 만들어 12가지의 수프(Soup)와 24가지의 오드볼(Hors d' oeuvres)과 20가지의 소고기요리, 20가지의 양고기요리, 30가지의 엽수(Games)류, 송아지(Veal), 24가지의 생선과 50가지에 달하는 디저트와 장식요리를 포함하여 400여 가지에 달하는 요리를 만들도록 하였다.

1654년에 니톨라드 본 풍스는 르 델리카드라 샴파뉴(Le Delica de la Champagne)를 썼다.

그는 음식의 맛이란 복잡한 조리로 인해 가려져서는 안 되며, 아주 단순한 자연적 조리로 하여야 한다고 주장하였다. 하지만 이러한 생각들이 여전히 생각으로만 그치다가 17C 말에 차, 커피, 코코아, 아이스크림 등의 출현과 함께 커다란 변혁을 이루었다. 특히, 포도주의 영역에서 커다란 변혁이 이루어졌는데, 동 페리뇽(Dom Perigon)이 샴페인을 발명한 것이다. 하지만 17C 생각들이 실제로 실천된 것은 18C였다.

조리는 하나의 단순성을 지향하였는데, 다시 말하면 요즘 우리가 말하는 누벨 퀴진(Nouvelle Cuisine)이라고 부르는 것이 바로 그것이다. 미식가들은 하나의 요리에 하나의 소스를 사용하도록 하였다. 따라서 소스는 모든 종류의 생선류, 가금류, 채소류에 동반되는 정교한 미와 섬세한 맛을 형성시키는 훌륭한 요리의 하나였다. 그러므로 소스를 완벽하게 만드는 것을 요리에서 최고의 예술로 여기게 되었다.

이 시기에는 최초로 음식을 만드는 여자 요리사와 무엇인가를 발명할 수 있는 남자 전문요리사를 구별할 수 있게 되었는데, 이를 요리역사로 볼 때 큰 변혁임에 틀림없다.

5) 18세기의 요리

18C에 이르러서는 17C에 도입된 조리의 기본요소들이 더욱 체계화되기 시작하였다. 꿀리, 브이용, 주스(Coulis, Bouillon, Jus)의 체계적 운영(System)은 파생되는 양 목표(Recipe)의 이해에 많은 도움을 주었다. 17C 요리책에서 볼 수 있던 대부분의 소스의 양 목표는 중세의 것과 큰 차이가 없었던 반면, 18C가 되어서도 꿀리(Coulis), 버터(Buttcr) 등이 많이 적용되기 시작하였으며, 보다 현대적인 풍미의 앤쵸비(Anchovy), 게이퍼(Capcr) 등이 사용됐다. 18C에는 많은 소스가 소개되었는데, 그 이전만 하여도 소스는 두 가지 범주로 나눌 수 있었다.

첫 번째 번주는 브이용(Bouilon)과 꿀리(Coulis)가 합쳐져 로베르트(Rovert)가 파생되었으며, 신맛의 식재료와 오일이나 버터가 합쳐지기도 하였다. 또한 달걀 노른자를 이용한 홀랜다이스 소스(Hollandaise Sauce)가 18C에 등장하였다.

6) 19세기의 요리

19C 프랑스 혁명은 새로운 중산층을 잉태하는 계기가 되었다. 또한 이전까지 귀족의 저택

에서 일하던 요리사들은 레스토랑(Restaurant)이라는 새로운 무대에서 중산층을 대상으로 영업을 시작하였다. 새로운 중산층의 신분상승 욕구와 더불어 요리에 대한 관심이 매우 높아지므로, 이 시기의 위대한 요리사는 스타와 같은 존재가 되었다.

19C가 접어들면서 드디어 전통적인 프랑스 요리가 시작되었다. 이 시대에는 본격적으로 벨루테(Veloute), 홀랜다이즈 소스(Hollandaise Sauce)가 소개되었으며, 토마토 소스(Tomato Sauce)와 케첩(Ketchup), 마요네즈(Mayonnaise) 등도 만들어지기 시작하였다.

19C의 대표적인 요리사로서 마리 앙뜨완 까렘(Marie Antoine Careme 1783~ 1883)을 들 수 있다. 그는 고전 프랑스 요리의 아버지라 칭하며, 19C의 가장 위대한 요리책의 저자이기도 하다. 그러나 더 중요한 것은 그 모체 소스(Mother sauce)와 파생 소스(Derivation Sauce)의 개념을 처음으로 체계화시켰다는 점이다. 그는 4가지 기본 소스로 에스파뇰(Espagnole), 벨루테(Veloute), 알망데(Allemonde), 베샤멜(Bechamel)을 구분하였으며, 그로부터 파생 소스를 파생시키는 방식으로 소스를 체계화시켰다.

마리 앙뜨완 카렘은 빈곤한 가정에서 태어나 무지했던 사람이었으나 성실한 자세와 꾸준한 자기개발로 여러 맛들의 조화로운 배합을 할 줄 알았으며, 불필요한 내용물에 대한 조리를 없애는데 노력한 최초의 인물이었다.

그는 가난한 석공의 16번째 아들로 태어나 10살 때 부친으로부터 파리 근교의 작은 요리점에서 마지막 저녁 식사를 얻어먹은 뒤 길거리에 버려졌다. 그후, 그는 작은 요리점을 전전하다가 멘(Maime)이라는 성문근처의 한 요리사로부터 조리의 기초를 배워 16세에 파리의 유명한 제과업자들 중의 하나인 비엔(Vienne)가에 있는 바일리(Bailly) 가게로부터 공부를 계속할 수 있게 도움을 받았으며, 특히 왕립도서관 판화실에 들어가 건축모형 사본을 복사할 수 있도록 허락을 받았다.

그가 만들어 낸 모형들 중에 어떤 것들은 바일리(Bailly)가게의 중요한 고객인 나폴레옹 1세로부터 찬탄과 경이의 찬평을 받았는데, 그것은 피에스 몽테라 불리는 웨딩케이크 위에 장식용 과자로 연회의 인기품목으로 빠져서는 안 되는 것이었다.

7) 20세기의 요리

19C 이후 까렘(Careme)을 비롯한 여러 주방장들의 업적들은 조르쥬 오귀스트 에스코피에

(George Auguste Escoffier 1846~1935)의 저서 『르 기드 커리넬리』(Le Guide Culinaire 1912 발간)를 통하여 기록되고 체계화되었다.

그의 저서는 지금까지도 전통 프랑스 요리의 표준이 되고 있다. 에스코피에는 까렘이 체계화시킨 많은 종류의 육즙과 생선육수를 더욱 간편하게 하였으며, 4가지 모체소스에 대하여도 강조하였다.

오늘날 우리가 접하고 있는 주방시스템의 창시자도 그였으며, 프랑스 식당의 운영이 부분화되어 있었던 것을 통합조정운영을 시도하여 성공한 것도 그의 아이디어였고, 듀브아(Dubois)의 러시아식 음식서비스 방법을 도입하여 현재의 음식서브(Serve) 순서를 창안한 사람도 그였다. 고객으로부터 주문을 받은 전표를 3장으로 만들어 한 장은 주방, 한 장은 접객원, 또 한 장은 캐셔(Cashier)에게 돌아가도록 하고, 특별히 전표에 고객의 성명을 적어 그 고객이 재방문하였을 때 그가 선호하는 음식이 무엇이라는 것을 미리 알 수 있는 고품위 음식 서비스의 기틀을 마련한 것도 그였다.

그는 프랑스 정부로부터 1920년 레죵 도뇌흐(Legion d' honneur) 훈장을 수여받았으며, 후에 귀족단체의 정회원이 되어 모든 요리사의 사회적인 지위와 명예를 높이는 데도 큰 공헌을 하였다. 또한 독일황제 빌름헬 2세는 "짐은 독일황제, 당신은 황제의 요리장, 그리고 요리장의 제왕"이라고 불렀다고 전해지고 있는 세계적 최대의 명성을 날렸던 명장요리사이었다. 1966년에는 마침내 그가 태어난 집이 요리예술박물관으로 개조되기까지에 이르렀다.

오늘날 저명한 요리전문가 및 미식가, 요리연구가 등 요리책을 쓰는 사람 그리고 요리를 직접 만드는 요리사끼지 그가 만들어 낸 요리법을 이용하지 않은 사람은 단 한 사람도 없다.

에스코피에가 죽은 후에는 요리장의 개인명함에 표기하는 것 중 가장 권위가 있는 상을 수상하고 표창받거나 훈장받았다는 것보다 에스코피에 밑에서 수업했다는 것을 가장 자랑스럽게 여겼다고 한다.

20C의 위대한 요리사로는 페흐디난드 포인트(Ferdinand Point, 1897~1955)를 들 수 있다. 그는 1940~1950년대에 걸쳐 비인에서 레스토랑을 경영하는데 , 그 지역에 맞는 요리법 개발을 강조함으로써 새로운 음식을 창작할 수 있는 토대가 마련되었다.

현존하는 가장 유명한 요리사로는 프랑스의 알렝 뒤카스로 프랑스 서남부의 평범한 농가에서 자라 신선한 요리재료와 심플한 요리법이 몸에 밴 사람이다. 프로 요리사에 입문한 시기는

16살로 근교의 유명 레스토랑에서 일자리를 잡았다. 그후 그는 요리를 더 배우기 위해 보르도(Bordeaux)에 있는 호텔 요리학교에 입학하여 기본기를 다졌다. 요리학교 재학 시 미쉘 궤라르(Michel Guerard), 가스통 르노트르(Gaston Lenotre) 같은 유명 요리사의 식당에서 견습을 했고 여러 레스토랑을 옮겨 다니며 근무하다 5년이 지난 후 로제르 베르제(Roger Verge)가 경영하는 물랭 드 무쟁(Moulin de Mougans)에서 프로방스식 요리의 참맛을 깨달았다. 그후 로제르 베르제는 그에게 '라 망디에' 라는 유명한 식당의 '헤드 쉐프' 로 채용했다. 이 레스토랑이 성공을 거두자 그는 또 다른 레스토랑인 '라 테라스' 를 총괄하게 되었고 1984년에는 두 개의 미슐랭 스타를 따냈다.

지금 그는 현존하는 프랑스 요리사 중 가장 높은 위치에 있다. 국제적으로도 일본과 한국을 비롯한 아시아에서 꽤 알려져 있고, 2000년에는 일본에 스푼 푸드 앤드 와인(Spoon Food and Wine)이라고 하는 레스토랑도 열었다.

미슐랭 스타

미쉐린 혹은 미슐랭(Michelin)이라고 하면 무엇을 가장 먼저 떠올릴까? 첫 번째로 타이어를 만드는 회사라는 것이고, 둘째로 흰색의 튜브를 겹쳐놓은 귀여운 "비벤덤" 마스코트를 떠올릴 것이다. 자! 그렇다면 프랑스 사람들에게 똑같은 질문을 한다면 어떨까? 앞서 답변과 아울러 추가 답변을 하나 더 얻을 수 있다. 바로 "미슐랭 가이드(Michelin Guide)"라고 말이다.

여행 및 호텔, 레스토랑 전문 안내서인 '미슐랭 가이드'의 발행은 1900년대 타이어를 구매하는 고객에게 무료로 나눠주는 자동차 여행 안내책자에서부터 출발했다. 자동차를 이용한 여행산업을 부흥시키고 이를 통해 자사의 타이어 산업을 우회적으로 지원하기 위해 만들어졌던 것이다.

초기 가이드 내용은 도로 법규, 주유소 위치 등이 주된 내용이었고 호텔 및 레스토랑 정보는 운전자들을 위해 서비스차원에서 '별미'로 제공되는 정보였다. 그러나 해를 거듭할수록 자동차 여행자들 사이에 점점 호평을 받아가면서 100여 년 동안의 개정, 증편을 통해 오늘날 미식가들 사이의 '성서'로 자리매김하고 있다.

천여 페이지가 넘는 책자엔 대부분이 식당과 호텔 소개를 다루고 있으며 프랑스뿐만 아니라 유럽의 여러 국가를 담은 책자도 같이 발행하고 있고 그동안 소개된 곳만 해도 호텔과 레스토랑을 합쳐 만여 곳을 넘는다고 한다.

레스토랑의 평점을 매기는 경우에는 전담요원이 평범한 손님으로 가장해서 객관적인 평가를 통해 1년에 수차례 방문을 한다. 이후 일정 수의 엄선된 곳을 뽑아서 이들 가운데 최고의 레스토랑을 선별해 최고 등급인 별 3개를 수여한다고 한다. 별 3개를 받은 곳은 '미슐랭 스타(Michelin Star)'라고 하여 성대한 시상식을 가지는 동시에 그 요리사는 최고의 명성을 가지게 된다고 한다.

그런데 유명 음식점의 수난사는 바로 '미슐랭 가이드' 평점으로부터 시작될 만큼 에피소드도 많다. 얼마 전 프랑스 국영채널에 방영된 어느 한 음식점 얘기를 들어보자. 이곳은 작년까지만 해도 미슐랭 가이드에서 최고 평점인 별 3개를 받은 고품격 레스토랑이었다고 한다. 최고의 맛에 서비스뿐만 아니라 분위기까지 인정받고 있던 레스토랑이 다음해 가이드 판에서 아랫단계인 별 2개의 평점을 받게 되었다고 한다. 방송에서 이를 인터뷰하는 과정에서 요리사는 눈물을 머금지 못했으며 자신이 태어나 가장 치욕적인 날이라고 표현할 만큼 슬픔을 금치 못하는 광경이었다.

'미슐랭 스타' 별 하나를 가지고 이런 해프닝이 일어나는 것은 그만큼 미슐랭 가이드가 만인들에게 공인을 받고 있다는 증거가 아닐까 한다. 또한 이를 방송에서 화제가 될 만큼 이슈가 되는 것을 보면 미슐랭 가이드가 오랫동안 쌓아온 그 신뢰 때문이다.

프랑스 요리사 폴 보퀴즈의 가족은 1765년부터 프랑스의 사온(Saone) 강가에 자리 잡은 유명한 식당을 경영해왔다. 그런 가정에서 항상 음식을 접하며 자란 그에게는 천부적인 재능이 있었다. 5대조 할아버지인 미쉘 보퀴즈(Michelle Bocuse)부터 시작한 작은 카페가 프랑스 리옹을 대표하는 그를 낳았다.

그의 사례를 보면 프랑스처럼 오랜 역사를 가진 나라들은 가업을 매우 중시한다는 사실을 알 수 있다. 유명한 외식 사업자인 조르주의 아들인 폴은 '페르난드 포엥(Fernand Point)'이나 뤼카스 카르통(Lucas Carton)' 같은 유명 레스토랑에서 견습을 했다. 견습을 마친 그는 유명하지는 않지만 역사가 오랜 가족 레스토랑으로 돌아왔다. 그는 이 가족 레스토랑을 성공적으로 운영해 리옹 지방을 미식가(Gourmet)의 메카로 만들었다. 한동안 유명하던 누벨 퀴진에게 프랑스의 정통요리법을 전파했다. 특히 트러플(Truffle)이라는 세계에서 가장 비싼 버섯을 주재료로 만든 그의 레시피는 80년대에 선풍적인 인기를 끌었다.

영국의 유명 요리사 제이미 올리버는 한국에 팬클럽이 있을 만큼 그의 요리세계는 빼어나다. 그 역시 폴 보퀴즈와 마찬가지로 Pub(영국식 선술집 겸 식당)을 운영하는 아버지 밑에서 주방을 오가며 네 살 때부터 요리에 친밀감을 쌓았다. 네이키드 쉐프(Naked Chef, 발가벗은 요리사)라는 그의 예명은, 여러 가지 의미를 갖고 있다. 이 예명은 그가 어린 나이에 요리세계를 접했고, 그의 음식 재료가 순수하고 단순하다는 사실을 함축하고 있다. 1999년에 BBC방송에 시리즈가 나간 이후로 그는 순식간에 여성 팬들을 사로잡았다. 단기간에 스타덤에 오른 그의 프로그램은 여러 나라의 유선 방송을 통해 방영되었고 그 결과 팬 클럽이 각 나라에 형성되었다. 그의 실용적인 요리 방법은 따라하기도 쉬워 많은 사람들이 그의 요리책과 시리즈를 한 번쯤은 보거나 남에게 추천하는 단계에 이르렀다.

20세기에 들어 여러 나라 요리의 변천을 대표할 수 있는 새로운 식문화가 있는데, 이것은 Novelle Cuisine의 등장이라 하겠다. 이는 1972년 요리평론가인 H.Gault와 C.Millau에 의해서 처음 선언되었다. 젊은 주방장들의 많은 호응을 얻은 이 선언은 이전까지 기름지고 복잡하며, 많은 시간과 인력을 필요로 하는 종전의 전통적 조리방법에서 탈피하여 좀 더 새로운 요리를 주장하였다. 즉, 신선한 식재료(채소, 생선, 고기)를 사용할 것과 장시간을 요하는 복잡한 요리보다는 단순한 요리를, Sauce에 있어서는 Roux를 이용한 걸쭉한 것보다는 Base de Jus de Viande, Fumet d'essence 등을 이용한 Sauce를 만들 것을 주장하였다. 조리방법에 있어서도 증기를 이용한 찜, Salamander, Papillote 등을 이용하여 가급적 재료의 순수한 맛과 영양을 그대로 살릴 수 있는 조리법을 주장하였다. 또한 소화와 영양관계를 고려하여 소화와 영양에 지장을 초래하는 것은 가급적 피하는 것을 주장하였다.

이처럼 그들이 주장한 Nouvelle Cuisine이란 요리에 있어서 새로운 흐름이라 할 수 있으나, 그 기본은 항상 전통조리와 맥을 같이 하고 있다. 요리를 식문화의 한 부분이라 한다면 문화의 속성인 변화의 법칙을 벗어나기 힘들기에 요리는 오늘도 조금씩 변화하고 있다 할 수 있으며, 우리는 이 변화에 대하여 항상 관심을 가져야 할 것이다.

오늘날의 요리는 간편성, 즉 자연적이며 가벼운 음식(비만방지)을 향하여 치닫고 있다. 그러나 진정한 요리사는 어떠한 경우에도 그들의 경험과 비밀 그리고 전통과 함께 지나간 옛 시대를 잊어서는 안 된다는 사실을 알고 있다.

모든 요리는 조리사가 정성을 갖고, 먹는 사람을 위해 진정한 마음으로 만들어야 한다. 요즘 알약 하나로도 모든 영양을 섭취할 수 있지만, 맛의 세계에 질서와 미를 추구하면서 미각에 역점을 두어 맛을 창조하는 진정한 지휘자는 요리사들이다.

금방 잡은 생선을 주방에서 더운 요리로 만들어 제공하고, 저녁에 예술적인 감각이 넘치는 요리를 전통적인 요리법으로 생산하는 것은 공장에서 기계적으로 대량생산하는 것으로 대신할 수 없다. 사회가 발전하고 전문화, 세분화되면서 인간의 식사에 대한 욕구도 다양하게 발전하고 있다.

이러한 인간의 다양한 욕구를 기계나 로봇으로 대체하기는 힘들다. 따라서 호텔 및 외식업체의 음식은 조리사가 꼭 필요한 부분으로, 조리사의 직업은 성장성 있는 직업이기도 하다. 과학이 발전하고 스피드 시대가 와도 예술적 요리를 만드는 조리사와 예술적인 요리를 감식할 미식가는 영원히 존재할 것이다.

2. 우리나라의 서양요리 전래

우리나라에 서양요리가 언제 어떻게 전해졌는지는 확실하게 알 수 없지만 개화기 정도로 미루어 짐작할 수 있다. 한국에 있어서 서양요리의 변천사는 호텔의 발달사와 밀접한 관계가 있으며, 1888년 인천에 외국인을 대상으로 일본인이 이 땅에 최초로 대불(大拂)호텔을 건립함으로써 서양요리가 공식적으로 첫선을 보였다고 짐작된다.

1883년(고종 20년) 주미전권공사(駐美全權公使)로 미국에 간 민영익과 그 수행원 유길준 등이 서양요리를 맛본 첫 번째 인물이고, 1895년에 조선에 부임한 러시아공사 웨베르의 부인이 서양요리를 손수 만들어 러시아공사관에 파천 중인 고종에게 바쳤다는 기록이 있다.

이렇게 미루어보아 국내에서는 고종황제가 서양요리를 처음 맛본 인사이다. 그런데다가 고종은 러시아 공사관으로의 파천 1년 동안 싫든 좋든 서양요리를 들지 않을 수 없었을 것이다.

궁중에 서양요리의 바람이 인 것은 웨베르의 처형(妻兄)인 손탁(1854~1925)의 영향 때문이었다. 서양요리의 보급에 공헌한 손탁은 민비와 친교를 맺어 고종황제께 서양요리를 진상하여 극진히 시중을 드니, 그후 1902년 10월에 고종황제께서 서울 정동 29번지(지금의 이화여고 정문 앞)에 그녀에게 호텔을 지어 주었는데 이것이 손탁호텔이다.

그녀가 손탁호텔을 경영하면서부터는 상류사회까지 서양요리가 보급되어 주미대리공사를 지낸 이하영(李夏榮)은 집에 서양요리의 숙수를 고용할 정도였다. 이하영은 외국에 다녀온 외교관 가운데 서양 풍물을 가장 많이 받아들여 퍼뜨린 사람으로 통역관으로 그를 수행하여 외국에 자주 드나들던 이채연이었다. 이하영은 자기 집에 서양요리사를 데려다 놓고 잔치 때면 서양요리를 대접하며 아울러 무도회까지 열었고, 이채연은 손님 접대에는 꼭 서양요리를 차렸다고 한다.

프랑스 태생 독일인 손탁은 아관파천 이후 고종의 밀사였던 인물로서 독어, 불어, 영어에 우리말까지 능숙하게 구사하는 언어감각과 정치적 수완으로 궁중을 드나들며 고종과 명성황후의 신임을 얻었고, 서울 외교가의 중심인물이었다.

손탁호텔에서 음식을 먹어 본 한국 사람들의 표현은 '죽도 아닌 것이 밥도 아닌 것이 사람 애간장을 태운다' 라고 표현을 했다고 한다. 또한, 조선 말기 발발한 운양호 사건으로 인한 문호개방시대를 맞이하여 1876년 일본과 강화조약, 병자수호조약 체결을 계기로 원산 및 인천

항이 개항되어 많은 국외열강과의 통상과 접촉을 통하여 서양의 많은 문물이 집중적으로 흘러들어오고 있을 당시 서양요리도 자연스럽게 이 땅에 상륙하였을 것이라는 짐작을 할 수 있다. 그후 일본인들이 들어와 서양식당을 운영하기 시작하였고, 전쟁 후 미군의 진주로 미국식의 서양요리가 보급되기 시작하였다.

1914년 3월 조선호텔이라는 본격적인 서구식 호텔이 조선총독부 자리에 생기면서 한국의 서양식 조리도 일대 전환기를 맞게 되어 방켓(Banquet)이라는 연회 행사도 하게 되었고, 그후 철도 식당인 서울역 내 그릴(Grill)이 1925년에 탄생을 함으로써 오늘날까지 서양요리의 조리기술을 향상시키는 데 크게 기여하였다. 1936년에 현 롯데호텔 자리에 반도호텔이 개관되어 미국식 서비스 방식으로 식당에서 서양요리를 만들어서 판매하였다는 기록이 있다.

6. 25 전쟁 후 미군이 주둔하면서부터 미국식의 서양요리가 보급되기 시작하였으며 미국음식이 서양식 요리의 근본이라는 잘못된 생각을 하게 되어, 이때부터 1970년대 중반까지 미국식 서양요리가 주류를 이루게 되어 미국식 서양요리에 친숙하게 되었다.

우리나라에서 서양요리는 도입단계서부터 발전단계에 이르기까지 급속하게 발전하였다. 이러한 현상은 1986년 아시안게임과 1988년 올림픽의 영향이 가장 크다고 볼 수 있는데, 서울을 비롯하여 전국에 대형 특급호텔이 개관되어 서양 각국의 특색있는 요리를 즐길 수 있을 만큼 우리의 식생활에 없어서는 안 될 중요한 부분을 차지하고 있다.

3. 각 나라별 서양요리의 특징

1) 프랑스 요리

많은 사람들은 프랑스를 예술의 나라, 유행의 본고장, 요리의 왕국이라고 부른다. 왜냐하면 세계 어디를 가나 우리는 쉽게 프랑스 식당을 찾을 수 있기 때문이다.

프랑스는 지중해와 대서양에 접하고 있어서 기후가 온화하고, 농산물, 축산물 및 수산물이 풍부하여 요리에 좋은 재료를 제공하고 있다. 4~6월은 봄, 7~8월은 여름9~10월은 가을, 11~3월은 겨울로 우리나라의 4계절과 비슷하며 풍부한 강우량과 가을에 내리쬐는 풍부한 일

조량 등 정말 신으로 부터 축복을 받은 땅이라고 할 수 있다.

국토의 면적은 우리나라의 6배 정도이며, 인구는 전 세계 17위로 약 6,000만 명이며, 지형은 거의 6각형으로 19개 지방, 즉 일 드 프랑스(Ile de France), 리옹(Lyon), 부르고뉴(Bourgone), 노르망디(Normandie), 알자스(Alsace), 프로방스(Provence), 브르타뉴(Bretagne), 랑그도크(Languedoc)로 나뉜다.

국토의 80% 가량이 평야지대이며 서유럽 최대의 농업국이며, 기온의 차이가 크고 일교차가 심하다. 프랑스 요리의 특징은 풍부한 재료와 향신료, 세련된 기술로 섬세한 맛을 내는 데 있다고 할 수 있으며, 지방마다 특색 있는 소스와 요리 조화를 이루는 포도주, 치즈 등이 특색 있게 발달되었다.

프랑스를 구르메(건강식과 기호식을 즐기는 식도락가)의 나라라고 할 정도로 쉽게 찾을 수 있는 곳이 레스토랑이고 서비스 또한 좋다. 레스토랑보다 마음 편히 들어갈 수 있는 비스트로(Bistrot)가 많이 있어 부담 없이 프랑스 요리를 맛볼 수 있다. 특히 식당에서 물을 마실 때는 물 값을 따로 계산해야 한다. 낙천적인 삶을 영위하며 예술을 사랑하는데, 생활비의 23%가 먹는 음식, 음료에 소비하며 보통 1주일에 1번 이상은 외식을 한다고 한다.

주변의 많은 나라 중에는 스위스, 이탈리아, 독일, 스페인, 오스트리아 등 각기 다른 문화권과의 문화교류로 인한 다양한 조리법 등으로 인해서 오늘의 프랑스 요리발전에 커다란 영향을 미쳤다고 할 수 있다. 특히, 프랑스 요리는 소스가 중요한 역할을 하여 다양하게 발달하였다. 일반적으로 백포도주는 생선요리에, 적포도주는 고기요리에, 분홍색 포도주는 양쪽 요리에 적합하며, 마시는 목적 외에 요리의 맛을 돋우고 부드럽게 하기 위한 방법으로 조미료로도 이용되고 있다.

세계적으로 유명한 프랑스 요리로는 '에스까르고(Escargots)' 라는 달팽이 요리다. 부르고

뉴 특산의 달팽이를 마늘, 버섯, 브라운소스, 생크림을 넣고 끓여서 오븐에 구운 음식으로서 약간 비싸지만 우리 입맛에도 잘 맞는다. 대표적인 요리에는 특수한 조건에서 사육한 거위의 간을 갈아서 조리한 거위간(Foir Gras) 요리, 흑갈색버섯인 트러플(Truffle)을 넣어 만든 콘 소메 수프, 적포도주로 만든 닭 요리인 꼬꾸오뱅(Coq au Vin) 요리, 생굴 요리, 아티초크(Artichokes) 요리, 신선한 생선으로 요리한 다양한 종류의 생선요리(Fresh fishes) 등이 있다. 그리고 프랑스의 빵으로는 길게 구어 낸 바게트(Baguette)와 버터가 많이 함유된 초승달 모양의 크루아상(Croissant)이 유명하다.

2) 이탈리아 요리

이탈리아 요리는 크게 나누어 공업이 발달한 밀라노(Milano)를 중심으로 한 북부 요리와 해산물이 풍부한 남부 요리로 구분할 수 있다. 이탈리아는 지형적으로 장화처럼 되어 있고 우리나라처럼 반도이며 삼면이 바다로 되어 있다. 이런 점에서 우리나라 요리와 비슷한 점이 많다. 국토는 산이 많아 대부분 목축지로 이용되어 축육을 하고 있으며, 농지에는 보리, 밀, 옥수수 등의 곡물이 주로 생산되고 특히 남부 지방에서 생산되고 있는 경질의 밀은 좋은 Pasta의 원료가 되고 있다.

북부의 대표적인 요리로는 옥수수를 이용한 폴렌타(Polenta), 쌀을 이용한 리조토(Risotto) 등이 유명하다. 이처럼 북부 요리는 재료가 풍부하다. 특히 아드리아 해에서 잡히는 게, 정어리, 뱀장어, 알프스에서 흘러나오는 맑은 물에서 잡히는 송어 등을 이용한 생선요리가 있고, 육류요리로는 밀라노풍의 뼈가 붙은 송아지 다리를 백포도주로 조리한 오소 부코(Osso Buco), 쇠고기 커틀렛, 사프론의 리조토 요리가 유명하다.

이탈리아 남부는 카파니아(Campania)에서 시실리아(Sicilia), 사르데냐(Sardegna)에 이르는 지역을 말하는데 그 중심지는 역시 나폴리(Napoli)이다. 나폴리하면 피자(Pizza)가 유명하고 시실리아(Sicilia) 등 남부 지방은 파스타(Pasta) 요리가 유명하다. 남부 지방이 이처럼 파스타(Pasta) 요리가 발달한 이유는 사람들의 생활이 빈곤했기 때문이라 한다. 이처럼 이탈리아 요리는 기후와 풍토, 지리적 조건 등에 의해 지방마다 독특한 요리가 만들어졌으며, 로마, 아라비아, 노르만인, 등에 의해 지배를 받아 이 민족의 문화 영향도 컸다. 이탈리아 요리의 전체를 알기 위해서는 각 지방의 특징적인 요리를 필수적으로 파악하여야 하는데, 왜냐하면 각 지역은 역사적, 지리적 차이에 따라 그 나름대로 독특한 각각의 요리를 갖고 있기 때문이다.

예를 들면 북부지방의 파스타(Pasta)는 일반적으로 별로 변형이 없이 평평한 형태로 신성한 계란과 밀을 이용하여 만들어졌으며, 요리에 사용되는 기름도 주로 버터(Butter)이다. 반면 남부지방은 비교적 많은 향신료를 사용하며, 요리에 사용되는 기름은 주로 Olive Oil이다.

메뉴의 구성은 전채요리인 안티빠스토(Antipasto), 전채요리 다음에 먹는 요리로서 수프나 스파게티, 리조토 등의 쁘리모(Primo), 생선이나 쇠고기, 송아지고기, 양고기, 가금류 등으로 만든 주요리인 쎄콘도(Secondo), 주요리 다음에 제공되는 샐러드나 채소 요리 등을 콘토르노(Contorno), 치즈를 말하는 쁘로마지오(Fromaggio), 디저트인 돌체(Dolce), 커피를 말하는 에스프레소(Espresso)로 되어 있다.

3) 영국 요리

영국은 북위 50° 이북에 위치하여 위도상으로 볼 때에는 북쪽에 위치하고 있지만, 북대서양해류와 서안해양성 기후의 영향으로 겨울에도 별로 춥지 않고 여름에는 서늘하여 전국이 축산을 하기에 아주 적합하다.

또한 어족자원이 풍부하여 세계 2대 어장으로 꼽히고 있는 북동대서양어장을 가까이에 두고 있어 생선이 풍부하다. 또 생산되는 밀이 풍부할 뿐만 아니라 영연방 여러 나라에서 공급되는 값싸고 질좋은 곡물과 서늘한 기후에서 잘 자라는 여러 가지 채소들로 풍부한 먹거리를 기초로 귀족적이며 맛깔스러운 요리를 개발하여 독특한 양식을 형성하였다.

영국 동인도회사가 런던 커피하우스에서 일반인들에게 차를 시판하게 된 1657년 이후, 18

세기 후반부터 인도의 실론차를 자신들의 기호에 맞도록 개발하여 매일 즐겨 마시는 홍차문화권을 형성하였다. 영국의 홍차는 우유를 섞어 마시는 것이 특징이다.

영국 사람들은 아침(Breakfast)을 차(Tea)를 중심으로 한 아주 간단한 식사, 즉 우유를 탄 홍차 한 잔에 빵 한두 조각으로 마치지만, 점심(Lunch)은 생선 튀김이나 쇠고기 튀김에 삶거나 구운 감자를 곁들이는 등 비교적 간단한 식사를 차린다. 영국에서 피시 앤드 칩스(Fish and Chips)라고 불리우는 대구튀김과 감자튀김은 산업혁명 이후부터 흔히 볼 수 있는 대표적인 음식이 되었다.

대표적인 요리는 로스트 비프와 밀가루와 달걀을 넣어 만든 요크셔 푸딩(Yorkahire Pudding)을 곁들이는 것이 격식이다. 페이스트리 종류로는 민스파이(Mince Pie)와 소시지롤(Saueage Rolls)이 유명하고, 파이를 만드는 방법도 버터나 쇼트닝을 쓰는 것이 보통이지만, 영국에는 망유를 다지거나 녹인 것에 밀가루를 섞어서 만드는 방법이 전해지고 있다. 크리스마스 때에 만드는 과일과 술이 혼합된 크리스마스 푸딩(Christmas Pudding)은 오랫동안 두고 먹을 수 있는 겨울용 후식으로 유명하다. 또, 도버해협에서 잡히는 참서대(Dover Sole)로 튀김이나 뫼니에르(Meuniere)의 재료로 이용하며, 그 밖에 연어 훈제도 명물 중의 하나이다.

식생활의 특징으로는 오후 5시에 반드시 차 마시는 시간(Tea Time)을 갖는 습관과 전통적인 홍차 끓이는 법 등이 있다. 한편, 프랑스, 이탈리아 및 스페인에서 주로 마시는 술이 포도주인데 비하여, 영국에서는 위스키(Whisky)가 애용되고 있다.

4) 스위스 요리

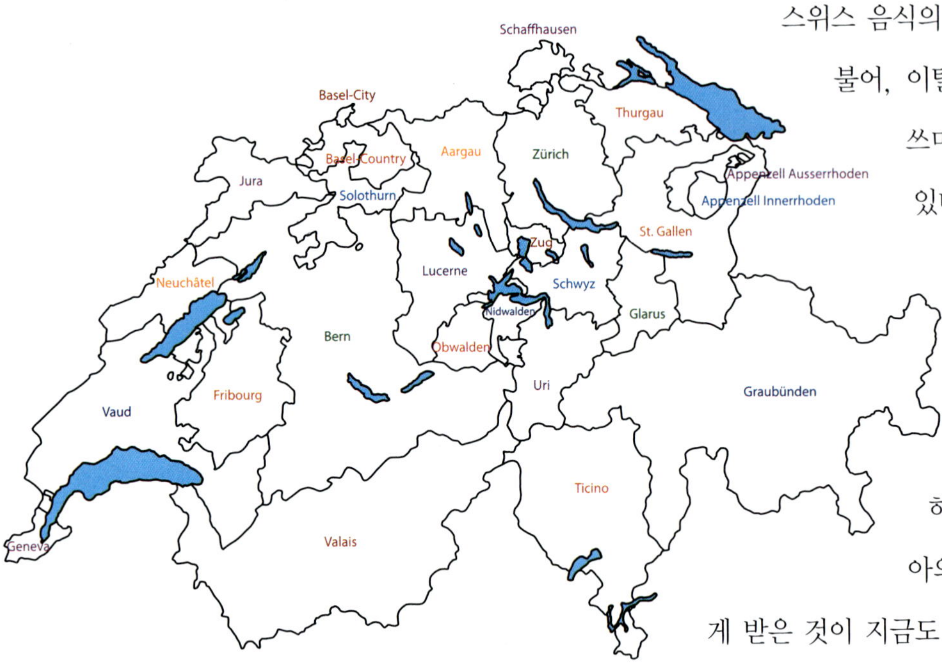

스위스 음식의 특징은 다양함이다. 독어, 불어, 이탈리아어, 로마어를 국어로 쓰며 70개 이상의 방언을 갖고 있다, 약 2천 년 전부터 유럽의 이동전이지대로서 유럽 여러 나라의 문화가 공존하게 되었고 특히 식생활 문화를 자랑하는 독일과 프랑스, 이탈리아의 영향을 요리면에서도 크게 받은 것이 지금도 각 나라의 요리를 맛볼 수 있는 이유이다.

세계적으로 유명한 스위스 전통요리에는 각 지역별로 프랑스 문화권에 영향을 받은 퐁듀(Fondue)와 라클레트(Raclette)가 있다. 퐁듀는 문화의 다양성 때문에 요리 역시도 다양한 나라의 요리를 만날 수 있다. 퐁듀는 치즈 퐁듀와 소고기 퐁듀 두 가지 종류가 있는데, 소고기 퐁듀는 칵테일 소스, 머스타드 마요네즈, 타르타르 소스 등과 함께 먹으면 좋다. 라클레트는 라클레트 치즈를 녹여서 삶은 작은 감자, 슬라이스 햄, 오이 피클, 빵과 함께 먹는 요리이다.

독일 문화권의 영향을 받은 취리히 소고기, 감자 로스티, 마늘소스 소시지 등 요리가 있는데, 특히 감자 로스티는 스위스의 대표적인 감자 요리로 스위스식 감자전 또는 감자볶음이라고 할 수 있다. 스위스의 베른 주의 농부들이 17세기부터 단순한 재료인 감자를 매 끼니마다 먹을 수 있도록 다양하게 조리해오던 데서 유래됐다.

훈제쇠고기와 베이컨, 보리가 들어 있어 구수한 보리맛과 훈제쇠고기의 맛이 어우러져 독특한 맛을 내는 보리(Barley) 수프, 또는 보리 크림 수프라고 하는 수프와 계피와 사과를 곁들인 농어 요리와 지방이 거의 없는 송아지고기요리도 유명하다.

5) 오스트리아 요리

오스트리아의 수도 빈은 유럽대륙의 중심지이며 유럽 역사의 주역으로 다양한 유럽문화가 조화를 이루고 있으며 유럽의 특색이 가장 잘 나타나 있는 곳이다. 식문화 또한 오스트리아 고유의 것뿐만 아니라 폴란드, 이탈리아, 헝가리와 보헤미아의 전통과 양식이 혼합된 형태라 할 수 있다. 대표적인 예가 비잔틴에서 유래된 비너 슈니첼, 헝가리에서 들어온 굴라쉬 등이다. 이렇듯 빈은 풍부하고 다양한 지방 요리뿐 아니라 중국, 그리스 터키, 인도 요리와 여러 종류의 레스토랑도 많이 자리하고 있다.

빈의 전통적인 커피하우스는 비엔나커피로 유리잔에 생크림과 같이 나오는 모카커피인 아인슈페너와 차고 진한 모카에 바닐라 아이스크림과 생크림을 곁들인 아이스커피 등이 있고 다양한 향의 차도 즐길 수 있다. 맛 좋은 구겔후프(Gugelhupf)나 자허토르테(과일잼을 넣은 초콜릿 케이크)를 함께 곁들인다.

오스트리아의 대표음식으로 비엔나슈니첼은 적당한 크기의 송아지고기에 밀가루, 달걀, 빵가루를 입힌 후 기름에 튀겨 밥과 샐러드를 곁들인 음식으로 주로 일요일 점심에 가족들이 함께 즐기는 요리이다.

타펠슈핏츠는 소 허벅지 살을 장시간 부드러워질 정도로 적당히 삶아 기름과 버터에 볶은 감자와 파 종류인 슈닛틀러 소스, 서양무와 사과를 갈아 섞은 소스를 곁들여 먹는 요리이다.

또 헝가리에서 전래된 굴라쉬는 돼지고기나 송아지, 쇠고기를 네모지게 썰은 다음 적당량의 양파와 고춧가루를 넣어 만든 것이다. 바우에른슈마우스는 뜨거운 고기를 이용한 간단 전원음식으로 빈의 많은 레스토랑에서 볼 수 있고 항상 완자와 함께 내어진다. 고기종류로는 소시지, 햄, 훈제구이 돼지고기, 굽거나 튀긴 돼지고기를 이용한다. 카이저슈마렌은 후식뿐 만 아니라 정식으로도 먹는데 달걀반죽, 설탕, 건포도가 주재료인 빈의 전통요리이다.

제2장

주방의 조직 및 직무

1. 주방의 개념

주방(廚房)에 대한 용어를 쉽게 이해하기 위해서 우리나라 조선시대 소주방에 대한 설명을 하려고 한다. 소주방은 조선 시대 때 대궐 안의 음식을 만들던 곳의 순말이다. 소주방(燒廚房)은 조선 시대 대궐 안에서 임금님의 수라상과 잔칫상을 준비하던 곳을 말한다.

소주방은 안소주방과 밖소주방으로 나누어지는데, 안소주방은 일상 음식을 만드는 곳으로 수라상에 올라가는 찬품을 맡아 하며, 식전의 간단한 점심(자리끼 · 낮것)이나 야참 같은 것을 만들어 올리는 곳이다. 왕은 밥 두끼에 세끼는 죽, 국수, 수정과, 식혜 같은 간식으로 다섯끼를 드는데 '낮것' 이란 간단한 점심의 명칭이다.

밖소주방은 주로 잔치 음식을 만드는 곳으로 각종 떡, 약식, 족편, 편육, 신선로 등의 별식 외에 계절 따라 장 담그는 일도 이곳에서 전담한다. 대궐에서는 연례행사로서 1년에 수십 차례의 다례(茶禮)와 왕족의 생일, 대소 잔치 및 그에 따른 내외빈 접대 등의 일을 많이 했다고 한다.

주방(廚房)이란 조리 상품을 만들기 위한 각종 조리기구와 식재료의 저장시설을 갖추어 놓고 조리사의 기능적 및 위생적인 작업수행으로 고객에게 판매할 음식을 생산하는 작업공간을 말한다. 주방은 생산과 소비가 동시에 이루어질 수 있는 상황변수가 많은 독특한 특성을 갖고 있는 공간으로 외식업소의 경영성과 기능에 가장 중요한 역할을 하고, 수익성을 담당하고 있는 부서가 바로 주방이다.

또한 주방은 식음료 상품을 판매할 수 있도록 음식을 만들어 내는 생산공장이라 할 수 있으며, 반면에 업장은 주방에서 만들어 낸 상품을 판매하는 전시장이라 해도 과언이 아니다.

이처럼 주방은 고객에게 식용가능한 식재료를 이용하여 물리적 또는 화학적인 방법을 가해 상품을 제조함과 동시에 판매하는 장소라 말할 수 있다.

현대에서 주방은 단순히 음식을 조리하는 곳이 아니라 쾌적한 생활공간으로서 역할을 해내는 곳이기 때문에 다양한 의미가 포함될 수 있을 것이다. 주방이라고 하면 조리 업무를 원활하게 수행할 수 있는 형태가 필요하다.

본 논자는 주방에 대한 정의를 조리부서의 장을 중심으로 자격을 갖춘 조리사가 양목표(Recipe)에 의해 식용 가능한 식품을 조리기구와 장비를 이용하여 화학적 · 물리적 · 기능적 방법을 가해 고객에게 판매할 식음료 상품을 만들 수 있도록 차려진 장소라고 말하고자 한다.

2. 주방의 기본 조직

일반적으로 기업의 조직은 그 규모가 확대됨에 따라 복수의 단위조직에서 복합조직으로 성장해 간다. 이는 조직 구성원의 직능이 다양화되는 것을 의미한다. 주방조직도 단순 기본조직이 있는가 하면 대규모의 복합조직 형태의 것도 있다. 호텔의 주방조직은 다른 부문과 마찬가지로 특별한 형식이 있는 것은 아니다.

그러나 다음의 네 가지 변수에 따라서 약간의 차이가 있을 수 있다. 첫째, 규모의 대소, 둘째, 체인호텔 또는 독립호텔 등의 경영형태, 셋째, 호텔의 입지여건, 넷째, 경영자의 경영방침 등에 따라 차이가 있다. 일반적으로 주방의 기본 조직은 중 · 소규모인 경우에 다음 [표 2-1]의 '기본 주방의 조직도' 와 같이 나타난다.

[표 2-1] 기본 주방의 조직도

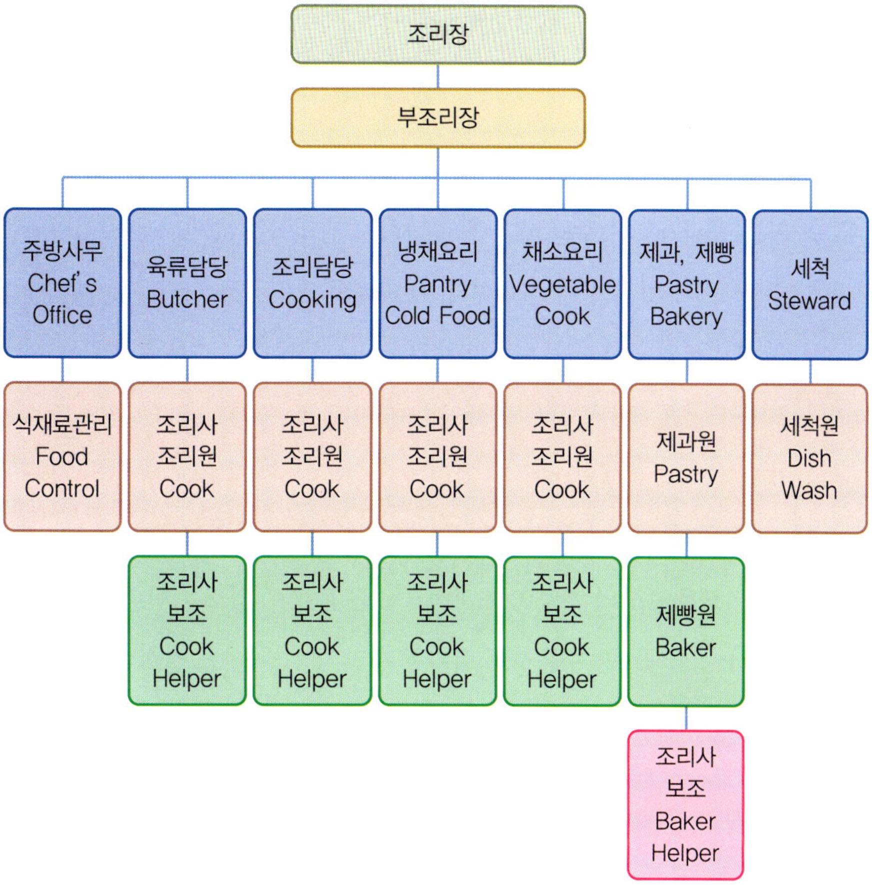

3. 주방 조직의 직무

주방 조직의 직무를 분석하는 대상은 두 가지로 구별할 수 있다. 하나는 개개인 인적 구성원의 직책을 중심으로 하는 개별 직무분석이고, 다른 하나는 하위주방 즉 각각의 단위주방의 직무를 분석하는 것으로 대별된다. 후자의 경우는 '주방의 분류'에서 자세하게 언급하기로 하고, 여기서는 전자의 개별 직무분석을 중심으로 분석하고자 한다.

국내의 단독경영호텔(Local Management Hotel)의 주방 직제는 호텔에 따라서 약간의 차이는 있지만, 일반적으로 「조리이사 – 조리부장 – 주방장 – 1st Cook – 2nd Cook – 3rd Cook – Cook Helper」 등의 순서로 조직되어 있다. 그러나 체인 호텔 주방의 직제는 대부분 앞의 표에 나타난 바와 같이 「Executive Chef – Executive Sous Chef – Sous Chef –

Chef de Partie – Demi Chef de Partie – 1st Cook – 2nd Cook – 3rd Cook – Cook Helper로 구성되어 있다. 이들 각각의 직무를 분석하면 다음과 같다.

1) 총 주방장(Executive Chef)

조리 부문의 최고 책임자로서 주방 업무를 총괄하여 관리하는 책임자로서 경영전반에 걸쳐 정책결정에 참여하는 경영진의 한 사람이다. 총지배인과 식음료 담당 부총지배인의 지휘를 받는데, 회사의 영업이익 극대화를 위하여 새로운 메뉴개발하고 비용을 절감하며, 생산성을 향상시키기 위해서 전 주방을 지휘 및 통제하며 이에 따르는 책임을 진다. 또한 의사전달(Communication)자로서 여러 형태의 경영진 회의에 참여하며, 회의 결과를 단위 부서 주방장에게 전달하거나 업무지시를 하여 모든 주방의 기능이 원활하게 운영되도록 한다. 특히, 각 주방장들과 협의하여 모든 주방의 기능이 효과적으로 운영될 수 있도록 한다.

조리부에서 사용하는 식재료를 주문하고 검수할 뿐만 아니라 이를 결재하고, 조리부 직원의 인사관리 및 각종 조리 장비와 기구를 예산에 따라 주문을 한다.

2) 부 총주방장(Executive Sous Chef)

총주방장을 보좌하며, 부재 시에 직무를 대행하고 각 주방장을 지휘 및 감독하는 실질적인 조리업무 집행의 수반이다. 각 주방의 메뉴를 계획하며, 조리기술을 연구하고 개발한다. 각 주방장들의 근태관리 및 고과평가를 하고, 조리사들의 개인위생을 감시한다.

조리사를 적재적소에 배치하고 이를 조정하며 실무 차원의 교육을 효과적으로 수행하도록 감독한다. 경쟁사에 대한 정보활동을 하며 판매시장 및 구매시장 조사를 한다. 주방의 안전을 종합적으로 점검하고 이에 대한 교육을 하며, 전문 조리교육을 담당한다.

3) 주방장(Sous Chef)

총주방장과 부 총주방장의 보좌하며 지휘를 받는 단위주방 부서의 장이다. 임무는 단위주방의 책임자로서 질 높은 음식이 고객들에게 제공되도록 하고 이에 책임을 진다. 부하직원의 직무를 조절하며 근무 시간표를 작성한다. 경쟁사의 매출액과 메뉴를 분석하여 고객의 기호와 식성에 적합한 새로운 메뉴의 개발을 시도하고, 음식의 질과 맛이 일정 수준 이상 유지되도록 해야 한다.

시장조사를 통한 고품질, 저가격의 식재료를 주문하도록 한다. 조리사의 근태관리 및 교육을 통하여 식재료의 손실을 줄이도록 노력한다. 부하직원을 교육하고 감독하여 표준 조리법의 정확한 습득으로 양질의 음식이 조리되도록 독려한다. 화재 및 안전교육을 실시하며 이를 미연에 방지한다. 서비스 직원의 책임자와 대화를 통하여 효과적인 대 고객 서비스가 이루어지도록 협력한다.

4) 수석 조리장(Chef de Partie)

주방장의 지휘를 받으며 부재 시에 직무를 대행한다. 기술과 실무적인 면에서 조리사의 작업을 지휘 및 감독하며, 단위주방의 중간자로서 조정자역할을 담당한다. 근무 시간표 작성을 도우며 식재료 청구서를 작성하고 이의 수령을 지시한다. 주방장의 업무지침을 조리사에게 세부적으로 지시하고 이의 수행을 점검한다.

기물관리 담당과 협의하여 조리에 필요한 기구 · 기물을 조달하고, 음식준비 과정과 정도 그리고 완성된 음식을 최종적으로 점검하여 고객에게 제공해도 되는지 여부를 확인한다.

5) 부 조리장(Demi Chef de Partie)

부 조리장은 영어로 해석할 때 절반(Demi)의 조리장(Chef)을 의미한다. 주방장과 조리장의 지휘를 받으며 조리장의 부재 시에 그의 직무를 대행한다. 단위주방 내의 각조 조장으로서 전문 조리기능을 보유하고, 주방장이 작성한 메뉴에 따라 조리사들과 함께 조리업무를 담당한다. 해당 조리사에게 조리에 필요한 준비 사항을 지시하고 조리의 최종 마무리를 한다. 필요한 식재료를 청구하고 수령을 지시하며 이의 저장 및 보관 상태를 감독한다. 따라서 직접적으로 생산 업무를 담당하면서 틈틈이 리더(Leader)로서의 역할을 배워야 한다.

6) 1급 조리사(Ist Cook)

부 조리장을 보좌하며 그의 지시를 받아 조리를 준비하고 조리를 직접 한다. 부 조리장의 부재 시에 그의 직무를 대행하며, 부하의 조리 업무를 지도한다. 담당하는 냉장고와 냉동고를 관리한다. 실무위주의 조리를 하며 하급조리사에게 기술을 지도한다.

기술적인 측면에서 최고기술을 낼 수 있는 단계이며, 조리가공에 실제적으로 가장 많은 활동을 한다. 기구의 사용, 화력조절 등 조리의 중추적인 생산라인을 담당하는 숙련된 기술자라고 할 수 있다. 조리의 처음단계에서 마지막 마무리까지 상세한 노-하우(Know-How)를 갖고 있어야 한다.

7) 2급 조리사(2nd Cook)

1급 조리사의 직무를 보좌하며 제반 식재료 및 음식의 반출과 반입을 확인하거나 이에 따른 조리 업무를 담당하며 일급 조리사 부재 시에는 그의 업무를 대행한다. 육류 · 생선 · 채소 등을 일차적으로 손질하여 조리할 수 있도록 부문별로 준비한다. 상급자의 지시를 받아 조리 실무를 보좌한다. 표준 조리법과 조리기술을 익힌다.

8) 3급 조리사(3nd Cook)

2급 조리사의 직무를 보좌하며 그의 부재 시 직무를 대행한다. 조리를 담당할 수 있는 초년생으로 역할범위가 제한되어 있어 매우 단순한 조리작업을 수행할 수 있지만, 점차적으로 실질적인 조리기술을 습득하기 위한 훈련은 반복해야 한다. 상급자의 지시를 받아 식재료를 손질하여 조리가 가능하도록 준비하거나 직접 조리를 한다. 주방의 청결을 유지하고 기구와 장비의 청결과 사용하기에 양호한 상태를 유지한다. 표준조리법과 조리 기술을 습득한다.

9) 조리사 보조(Cook Helper)

조리에 대한 기술보다는 시작단계에서 단순작업을 수행하며 조리사를 보좌하여 채소 다듬기, 식재료 운반, 음식의 운반, 조리기구사용법 습득, 단순한 1차적 손질 등의 일을 한다. 주방을 청결하게 유지하고 식자재를 적재적소에 정리정돈한다.

10) 조리실습생(Trainee)

현장에서 조리를 처음 접하는 사람으로 조리를 전공한 학생들이나 조리에 관심이 있는 사람이 호텔 조리부에 입사하여 기초적인 조리를 배우는 단계이다.

4. 주방의 분류

1) 규모에 의한 분류

주방을 규모에 따라 분류한다는 것은 분류자의 객관적인 기준에 서로 차이가 있기 때문에 그리 쉬운 일은 아니다. 따라서 여기서는 국내의 호텔 등급별로 그 규모를 정하고, 60여 명 이상의 조리사를 고용하고 있는 특급규모의 호텔 주방의 경우를 대규모 주방으로 분류하고자 한다. 주방의 조직과 구성은 「표 2-2」의 「대규모 호텔의 주방조직도」에 잘 나타나 있다.

(1) 대규모 주방

주방의 조직은 호텔의 형태, 규모, 고객 서비스 방법과 유형, 메뉴 형태에 따라서 차이가 있으며, 어떤 특정 호텔에 적합한 조직이 다른 호텔에서는 그렇지 못한 경우도 있다. 그래서 대규모 호텔의 주방도 경영주체의 특수성에 따라서 다르게 나타날 수 밖에 없다. [표 2-2]에 나타난 '대규모 호텔의 주방조직' 은 I호텔과 H호텔을 중심으로 작성한 것이다.

(2) 소규모 주방

그 이외에 30여 명 내지는 60여 명이 주방 근무자가 있는 호텔과 기타 식당의 주방을 중규모로 「기본 주방의 조직도」에 나타나 있다. 이는 조리 업무가 분업화된 메인 주방을 중심으로 하는 대표식당이 있으며, 서너 개의 다른 영업주방이 별도로 있는 경우도 있다. 그러나 별도의 단위주방이 없는 경우는 예시된 조직과 거의 같은 조직이라 할 수 있다.

30명 이하의 조리사로 구성된 모든 주방을 소규모 주방으로 분류하고자 한다. 이는 대개의 대규모 호텔의 단위주방이 30명을 넘지 않고 있기 때문에 이러한 분류가 가능하다. 조직

[표 2-2] 대규모 호텔의 주방조직도

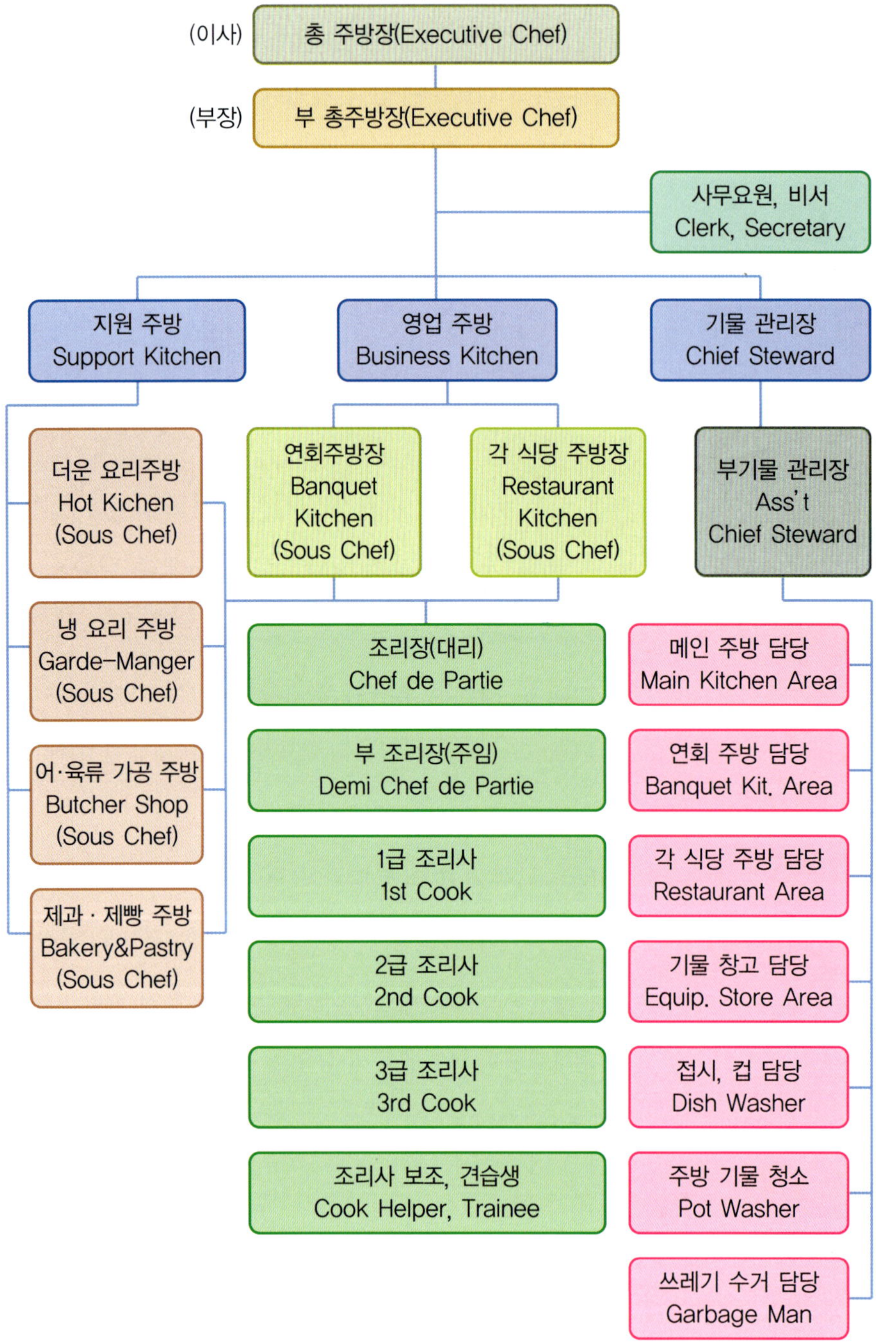

의 구성인원수는 약간의 차이가 있을 수 있으며, 여러 명의 조리사로 구성이 되거나 조직이 단축되는 경우도 있다. 대개의 경우에 부조리장(Demi-Chef de Partie)이 각각의 조리부문의 조장으로 각 조의 책임을 맡고 있다.

[표 2-3] 소규모 주방의 조직도

2) 기능에 의한 분류

모든 주방은 구체적으로 음식을 만드는 생산적 기능이 있다. 주방의 기능에 의한 분류는 '관광 사업법' 에 의한 특급 관광호텔의 대규모 주방을 기준으로 분류하고자 한다. 대규모 주방은 난위주방의 기능의 특수성에 따라서 준비주방과 영업주방으로 분류할 수 있다. 전자는 후자의 영업활동을 원활히 하도록 지원을 하고, 후자는 전자의 적극적인 지원을 받으면서 고객의 주문에 의해 음식을 만들거나 또는 직접 판매하는 주방이다.

각각의 단위주방의 직무를 분석함으로써 그 기능을 알아보고자 한다.

(1) 준비주방(Main Production Kitchen)

① 더운 요리 주방(Hot Kitchen)

대규모 주방의 핵심주방으로 메인주방(Main Kitchen)이라고 부르기도 한다. 더운 요리 주방

(Hot Kitchen)에서는 조리하여 만든 음식을 고객에게 판매(Serve)하는데 뜨거운 상태로 제공되는 음식을 만드는 주방이다. 각 업장 주방에서 고객에게 판매할 음식을 준비하여 시간에 맞추어 공급하는 기능을 맡고 있다.

식자재 창고, Burcher 주방 등으로부터 공급받은 육류 및 어패류, 가금류 등의 기초 식재료를 Roasting, Poachung, Braising, Boiling, Blanching, Steaming, Frying, Sauteing, Baking, Broiling, Grilling 등의 방법으로 조리를 하고, Stock, Soup, Sauce, Vegetable 등을 영업주방의 영업시간에 맞추어 준비하여 공급한다.

또한 식자재의 원활한 공급 조절 기능으로 구매해야 할 식자재가 계절성 상품인 경우에는 계절에 따라 가격변동이 심하기 때문에 저장이 가능한 계절성 상품은 성수기에 가격이 저렴할 때에 대량으로 구매하여 전처리하여 가공하거나 1차 조리하여 저장을 한다.

식자재의 시장가격이 급격히 상승하거나 갑작스런 소비증가에 대비해야 한다. 이를 위해서 다음 성수기까지 사용할 예측 소비량을 저장해 놓아야 한다. 그리고 식자재 창고에 장기간 제고로 있는 식재료를 이용하여 메뉴를 구성하여 음식을 개발하여 식자재의 품질이 저하되거나 부패하는 것을 방지해야 한다.

② 찬 요리 주방(Cold Kitchen ; Garde-Manger)

고객에게 판매(Serve)되는 순간에 차갑게 제공되는 음식을 만들어 영업주방에 제공한다. 냉 전채요리(Cold Appetizer), 냉 소스(Cold Sauce), 냉 스프(Cold Soup), 각종 샐러드(Salad), 샌드위치(Sandwich), 안티파스토(Antipasto), 테린(Terrine), 빠테(Pate), 갈랑팅(Galantine) 등을 만들어 각각의 영업 주방에 이를 공급한다.

더운 요리가 맛을 중요시하는 음식이라면, 냉 요리는 음식의 색상조화와 모양새를 중시하는 요리라고 할 수 있다. 따라서 연회장에 제공되는 냉 요리는 과일, 채소, 가공 어 · 육류 등의 식재료를 이용하여 다채로운 볼거리 음식을 아름답게 만들기도 한다. 그리고 채소와 과일의 적정량을 매일 주문하여 영업 주방에 배분한다.

③ 육류 가공 주방(Butcher Shop ; Butcher Kitchen)

전 주방에서 필요한 모든 육류 및 어패류, 가금류 등을 주문하여, 1차로 전처리를 한 후에 조리 및 가공을 한 다음 각각의 단위 주방에 공급한다. 즉, 각 단위주방에서 필요한 양을 부처 주방에 주문 신청하면 주문서에 따라 시간에 맞추어 준비하고 이를 각 단위 주방에 공급한다. 각종 육류 및 어패류를 이용하여 햄(Ham), 소시지(Sausage), 훈제 연어(Smoked Salmon)와 같은 가공품을 만들어 공급한다.

④ 제과 · 제빵 주방(Pastry & Bakery)

레스토랑 및 연회행사에서 필요로 하는 다양한 빵과 케이크, 초콜릿, 쿠키, 파이 등을 만들어 공급한다. 특히 고급 레스토랑에서 제공되고 있는 디저트를 만들며 제과 · 제빵 주방에서 모든 재료를 제공하며 베이커리 숍에서 판매하는 대부분의 제품을 만들어 제공한다.

(2) 영업 주방

① 고급 레스토랑 주방(Restaurant Kitchen)

한식당을 비롯하여 이탈리아 식당, 프랑스 식당, 중식당, 일식당 등 고급 레스토랑 주방은 특정 국가나 문화권의 향토색 짙은 음식을 만들어 제공하고, 특정국가의 음식과 식문화를 외국인 고객은 물론이며 내국인 고객으로 하여금 다양한 음식과 서비스를 이용할 기회를 제공하고 있다.

② 커피 숍 주방(Coffee Shop Kitchen)

세계 여러 나라의 특색 있는 음식을 제공하는 식당의 주방으로 비즈니스 고객을 위하여 간편한 요리를 제공하며, 지원주방의 협조와 도움으로 아침, 점심, 저녁 뷔페를 하기도 한다. 또한 식음료 판매촉진 활동의 일환으로 주기적인 프로모션으로 특색 있는 음식을 제공하는데 지원주방의 도움이 반드시 필요하다.

③ 연회주방(Banquet Kitchen)

주방시스템에 따라서 독립된 단위주방으로 조직이 되어 있는 호텔이 있는가 하면, 지원주방에서 그 업무를 분담하므로 독립된 연회주방이 없는 호텔도 있다. 전자의 경우는 업무의 원활한 관리는 효과적이라 하겠으나 생산성과 효율적인 측면에서는 후자의 경우가 보다 효율적인 시스템이라고 본다.

대부분의 연회행사는 지원주방의 협조와 도움을 받아 수행하고 있으나 때로는 전문식당 주방의 지원을 받는 경우도 있다. 독립된 연회주방이 있다고 하더라도 대개 더운 음식만 만들어 서브하며, 냉 요리와 디저트 및 빵류는 지원주방에서 만들어서 배급하기 때문에 서브만 하면 되도록 시스템화되어 있다.

④ 룸 서비스 주방(Room Service Kitchen)

객실에 투숙한 고객을 대상으로 서비스를 하는 주방으로, 대부분의 메뉴가 커피 숍과 같다. 객실의 투숙객이 주문한 음식을 만들어 제공하는 업무를 담당하고 있으며, 지원주방의 도움을 받아 음식을 만들어 제공한다. 호텔 경영시스템과 설계에 따라서 독립된 룸 서비스 주방이 있는 경우도 있으나, 최근에는 커피 숍 주방과 통합되어 운영을 한다.

5. 조리사의 자세

1) 조리사의 자세(Cook's Attitude)

조리사란 여러 가지 식재료를 혼합하여 고유의 맛을 유지하는가 하면 새로운 방법으로 독특한 맛을 창조하는 사람을 말하며, 조리사는 음식을 잘 만드는 것은 물론, 새로운 메뉴를 개발하거나 음식을 아름답게 장식하는 등의 창의성이 필요하다.

인류가 음식을 소비한 단계를 살펴보면 기아를 모면하기 위한 연명의 대책에서 출발하여 점차 식생활로 인식되었고, 그후는 선택의 단계인 식도락의 단계를 거쳐 최근에는 자기만족을 위한 예술의 단계로까지 발전하고 있다. 이와 같이 현대적인 의미의 조리는 손님들의 먹는 즐거움을 위해 그 과정을 최상의 단계인 예술행위로까지 확대 해석되고 있다.

음식의 맛이라는 것은 결국 각 재료의 성분들이 결합해 화학적인 반응을 일으킨 결과물이므로 어떤 양념이 어떤 재료와 결합했을 때 가장 이상적인 맛을 내며, 어떤 조리원리로 가장 좋은 색을 낼 수 있는지 명백한 과학적인 근거가 있어야 한다. 조리사는 그 원리를 깨우쳐 열심히 탐구하고 노력하는 자세로 임해야 한다. 또한 조리사는 식품을 위생적으로 안전하게, 시각적으로 보기 좋게, 미각적으로 맛있게, 영양적으로 영양 손실을 최소화시키며, 경제적으로 절약하는 자세가 필요하다.

오랜 시간을 거치면서 지금까지 즐겨 먹던 전통적인 음식들은 사람들의 입맛이 변해 감에 따라 조리사들이 얼마든지 창의적으로 개발할 여지가 많으며, 우리는 지금 세계화 속에 살고 있으며 고객의 욕구가 다양화, 세분화됨에 따라 새로운 음식을 추구하고 있다. 이러한 욕구를 충족시키기 위해 조리사들은 새로운 요리를 개발하기 위해 연구하고 노력하는 자세가 절실히 필요하다.

(1) 조리사에게 필요한 기본적인 자세(Basic Attitude of Cook's)

① 예술가로서의 자세

조리는 우리 인간의 기본적 욕구를 충족시켜 주는 창작행위인 것이다. 이러한 점에서 모든 조리인은 예술가라는 마음가짐을 갖고 작업에 임해야 하며, 요리 하나하나에 예술적 감각을 최대로 담아야 한다. 이를 위하여 조리이론, 기술습득, 미적 감각의 배양을 위한 꾸준한 노력이 필요하다.

② 인내하며 연구하는 자세

다양한 근무여건에 적응할 수 있는 체력과 꾸준히 참고 견디는 인내심과 조리원리에 대한 연구와 조리를 예술로 승화시킬 수 있는 끊임없는 창조적인 요리연구가 필요하다.

③ 절약하는 자세

회사가 나의 발전의 터전이란 마음으로 기물과 기기를 잘 관리해야 하며, 식재료와 에너지 사용에 있어서 절약하는 자세를 가져야 한다. 나아가 회사의 발전이 나의 발전임을 인식하고 맡은바 최선을 다한다.

④ 협동하는 자세

조리란 주방에서 행하여지는 공동 작업으로 동료 및 상 · 하 간에 서로를 존중하고 협동하는 마음으로 작업에 임해야 하며, 인화 · 단결하는 작업분위기를 조성하기 위하여 솔선수범하는 자세가 필요하다.

⑤ 위생관념에 철저한 자세

조리사의 위생에 대한 강조는 아무리 하여도 지나치지 않는다 할 정도로 조리사의 위생상태는 고객의 건강과 직결되므로 항상 개인위생 · 주방위생 · 식품위생에 주의해야 한다.

2) 조리의 중요성

조리의 중요성은 인간의 기본생활인 의식주 중에서 먹어야 산다는 것처럼 아무리 조리기술이 우수하다 하여도, 조리과정에서 식품을 위생적으로 처리를 잘못하면 그것은 사람의 생명을 해롭게 할 수 있다. 또한 조리를 할 때에는 영양적인 면을 고려하여 음식의 조화도 중요하게 생각해야 한다.

(1) 위생적 측면

인류 질병의 80%가 소화기 질환으로서 직 · 간접적으로 식생활과 관련이 되어 있기 때문에 조리와 위생과의 관계는 절대적으로 중요하다.

이는 어느 특정인이나 특정기관에서 주관하는 것이 아닌 사회전반의 문제로 개개인이 각각 올바른 위생과 관련된 지식을 갖고 문제가 발생되기 전에 즉시 행동에 옮길 수 있어야 하며, 위생개념에 관한 교육훈련이 철저히 이루어야 한다.

(2) 사회적 측면

경제 성장의 발전과 소득수준이 향상, 여가 시간의 증가로 인하여 부산물의 하나로 성인병이 증가하고 있는 추세이다. 이에 따라 음식을 조리하여 생산할 때에는 조리방법에 대한 연구를 통해서 국민건강 향상 및 체력발전에 능동적으로 대처해서 기여를 해야 한다. 따라서 사회변화를 정확히 파악하여 그 시대환경에 부합되는 조리문화가 되도록 노력해야 한다.

제3장

위생과 안전관리

주방위생관리란 주방 및 주방과 관련된 사람, 물건이 질병을 일으키지 않도록 청결하게 유지 · 관리하는 것을 말한다. 즉, 오염된 것이 눈에 보이지 않으며, 병원균이 거의 모두 제거되도록 하여야 하며, 인체에 유해한 화학물질이 없어야 한다. 주방위생관리는 개인위생관리, 식품위생관리, 주방시설위생관리와 같이 3부분으로 나눌 수 있는데, 우선순위를 두지 말고 모든 위생관리를 소중하게 다루어야 한다. 성공적인 주방위생의 결과를 얻기 위해서는 주방과 서비스구역에서 이루어지는 모든 과정의 위생과 청결 및 병원균 및 위해물질의 제거가 중요하다.

위생관리를 하는 궁극적인 목적은 식용가능한 식품을 이용하여 음식상품이 만들어지는 과정에서 조리사와 장비 및 기기를 식품취급상의 인체위해를 방지할 수 있도록 충분하게 위생적으로 관리하는 것이다. 그런데 조리장비나 기물 및 기기를 비위생적으로 관리하여 식품에 세균이나 기타 인체에 위해한 물질이 함유되어 있다든지, 식품을 조리하는 종사자가 질병에 전염되어 있다면, 과연 인체에 어떠한 영향을 미칠 것인가 하는 것이다. 이것은 인간의 생명과 재산을 위협하는 사회성으로 볼 때 중대한 결과로 나타난다는 것이 매우 흔한 일이기 때문이다.

주방에서 종사하는 조리사들은 식품을 모든 위해요인으로부터 안전하게 보전하고 정성껏 조리하여 위생적이고 안전하게 믿고 찾는 고객에게 공급해야 할 의무와 책임이 있다.

1. 개인위생(Individual Sanitation)

음식을 다루는 사람은 항상 건강과 청결한 상태를 유지하여 자신으로부터 각종 병원균으로 인한 오염 내지는 전염을 근본적으로 차단하여 위생상에 전혀 이상이 없는 음식을 생산하여야 한다.

1) 조리사 준수사항

- 정기적인 신체검사(보건증) 및 예방접종을 받는다.
- 청결한 복장을 한다.
- 매일 목욕을 한다.
- 손에 상처를 입지 않도록 손 관리에 유의하며, 항상 깨끗이 씻는다.
- 건강을 제일로 생각하고 건강에 대한 무관심, 과로, 수면부족 등을 피한다.
- 많은 사람이 모이는 장소는 가급적 피한다.
- 질병예방에 따른 올바른 지식과 철저한 실천을 한다.
- 조리에 관계하는 사람 이외는 주방에 출입하지 못하도록 한다.
- 가급적 술이나 담배는 삼간다.
- 외모는 항상 단정히 한다.

2) 조리사 의무사항

- 손과 손톱을 깨끗하게 유지한다.
- 보석류, 시계, 반지는 착용하지 않는다.

- 종기나 화농이 있는 사람은 일을 하지 않는다.
- 주방은 항상 청결을 유지한다.
- 작업 중의 상태로 화장실 출입을 하지 않으며, 용변 후에는 반드시 손을 씻는다.
- 식품을 취급하는 기구는 입과 귀, 머리 등에 접촉하지 않는다.
- 더러운 도구나 장비가 음식에 닿지 않도록 한다.
- 손가락으로 음식 맛을 보지 않는다.
- 조발은 규정된 크기로 한다.
- 향이 짙은 화장품은 사용하지 않는다.
- 하루 3회 이상 양치질로 입 안을 항상 청결히 하여 일정한 입맛을 유지한다.
- 손은 지정된 세숫대에서만 씻는다.
- 작업 중에는 대화를 삼간다.
- 항상 깨끗한 행주(Hand Towel)를 휴대한다.
- 규정된 복장을 착용한다.
- 위생원칙과 식품오염의 원인을 숙지한다.
- 정기적인 교육을 이수한다.
- 식품이나 식품용기 근처에 기침, 침, 재채기 및 흡연을 하지 않는다.
- 병이 났을 때에는 집에서 쉰다.
- 항상 자신의 건강상태를 체크한다.

3) 손을 반드시 세척해야 할 경우

- 식재료를 정리하는 중 손에 흙과 같은 오물이 묻은 경우
- 쓰레기통과 쓰레기를 손으로 직접 만진 후
- 날 음식을 다루기 전후
- 더러운 의복이나 앞치마, 위생모, 스카프, 안전화, 행주를 만진 경우
- 머리카락과 얼굴과 같은 신체를 만진 경우
- 화장실을 이용한 후

- 식품에 사용하면 안 되는 화학물질과 같은 종류를 만진 경우
- 오염된 주방기기, 시설, 그릇류를 만진 경우
- 재채기, 기침, 가래 등을 제거한 휴지를 만지는 경우

4) 올바르게 손 씻는 방법

- 물은 찬물보다 30℃ 전후의 따뜻한 것이 세척력이 우수하므로, 될 수 있으면 따뜻한 물을 준비하여 깨끗하게 손을 씻는다.
- 양손을 이용하여 비누 거품을 내어 손목과 팔 윗부분까지 세척 및 소독하도록 한다.
- 흐르는 수돗물로 세제의 성분이 남지 않도록 철저히 씻는다.
- 물기가 남은 손은 손수건이나 종이수건, 혹은 공기 건조기로 완전히 말린 후 작업에 가도록 한다.

5) 위생적 손 관리

- 손톱은 항상 짧게 자르고 유지한다.
- 손톱에는 매니큐어나 손톱 보존용 화장품을 발라서는 안 된다.
- 손톱에는 인조 손톱을 부착해서는 안 된다.
- 손가락 주름에도 병원균이 잔류하므로 브러시를 이용하여 청결히 한다.
- 손을 베인 상처나 데인 상처 등은 재빨리 처방을 하여 음식물에 혈액이나, 신체의 일부가 포함되지 않도록 유의하여야 한다.
- 상처가 깊을 때는 되도록이면 작업을 하지 않는 것이 좋다.
- 위생장갑을 사용한다.

2. 위생복

위생복은 식품위생법 시행규칙 제 19조4항에 의거, 청결한 복장상태를 유지하여 위생적인 조리업무의 수행을 위하는데 목적이 있다.

1) 조리모

① 한쪽으로 기울어지지 않게 한다.

② 짧게 깎은 머리카락이 귀 윗부분부터 덥힐 수 있도록 한다.

③ 모자의 모양이 구부러지거나 구겨진 부분이 없도록 한다.

2) 상의

① 상의의 이중단추는 여러 가지 기능을 갖추고 있어 작업 시에 발생할 수 있는 오븐이나 스토브의 급속한 열을 차단해 준다.

② 뜨거운 음식물이 튀었을 때에도 일차적으로 몸을 보호해주는 역할을 한다.

③ 상의 단추는 완전히 잠그고 가능한 한 면으로 된 단추를 사용한다.

④ 양쪽 소매는 조리 시에 불편함이 없도록 2번 정도 접어 손목이 5cm 이상 노출되도록 올린다.

3) 하의

① 허리가 알맞은 것으로 길이는 안전화의 윗부분이 살짝만 덥히는 것이 좋다.

② 벨트를 착용하여 하의의 움임을 방지한다.

4) 앞치마

① 뒤로 둘러 배꼽까지 돌아와 딘딘히 묶을 수 있어야 한다.

② 남는 끈은 팔이나 다른 물건에 걸리지 않도록 단순하게 묶어 안으로 밀어 넣거나 리본 형식으로 단단히 매어준다.

5) 스카프

① 뜨거운 열이 발생하는 주방에서 작업을 하는 동안 많은 양의 땀을 흘리게 되는데 땀을 닦아내기 위해서 손을 사용하면 불결하기도 하고 세균에 감염될 우려가 있는데 머플러는 손을 대지 않더라고 흡수가 되어 닦아주는 효과를 내고 있다.

② 뜨거운 요리 재료나 다른 이물질이 목에 남아 있는 공간으로 들어가는 것을 방지해준다.

③ 머플러의 재질은 순면으로 수분흡수가 잘 되어야 한다.

④ 크기가 적당하여 목을 감싸는데 불편함이 없어야 한다.

⑤ 착용 시 목 부분에 공간이 많이 나지 않도록 하여야 한다.

6) 안전화

① 주방에서 안전화의 역할은 바닥이 미끄러울 때 다른 신발에 비하여 안전성을 높여 미끄러지는 것을 방지하여야 한다.

② 위험한 물건이 떨어지거나 충격을 가하였을 때 그 충격을 흡수해 주는 보호역할을 한다.

③ 안전화의 끈은 풀어지지 않도록 단단하게 매어야 하고 묶은 나머지 끈은 위험발생요지가 없도록 아주 짧게 처리하는 것이 바람직하다.

규정된 조리사의 기본자세

공 통

- 규정된 유니폼 착용
- 염색 금지 및 액세서리 주의
- 안전화 & 명찰착용
- 항상 손을 청결하게 한다.

① 위생모는 반듯하게 착용한다.

② 상의는 단추를 완전히 잠그고 속옷이 밖으로 보이지 않도록 입고 소매는 반듯하게 2번 정도 접는다.

③ 하의는 끝 부분이 복숭아 뼈를 가릴 정도의 길이로 입으며 벨트를 착용한다.

④ 앞치마는 벨트선 이상 올라가지 않도록 편하게 매어준다.

⑤ 목 부분에 공간이 많이 나지 않도록 착용하며 매듭이 노출되지 않도록 한다.

⑥ 여자는 위생모를 쓰거나 스카프를 착용하며 머리카락을 묶고 쓴다.

⑦ 여자의 경우 화장은 밝고 자연스럽게 한다.

3. 주방 안전관리(Safety in the Kitchen)

조리장의 규모가 대형화되고 각종 기기들의 도입이 늘어나 이제는 조리공간이 커다란 공장을 연상하게 한다. 이렇게 조리장의 대형화는 재해에서도 대형 사고를 유발하게 되어 인명 또는 재산상의 손실을 불러일으키고 있다. 따라서 안전은 주방 또는 관련된 사업장에서 발생할 수 있는 신체상의 피해를 사전에 예방할 수 있는 대책과 실행을 의미한다.

우선 개인적으로 조리 시 발생할 수 있는 각종의 사고요인을 파악하고 조리 시 안전수칙에 대한 주의를 기울인다면 사고발생을 현저히 줄일 수 있을 것이다.

현대화된 각종 조리 장비는 업무능률을 향상시키는 데 많은 도움을 주고 있지만 잘못된 작동이나 부주의로 피해를 입는 경우가 자주 발생하고 있다. 또한 아무리 기술이 발달하였다 할지라도 조리와 불은 서로 뗄 수 없는 관계이다. 우리가 기억하고 있는 대형화재사건의 대부분이 주방에서 화기 부주의로 일어났다는 것을 상기해 볼 때 화재 방지에 대한 생활화는 아무리 강조해도 지나치지 않는다.

주방의 안전 및 재해 사고를 방지하기 위해서는 무엇보다도 주방설비의 올바른 시공이 중요하며, 종사원들의 전체적이고 올바른 교육과 업무수행에 있다. 종사원들의 교육에 있어서도 각 파트별 교육과 전체적인 집단교육 등 장소와 업무내용에 따라 배분하여 실시하는 것이 올바르다고 할 수 있다.

1) 주방에서 개인 안전

- 칼을 사용할 때는 시선을 칼끝에 두며, 정신을 집중하고 자세를 안정된 자세로 작업에 임한다.
- 주방에서 칼을 들고 다른 장소로 옮겨 갈 때는 칼끝을 정면으로 두지 않으며, 지면을 향하게 하고 칼날은 뒤로 가게 한다.
- 주방에서는 아무리 바쁜 상황이라도 뛰어다니지 않는다.
- 칼로 캔(Can)을 따거나 기타 본래의 목적 외에 사용하지 않는다.
- 칼을 보이지 않는 곳에 두거나 물이 든 싱크대 등에 담궈 두지 않는다.

- 칼을 떨어뜨렸을 경우, 잡으려 하지 않는다. 한걸음 물러서면서 피한다.
- 칼을 사용하지 않을 때는 안전함에 넣어서 보관한다.
- 주방 바닥은 미끄럽지 않은 상태로 유지한다. 기름이나 물기를 제거한다.
- 뜨거운 용기나 수프 등을 옮길 때는 주위 사람들에게 전달하여 충돌을 방지한다.
- 뜨거운 수프나 끓는 물에 재료를 투입할 때는 미끄러지듯이 넣는다.

2) 주방기기 및 시설안전

(1) 일반적 안전수칙

- 손에 물이 묻어 있거나 물이 있는 바닥에 서 있을 때는 전기 장비를 만지지 않는다.
- 전기 장비를 다룰 때는 스위치를 끈 다음 만진다.
- 각종 기계는 작동방법과 안전수칙을 완전히 숙지한 후에만 사용한다.
- 스위치를 끈 것을 확인하고 기계를 조작하거나 닦는다. 기계가 작동을 완전히 멈출 때까지 기계에서 음식을 만지지 않는다.
- 전기장비와 전기장치를 점검하고 전기코드를 꽂을 때, 기계 자체에 부착된 스위치가 꺼져있는가를 먼저 확인한다.
- 작업이 끝나면 전기코드를 뽑기 전에 장비에 부착된 스위치를 먼저 끈다.
- 슬라이스 기계를 청소할 때는 절단하는 칼날에 손이 닿지 않도록 거리를 두고 기계를 사용하지 않을 때는 칼날을 닫아 놓고 스위치는 항상 꺼져 있어야 한다.
- 평소 냉동실의 문을 안에서도 열 수 있는지 확인하고 작동상태를 점검한다.
- 호스로 물을 뿌릴 때에는 전기플러그, 각종 기계의 스위치에 물이 튀지 않도록 주의를 한다.

제4장

주방 조리기구의 종류 및 용도

1. 칼(Knife)

거의 모든 요리는 칼로부터 시작된다. 조리사는 칼을 소중히 여겨야 하며, 조심스럽게 다루어야 한다. 용도에 맞는 재질로 만들어진 것이어야 하며, 적합한 크기이어야 한다. 날은 항상 날카롭게 유지하여(무딘 것보다 안전하다) 안전함에 보관한다. 반드시 도마 위에서 칼질을 하고, 넓은 바닥 또는 작업자의 반대 방향으로 향하게 한다.

음식을 자르는 이외의 목적에는 사용하지 말 것이며, 손에 들고 장난하는 것은 절대 금물이다. 양파나 당근처럼 표면이 둥근 식재료를 자를 때는 한 면을 잘라 미끄러지지 않게 한 후에 손질하는 것이 좋다. 손잡이가 미끄럽지 않게 유지하며, 손잡이를 손으로 잡아야 한다.

1) 칼의 명칭

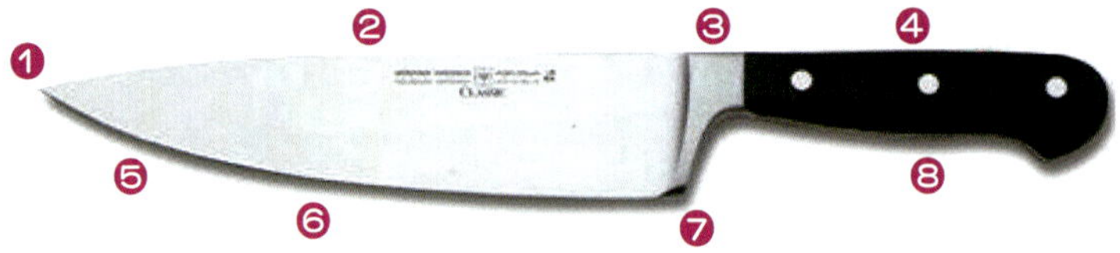

[그림 4-1] 칼의 부위별 명칭

① **칼끝**(Knife Tip) 채소의 자국을 내거나 섬세하게 자를 때나 고기 힘줄을 자르고 생선의 살을 발라내거나 내장을 빼내는 부분이다.

② **칼등**(Spine) 고기를 두드리거나 우엉의 껍질을 깎아낼 때에 쓴다.

③ **보강쇠**(Bolser) 대부분의 후렌치 나이프는 칼 손잡이가 하나로 되어 있는데, 손잡이와의 이음새부분에 이물질이 끼는 것을 주의하여 청결함을 유지시켜 주어야 한다.

④ **손잡이**(Handle) 손잡이 소재의 감촉, 쥐어본 느낌, 길이 전체 무게의 밸런스를 체크한다.

⑤ **칼날**(Knife Blade) 주로 섬세한 칼질을 할 때 사용하며, 칼을 갈아서 사용할 때 지나치게 많이 갈아 사용하면 칼의 수명을 단축시키는 원인이 된다.

⑥ **칼배**(Blade) 채소를 눌러 자르거나 고기나 생선을 잡아당겨 자르는 부분으로 칼날을 손톱 위에 대고 가만히 당겨서 자리가 나면 잘 드는 증거이다.

⑦ **칼굽**(Heel) 생선뼈를 자를 때 사용한다.

⑧ **슴배**(Rivets) 칼 손잡이 부분에 박힌 고정 시킨 나사를 말한다.

2) 기본 칼 잡는 방법(Method of Griping the Knife)

칼을 잡는 방법에는 다음과 같이 세 가지 방법을 많이 사용한다.

(1) 칼의 양면을 잡는 방법

① 일반적으로 칼을 사용해 식재료를 절단할 때 가장 많이 칼 잡는 방법으로 오른손 엄지와 검지손가락이 칼날 면을 잡은 형태로 한다.

② 칼로 식재료를 썰을 때 왼손 검지손가락 첫째 마디를 구부리고 칼 면에 닫게 하고 썬다.

(2) 칼등 쪽에서 엄지를 얹고 잡는 방법

① 힘이 많이 필요한 딱딱한 식재료를 썰을 때 잡는 방법으로 오른손 엄지손가락이 칼등 쪽에 있어 누르는 힘이 강하다.

② 칼로 식재료를 썰 때에는 항상 왼손 검지나 중지를 구부려서 식재료를 잡고 썬다.

(3) 칼등 쪽에 검지를 얹고 잡는 방법

① 칼의 끝 쪽을 사용할 때 잡는 방법으로 비교적 섬세한 작업을 할 때 필요하며, 오른손 검지손가락을 칼등 위 쪽에 얹어 놓고 잡는다.

② 왼손의 검지와 중지는 항상 구부리고 썰기를 한다.

3) 기본 식재료를 써는 방법(Basic Cutting Techniques)

여러 가지 식재료를 써는 방법에는 밀어 썰기, 당겨 썰기, 내려 썰기 등이 있다.

(1) 밀어 썰기

칼을 밀면서 식재료를 써는 방법으로 앞쪽 방향으로 힘을 가해 썬다. 식재료를 밀어 썰거나 당거 썰어야 잘 썰릴 뿐 아니라, 잘려진 면도 깨끗하게 된다.

(2) 당겨 썰기

칼을 당기면서 써는 방법으로 뒤쪽 방향으로 힘을 가해 썬다. 슬라이스(Slice)할 때 가장 빠르게 썰 수 있는 방법이다.

(3) 내려 썰기

칼을 내려 써는 방법으로 칼끝 쪽을 도마에 붙이고 아래쪽 방향으로 힘을 가해 썬다. 주로 재료를 다질 때 많이 사용하는 방법이다. 이 방법은 손을 다칠 확률이 가장 적은 방법으로 조금만 연습하면 쉽게 할 수 있다.

4) 칼 사용의 올바른 자세

칼을 사용하는 올바른 자세는 다리는 어깨 넓이로 하고, 똑바로 선 자세에서 고개만 약간 숙여 칼 쪽을 응시하며, 오른손은 칼의 손잡이를 움직이지 않게 힘 있게 잡고 왼손의 검지와 중지의 마지막 마디를 구부려서 식재료를 잡고 구부린 부분이 칼 면에 닫게 하여 썬다.

[그림 4-2] 칼 사용의 올바른 자세

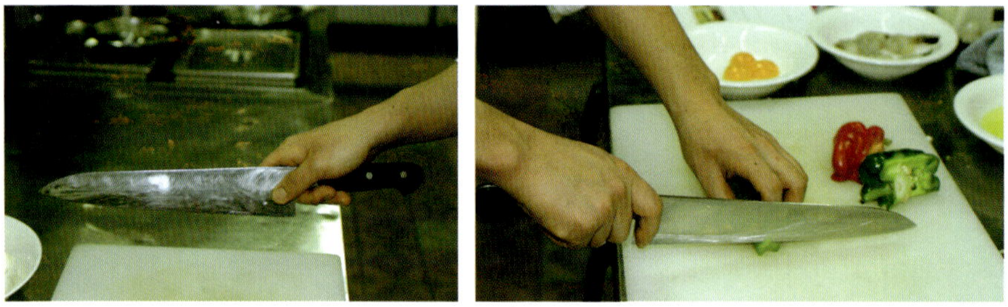

5) 숫돌(Sharpenig Stone)을 사용하여 칼 가는 방법

칼날을 날카롭게 하기 위한 돌의 일종으로 입자의 크기에 따라 크게 3가지(입자의 굵기 순서로 날 세우기용, 다듬기용, 마무리용)로 구분한다. 숫돌을 사용할 때는 사용하기 전에 물에 잠길 정도로 담가두어 물기를 충분히 흡수한 다음 칼날 전체가 숫돌 면에 골고루 닿을 수 있도록 하고 안정된 자세에서 같은 행위를 반복한다. 숫돌 역시 필요 이상으로 많이 사용하면 칼날의 조기 마모를 가져오므로 숫돌과 스틸(Steel)을 효율적으로 병행 사용하는 것이 좋다.

① 숫돌의 사용은 칼을 가는 목적에 맞는 숫돌을 골라 사용한다.

② 칼을 갈기 전에 숫돌을 물에 담가서 수분을 흡수하도록 한다.

③ 숫돌 사용 시 젖은 행주를 깔아서 숫돌이 흔들리지 않도록 한다.

④ 오른손은 손잡이를 잡고 왼손은 칼의 면을 가볍게 누르면서 오른손의 힘을 이용하여 가볍게 당긴다.

⑤ 칼과 숫돌의 각은 개인마다 차이가 있어 칼의 사용은 개인 칼을 사용하는 것이 바람직하나 일반적으로 15°~20°의 각을 유지하여 칼을 갈아준다.

⑥ 왼손과 오른손의 힘을 동시에 주면서 칼을 밀어 갈아준다.

[그림 4-3] 숫돌을 이용하여 칼 가는 방법

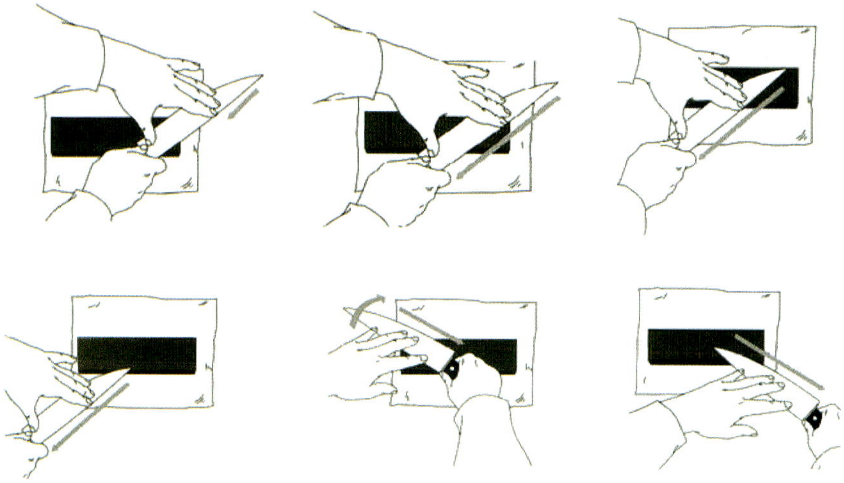

6) 스틸(Steel) 사용법

칼날을 날카롭게 하기 위한 쇠봉으로 숫돌로 칼날을 세우고 소지 중에 순간적으로 날카롭게 하기 위한 기구이다. 손잡이와 봉 사이에는 손을 보호하는 보호막이 있고, 쇠봉의 결도 여러 가지가 있다. 단 너무 많이 반복하여 사용하면 오히려 칼날을 망치기 때문에 1회에 7~8번을 넘지 않도록 한다.

스틸의 사용목적은 칼날이 일직선으로 되도록 유지시켜주는 것이지 칼날을 날카롭게 가는 도구가 아니다. 그러므로 스틸은 임시적 방편으로 칼을 잘 들지 않을 때 사용하는 것이며, 지속적으로 스틸을 사용하게 되면 칼날의 각도가 점점 넓어지게 되며 결과적으로 칼을 못 쓰게 만든다. 따라서 칼날을 세울 때는 숫돌과 병행하여 사용하는 것이 바람직하다.

① 스틸의 핸들을 왼손으로 잡는다. 팔은 정면에서 약 60° 정도 되도록 벌리고 스틸을 움직이지 않도록 고정시킨다.

② 칼을 오른손으로 쥐고 칼날과 스틸의 면과 약 20°의 각도를 유지한다.

③ 20°의 각도를 유지하면서 칼날의 핸들 쪽 끝부분의 스틸의 위 부분에 닿도록 하여 가볍게 밑으로 잡아당긴다.

④ 반대쪽 칼날 부분도 같은 방법으로 한다.

⑤ 양면을 3~4회 반복한다.

[그림 4-4] 스틸(Steel) 사용 방법

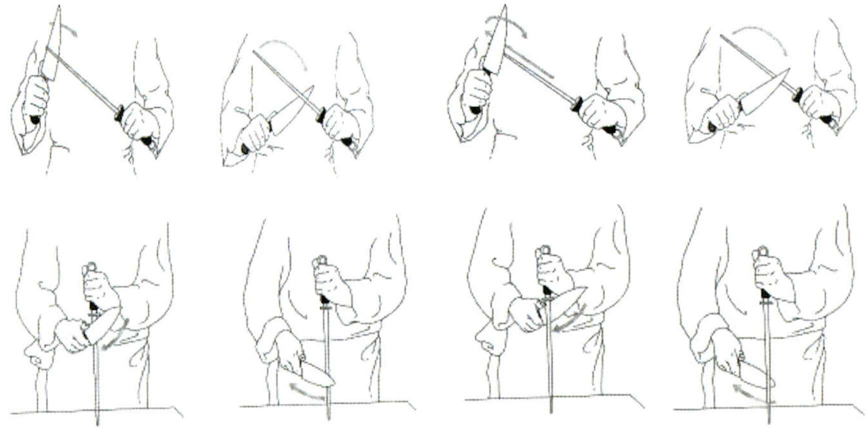

7) 칼의 측면도

칼의 예리함은 주로 칼날의 측면모양과 칼날에 달려있고, 예리함의 지속성은 철(Steel)의 종류와 그 담금질에 많이 달려있다.

[그림 4-5] 칼의 측면도

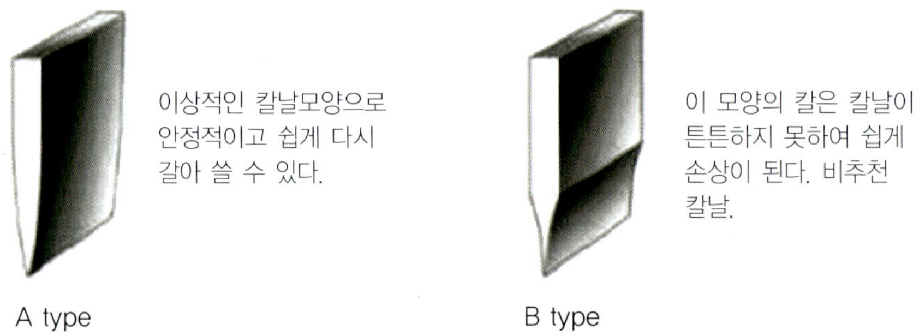

2. 칼의 종류 및 용도

① **Carving Knife** 샐러드, 과일을 썰거나 로스트비프(Roast Beef)나 생선을 얇게 슬라이스할 때 사용한다.

② **Bread Knife** 프렌치 빵이나 호밀 빵과 같이 표면은 단단하고 속은 부드러운 빵 종류를 썰기 위한 칼이다.

③ **French Knife**(Chef's Knife) 가장 보편적으로 쓰이며, 보통의 식재료를 자르고, 썰고 다지는 데 사용한다. 길이는 10~12인치이다.

④ **Boning Knife** 육류나 가금류의 뼈를 발라내는 데 사용하고, 얇은 칼은 생선의 뼈를 발라내는 데 사용한다.

⑤ **Paring Knife** 짧고 작은 칼로 과일 씨를 제거하거나 채소를 다듬을 때 사용한다.

⑥ **Clam Knife** 짧고 단단하며, 조개류의 껍질을 까는 데 쓰인다.

⑦ **Vegetable Peeler** 채소의 껍질을 벗길 때 이용한다.

⑧ **Oyster Knife** 두껍고 단단하며, 굴 까는데 사용한다.

[그림 4-6] 여러 가지 칼의 종류

Carving Knife　　Bread Knife　　Kitchen Knife

Paring Knife

Boning Knife

Clam Knife

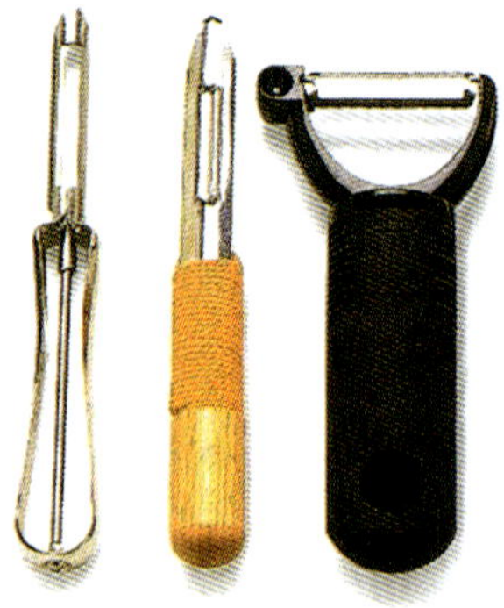

Vegetable Peeler

Oyster Knife

3. 조리 기구

조리에 필요한 기구를 준비하여 정성을 다해서 맛있는 요리를 한다는 것은 조리사의 기본적인 업무 중의 하나이다. 그렇지만 현재 조리 기구가 매우 세분화되고 과학화되어 있는 반면, 가격 면에서는 경제적인 부담이 크기 때문에 기구를 구입해도 그 기능을 충분히 활용하지 못하는 경우가 많다. 따라서 기구의 사용 용도를 정확히 인지하여 레스토랑의 규모나 그 레스토랑이 지향하는 메뉴의 성격에 따라서 기구를 선택하는 것이 바람직하다.

Baggage Cart

1) Baggage Cart

많은 양의 음식이나 식재료, 또는 짐을 나르는 운반차이다.

Braising Pan

2) Braising Pan

음식을 장시간 끓일 수 있는 두꺼운 철판으로 제작된 사각형의 팬을 말한다.

3) Bread Slicer

빵을 얇게 써는 기계

Bread Slicer

Chinese Range

4) Chinese Range

풍로에 의하여 강력한 화력이 발생하므로, 중식 주방에서 주로 사용한다. 신속한 튀김이나 볶음을 하는데 적합하고, 물을 화덕의 주변에 계속 방류하여 레인지를 냉각시키면서 사용해야 한다.

Chopper

5) Chopper

육류를 잘게 가는 기계를 말하는데, '민찌' 기계라고도 한다.

6) Convection Oven

로스팅과 베이킹할 때 주로 이용되며, 준비된 음식을 다시 데우는 데도 쓰이는 가장 보편적인 오븐이다. 뜨거운 공기가 상하좌우로 공급되면서 조리가 되는 대류식 오븐으로 전기나 가스가 이용되며, 공기를 유동시켜 주는 팬이 내장된 경우도 있다.

Convection Oven

7) Espresso Coffee Machine

커피의 종류, 농도 등의 선택을 단위별로 할 수 있는 즉석커피 기계이다.

Grill

8) Grill

하단에서 가스나 전기로 열을 공급하는 두꺼운 철판으로 계란 프라이, 구이, 볶음 등의 요리를 프라이 팬 없이 철판 위에서 직접 할 수 있다.

9) Ice Cream Machine

아이스 · 크림 혼합재료를 넣으면 아이스크림이 만들어져 나오는 냉동설비가 갖추어진 기기이다.

Slicer Machine

10) Slicer Machine

육류나 채소 등을 동일한 두께로 얇게 자를 수 있는 기계이다.

11) Micro-Wave Oven

초단파 또는 고주파 에너지, 즉 비이온화 에너지를 발생시켜 음식의 지방이나 수분에 닿으면 이 초단파의 전자방사를 흡수함으로써 식품이 가열된다. 식품내부의 분자들이 회전하고 가열되어 음식은 여러 방향으로 익혀진다. 냉동식품을 단시간 내에 해동할 수 있고, 조리시간을 단축할 수 있는 장점이 있으나,

Micro-Wave oven

음식이 갈변(Browning)이 되지 않고, 튀김요리와 오래 익히는 요리는 할 수 없으며, 음식의 맛과 풍미가 떨어지는 단점이 있다.

Mixer

12) Mixer

다양한 종류의 밀가루 반죽, 마요네즈, 휘핑을 만들 때 사용한다.

13) Packing Machine

진공 포장 기계이다.

Potato Peeler

14) Potato Peeler

다량의 감자 껍질을 일시에 벗겨내는 기계이다.

15) Sandwich Table

샌드위치용 재료를 준비하여 만들기에 적합하도록 고안된 조리 작업대이다.

16) Salamander

상방 방사열을 발산하도록 설비된 열기기로, 주로 갈변 효과를 내기 위하여 이용한다.

Salamander

Service Wagon

17) Service Wagon

고객에게 직접 제공할 술, 스테이크, 케이크 등을 싣고 다닐 수 있는 운반기이다.

18) Show Case

고객이 볼 수 있도록 케이크나 사시미용 생선 또는 다른 음식을 진열하는 진열대로 냉장설비가 갖추어진 쇼 케이스도 있다.

Show Case

Steam Kettle

19) Steam Kettle

고압의 증기 전도열로 짧은 시간에 대량의 소스, 스톡, 수프를 끓일 수 있는 증기솥이다.

20) Steam Table 하단에 스팀으로 가열하여 일정한 온도를 유지하도록 설비된 조리 작업대. 조리된 음식의 보온 목적에 이용하며, 뱅마린이 있는 경우도 있다.

21) Steamer 고압의 증기열로 다량의 음식물을 익힐 수 있는 증기 찜통이다.

22) Toaster 내부의 열선이 있어서 토스트를 쉽게 만들 수 있는 전열기구다. 고정식과 회전하는 로터리식이 있다.

23) Universal Machine 생선, 채소, 육류 등을 곱게 갈거나 식재료를 섞는데 이용하는 혼합기기이다.

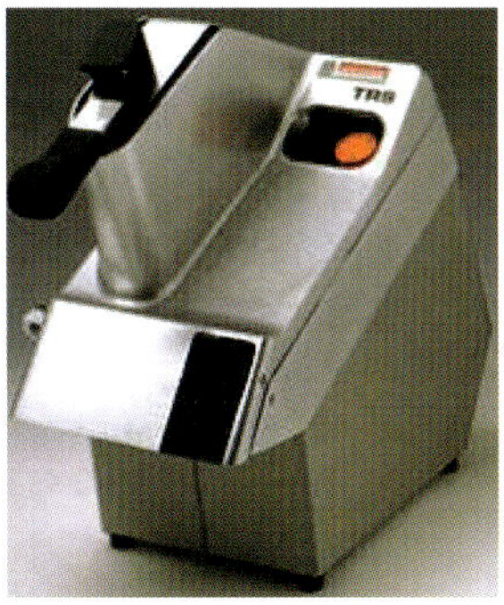

Vegetable Cutter

24) Vegetable Cutter

채소를 여러 가지 형태의 모양으로 자를 수 있는 기계이다.

25) Waffle Baker

와플기. 홈 사이가 깨끗하면 가열한 후에 기름을 충분히 바르고 와플 반죽을 넣고 구어 낸다.

26) Warming Cabinet

음식을 따뜻하게 보관하는 온장고를 말한다.

Warming Cabinet

Waste Disposer

27) Waste Disposer

음식 찌꺼기를 분쇄하여 하수구로 보내는 전기 기계이다.

4. 소도구(Utensils)의 종류 및 용도

1) Apple Corer

사과나 배의 중간 부분에 있는 씨를 깔끔하게 도려내서 뺄 때 사용하는 도구이다.

Apple Corer

Blender

2) Blender

속도 조절기능이 있으며, 내부에 날카로운 칼이 있어서, 식품을 섞고, 다지고, 갈고, 액체를 만들 때 사용한다.

3) Grater

4면에 각기 다른 형태의 구멍을 가진 것으로 채소, 치즈, 레몬 껍질 등을 갈 때 사용한다.

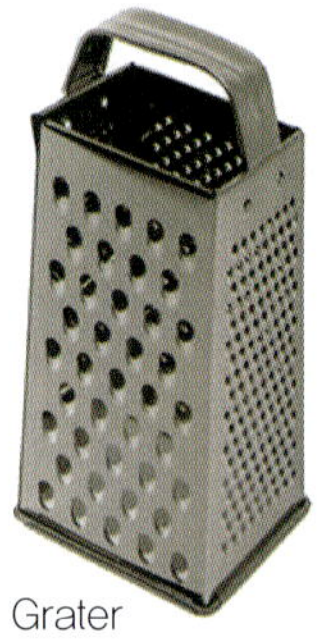
Grater

4) Can Opener 통조림을 따는 기구로 고정된 것과 이동가능한 것이 있다.

China Cap

5) China Cap

고깔모양의 스트레이너(Strainer)로서, 스톡, 수프 등의 액체를 거르는데 사용하는 기구이다.

6) Colander

구멍 뚫린 볼이며, 채소, 국수, 등의 물기를 빼는 데 사용한다.

Colander

Egg Slicer

7) Egg Slicer

삶은 계란을 일정한 모양과 두께로 자를 때 사용한다.

Fine Mesh Sieve

8) Fine Mesh Sieve

육수나 소스를 아주 곱게 거를 때 사용한다.

9) Food Processor 음식을 갈거나 다지고, 썰어주는 기계이다.

Fry Pan

10) Fry Pan

소스 팬(Sauce Pan)에 비하여 깊이가 낮고 계란 프라이를 하거나 스테이크를 굽는 데 이용한다.

11) Funnel

깔때기

Funnel

Kitchen Fork

12) Kitchen Fork

조리 시 손을 사용하지 않고 육류 덩어리나 재료를 깊게 찔러 고정할 때 또는 뜨거운 고기를 카빙할 때 사용하는 포크이다.

13) Ladle

소스(Sauce)나 수프(Soup)를 담아내기 위한 국자이다.

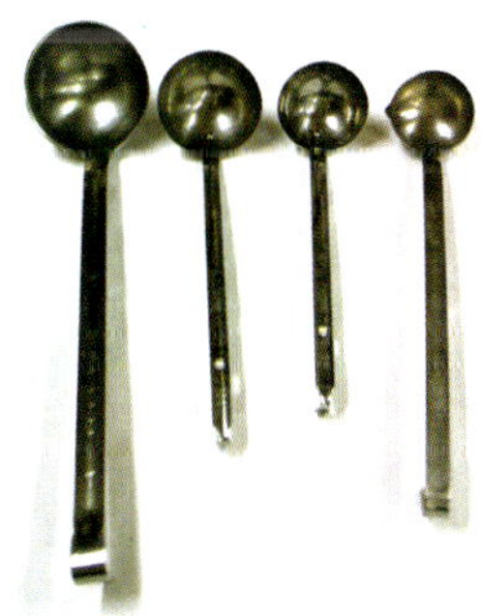

Ladle

Lemon Squeezer

14) Lemon Squeezer

레몬이나 오렌지의 즙을 짜서 주스를 내기 위한 기구이다.

15) Long Spoon 음식을 서브할 때나 음식을 액체에서 건져내는 데 사용하는 기구이다.

Mandoline

16) Mandoline

감자나 당근 등 일반적으로 모양별로 자를 수 있고, 두께를 조절하여 일정한 간격으로 가늘게 썰 수 있도록 설계된 기구이다.

17) Measuring Cup

눈금으로 양을 측정할 수 있는 계량 컵이다.

Measuring Cup

18) Meat Skewer

꼬치 요리에 이용하는 꼬챙이이다.

19) Whipper

생크림, 계란 흰자 등 거품을 낼 때, 음식을 섞고 저어줄 때 사용한다.

Whipper

Meat Tendrizer

20) Meat Tendrizer

육류나 가금류의 고기를 얇게 두드리거나, 쇠고기 스테이크를 굽기 전에 쇠고기 안심을 동그랗게 모양을 잡아줄 수 있도록 사용하는 두드리는 망치 형태의 기구이다.

Mixing Bowl

21) Mixing Bowl

음식물을 혼합하기 위한 둥근 용기이다.

Parisienne Scoop

22) Parisienne Scoop

파리지엔나이프(Parisienne Knife)라고도 하며, 당근이나 감자, 과일 등을 둥글게 구슬 모양처럼 팔 때 사용한다.

23) Pastry Bag

끝에 금속의 튜브를 넣고, 감자, 마요네즈, 크림 등을 여러 가지 모양으로 짜서 장식할 때 이용하는 고깔 모양의 백(Bag)이다.

Pastry Bag

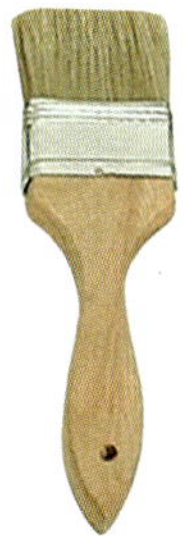

Pastry Brush

24) Pastry Brush

물, 기름, 버터, 계란 등을 빵이나 음식에 바르는데 사용하는 붓이다.

Pastry Nozzle

25) Pastry Nozzle

패스트리 백에 위핑-크림이나 무스를 넣고 짤 때, 패스트리 백의 안쪽 끝에 넣어서 내용물의 모양을 다양하게 연출할 때 사용하는 도구이다.

Pepper Mill

26) Pepper Miller

통후추를 즉석에서 갈아 쓸 수 있도록 만든 통이다.

27) Potato Ricer

감자를 삶아서 곱게 으깰 때 사용한다.

Potato Ricer

Round Cutter

28) Round Cutter

원형 모양으로 찍거나 원형 몰드 형태로 음식을 놓을 때 사용하는 기구이다.

29) Sauce Boat

Sauce를 담아 제공하는 용기이다.

Sauce Pan

30) Sauce Pan

여러 가지 형태와 크기가 있으며, 소스를 만드는 데 주로 쓴다.

31) Sheet Pan

쟁반이라고 할 수 있는데, 모든 조리 시 여러 가지 용도로 사용한다.

Sheet Pan

Sieve

32) Sieve

둥그런 모양의 체. 가루나 다른 재료를 치는 데 사용한다.

33) Skimmer

스프(Soup)이나 스톡(Stock)의 거품과 찌꺼기를 건져내는데 사용한다.

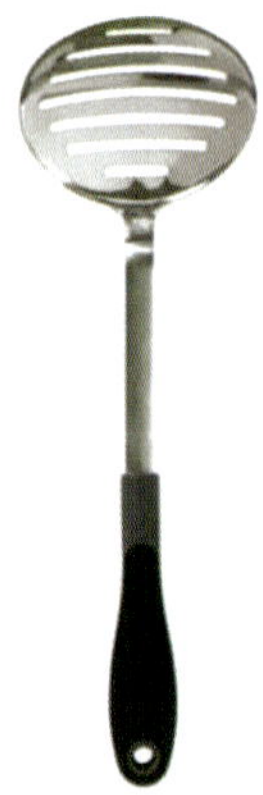

Skimmer

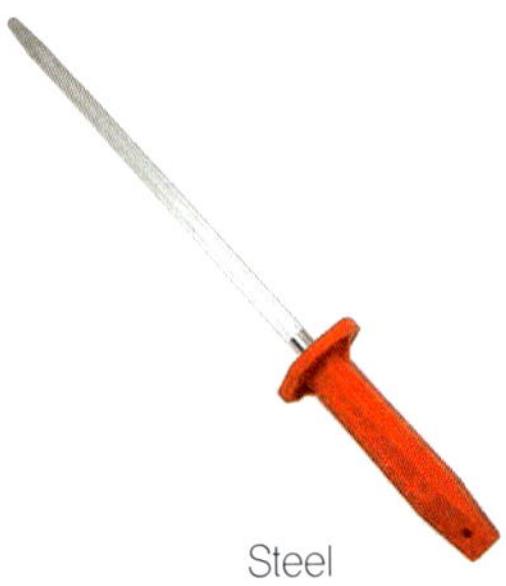

Steel

34) Steel

칼날을 날카롭게 하기 위한 쇠 봉으로 숫돌로 칼을 간 후 칼날을 잡아 줄 때와 칼 사용 시 순간적으로 칼날을 날카롭게 하기 위한 기구이다.

Stock Pot

35) Stock Pot

스톡(Stock)이나 수프(Soup)를 끓이는 두꺼운 통이다.

36) Spatular

칼과 같은 예리한 날이 없는 도구로서 케이크에 아이싱을 입힐 때 사용하는데, 스테인리스, PVC 재질로 된 종류가 있다.

Spatular

Strariner

37) Strainer

소스를 거르거나 물기를 빼는 그릇이다.

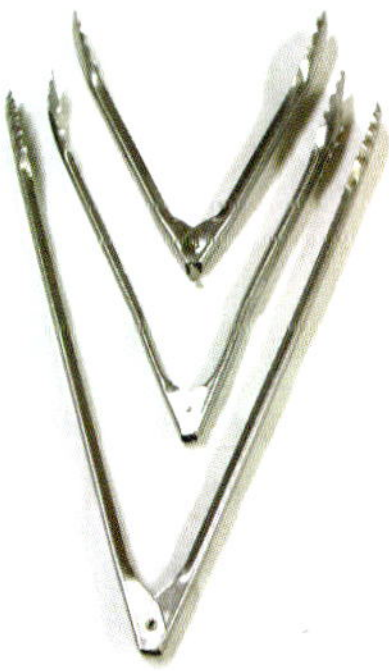

Tongues

38) Tongues

음식을 집는 집게이다.

39) Vegetable Gang

감자나 당근 등을 이용하여 가늘게 면발처럼 뽑아낼 수 있는 기구이다.

Vegetable Gang

제5장

메뉴의 구성

1. 메뉴의 정의 및 유래

메뉴란 식사를 서비스하는 식당에서 제공되는 품목과 형태를 체계적으로 짜 놓은 차림표이다. 즉 식음료를 상품으로 하고 있는 장소에서 고객에게 제공하기 위한 상품의 가격과 품목을 작성하여 고객이 상품을 구입하는데 필요한 조건과 정보를 기록한 목록표이다.

미국의 사전 Webster's Dictionary에 의하면 메뉴란 "A Detailed List of the Foods Served at a Meal"이라 되어 있고, 영국의 사전 The Oxford Dictionary에는 "A Detailed list of the Dishes to be Served at a Banquet or Meal"로 설명이 되어 있다. 즉 "식사로 제공되는 요리를 상세히 기록한 목록표"라 할 수 있다.

메뉴의 어원은 라틴어의 'Minutus'에서 유래하여 영어의 'Minute'에 해당하는 말로서 "상세히 기록한다."라는 뜻이다.

원래는 주방에서 요리의 재료를 조리하는 방법을 설명한 것이라고 하는데, 주방에서 테이블로 나오게 된 것은 1541년 프랑스의 헨리8세 때 브랑위그 공작이 베푼 만찬회 때부터였다고 한다.

주인인 공작은 여러 가지 음식을 접대함으로써 생기는 복잡함과 음식의 제공 순서가 틀리는 불편함을 최소화하기 위해서 요리명과 순서를 기입한 리스트를 작성하여 그 리스트에 의해 음식물을 차례로 즐겼는데, 연회에 참석한 손님들도 그 편리함을 깨닫고 요리표를 사용하게 됨에 따라 널리 전파되었다. 이로부터 귀족 간의 연회 시에 메뉴가 유행하게 되었고, 차츰 유럽 각국에 전파되어 정찬 즉, 정식 차림표로서 사용하게 되었다.

그후 19세기에 이르러 파리에 있는 레스토랑인 Palace Royal에서 메뉴라는 명칭이 일반화되어 오늘날 일반 대중에게 요리의 명칭을 기재한 목록표가 되어 사용되고 있다.

2. 메뉴의 중요성 및 역할

메뉴 내용에 따라서 호텔 식음료 및 외식업체의 식재료 구매, 저장, 재고관리, 음식의 조리, 서비스나 작업계획 등에 커다란 영향을 미친다. 또한 메뉴의 종류와 내용 및 범위에 따라서 주방에 필요한 시설 설비와 배치가 결정된다. 즉 메뉴는 식재료의 구매, 저장, 식음료관리, 주방 및 홀의 시설과 설비, 그리고 장비의 배치 등 공간배분뿐 아니라 모든 분야에 영향을 미치게 된다. 따라서 호텔 식음료 및 외식업체의 경영은 기본적으로 메뉴의 계획으로부터 시작한다고 할 수 있다.

메뉴는 호텔 레스토랑이나 외식업체의 영업장에서 제공되는 요리와 그 가격표이며, 메뉴가 가진 사명은 식당경영에 있어서 상당한 영향을 주고 있는데 구체적인 내용을 보면:

1) 메뉴는 레스토랑 경영의 상징적인 사명을 갖고 있다.

(1) 레스토랑의 운영상태는 메뉴를 보면 알 수 있다.

(2) 메뉴의 역할은 기업의 경영순환(Management Cycle)인 경영정책(Policy) → 판매계획(Planning) → 분석(Analysis) → 판매(Sales)로 순환되듯이 메뉴도 이 역할을 해나간다.

(3) 레스토랑의 경영은 메뉴가 지닌 사명에 의해서 구현된다. 즉 메뉴는 레스토랑의 얼굴임과 동시에 수준을 결정한다.

2) 메뉴의 사명은 레스토랑 기업의 근원(Menu Making is Business Making)이다.

(1) 상품의 모든 판매는 메뉴로부터 시작된다.

(2) 메뉴는 무언(無言)의 판매자이다(Menu is the Best Silent Salesman).

(3) 메뉴는 가장 중요한 판매수단(Menu is the Most Important Sales Tool)이다.

(4) 메뉴는 고객으로 하여금 식욕을 직접 불러일으키게 하는 판매의 효과이다.

(5) 메뉴는 고객이 무엇을 원하는지를 파악하여 욕구를 충족시켜야 한다.

3) 메뉴는 그 레스토랑의 개성과 분위기를 창출하는 도구이다.

(1) 개성이 없고, 무드가 없는 레스토랑은 기업으로 성장할 수가 없다.

(2) 메뉴판은 곧 식당의 얼굴로 고객에게 친절한 인상을 주어 분명한 판매의식을 가져다 주어야 한다.

4) 메뉴는 레스토랑의 실내장식과 큰 조화를 이루어야 한다.

(1) 메뉴의 색채선택, 문자구성, 메뉴판, 디자인 등의 균형을 이루어야 한다.

3. 메뉴의 분류

1) 식사내용에 의한 구분

(1) 정식 메뉴(Table d' hote Menu ; Full Course Menu)

정식 메뉴란 "Table of Host"를 뜻하는 것으로 유래는 숙박을 제공하는 여인숙이나 여관에서 주인이 준비한 음식을 정해진 가격에 투숙한 모든 고객들에게 같은 내용의 음식을 제공하였다고 한다. 오늘날 고급 레스토랑이나 호텔 연회 행사에서 일반적으로 사용하고 있다.

또한 정식 메뉴는 Full Course Menu 또는 Set Menu라고 하며, 제공할 음식의 종류와 순서가 미리 정해지고, 이에 따라 정형화된 서비스를 제공한다. 정식 메뉴의 단점으로는 고객의 선택 폭이 제한되어 있지만, 비교적 고급 음식과 격조 높은 서비스를 제공받을 수 있다.

코스 메뉴의 내용

■ 5 Course

전채요리(Appetizer) → 수프(Soup) → 주요리(Main Dish) → 후식(Dessert) → 음료(Beverage)

■ 7 Course

전채요리(Appetizer) → 수프(Soup) → 생선(Fish) → 주요리(Main Dish) → 샐러드(Salad) → 후식(Dessert) → 음료(Beverage)

■ 9 Course

전채요리(Appetizer) → 수프(Soup) → 생선(Fish) → 셔벳(Sherbet) → 주요리(Main Dish) → 샐러드(Salad) → 후식(Dessert) → 음료(Beverage) → 식후 생과자(Pralines)

■ 12 Course

찬 전채요리(Cold Appetizer) → 수프(Soup) → 더운 전채요리(Warm Appetizer) → 생선요리(Fish) → 샤벳(Sherbet) → 주요리(Main) → 샐러드(Salad) → 후식(Dessert) → 조림 또는 생 과일(Fresh or Compote Fruit) → 치즈(Cheese) → 음료(Beverage) → 초콜릿류 곁들인 생과자(Pralines)

현대인의 감각으로 볼 때 정식 메뉴만으로는 고객에게 욕구만족을 해 줄 수 없으며, 또한 대부분의 레스토랑은 정식 메뉴만을 고집하여 판매하지 않고 정식 메뉴와 비슷한 Daily Special Menu가 있는데, 이 메뉴는 매일매일 주방장이 준비하여 고객의 다양한 기호성에 맞추어 매일 변화 있는 메뉴를 제공하는 것이다.

정식 메뉴의 특징을 보면

① 가격이 각 품목별로 선택할 때보다 저렴한 편이다.

② 고객의 선택이 용이하다.

③ 제공되는 요리품목의 메뉴구성이 한정되어 있다.

④ 단위생산단가가 높아 매출액이 상승된다.

⑤ 메뉴작성이 쉽고, 고객의 기호와는 달리 메뉴의 선택 폭이 좁다.

⑥ 신속하고 능률적인 서브를 할 수 있다.

⑦ 조리과정이 일정하여 인력이 절감된다.

(2) 일품요리 메뉴(A la Carte Menu)

일품요리 메뉴란 고객의 기호에 따라 한 품목씩 자유로이 선택하여 먹을 수 있는 차림표를 말하는데, 이것을 표준차림표라 한다. 한 품목씩 가격이 정해져 있어 고객이 선택한 품목의 가격만큼 지급하면 된다.

일품요리의 메뉴는 정식요리의 메뉴에 비해 다음과 같은 특징이 있다.

① 선택의 폭이 넓다.

② 가격이 정식메뉴보다 비싼 편이다.

③ 메뉴의 종류가 많아 식자재 관리가 어렵다.

④ 인건비가 높다

⑤ 직원의 노력으로 객단가(Average Check)를 높일 수 있다.

(3) 특별 메뉴(Special Menu)

원칙적으로 매일 시장에서 특별한 재료를 구입하여 주방장이 최고의 기술을 발휘하여 특별한 날이나 계절과 장소에 따라 그 감각에 어울리는 산뜻한 입맛을 자아내어 고객의 식욕을 돋우게 하는 메뉴이다.

(4) 연회 메뉴(Banquet Menu)

연회 메뉴란 정식 메뉴와 일품요리 메뉴의 장점과 독특한 성격만을 혼합하여 만든 메뉴로서 많은 식당에서 사용하는 메뉴의 하나이다. 연회 메뉴의 특징은 다음과 같다.

① Item의 Portion과 내용의 구성을 통하여 고객의 변화에 대처할 수 있다.

② Average Check을 높일 수 있다.

③ 고객의 측면에서 선택의 폭이 넓다.

④ 어느 식당이나 적합한 메뉴로 현재의 호텔 식당 메뉴의 주종을 이룬다.

(5) 뷔페 메뉴(Buffet Menu)

일정한 요금을 지불하면, 고객의 기호에 따라 준비된 음식 중에서 좋아하는 음식만 골라 먹을 수 있는 셀프 서비스방식의 식사 메뉴를 말한다.

2) 시간적인 내용에 의한 분류

(1) 아침 메뉴(Breakfast Menu)

아침에 제공되는 요리를 말하는데, 보통 오전 6시 30분부터 10시 30분까지 제공된다. 호텔에서의 양식 아침 메뉴는 크게 미국식 조찬(American Breakfast), 유럽식 조찬(Continental Breakfast) 등이 있다. 자세한 내용은 본 교재의 제10장을 보면 자세하게 설명되어 있다.

(2) 브런치 메뉴(Brunch Menu)

브런치는 아침과 점심의 합성어로 공휴일이나 일요일에 늦게 일어난 사람들에게 아침 겸 점심을 먹는 습관에서 출발하여 생긴 메뉴로서 아침 메뉴와 점심 메뉴가 혼합되어 있다.

(3) 점심 메뉴

정오에 먹는 식사로서 저녁식사보다 간단하고 코스도 저녁식사보다 간단하고 코스도 적을 뿐만 아니라, 아침식사와 같이 비교적 쉽고 빨리 만들 수 있는 메뉴가 주종을 이룬다.

(4) 저녁 메뉴

저녁메뉴는 내용적으로 다양할 뿐만 아니라 가격 면에서도 점심 메뉴보다 더 비싸다. 무엇보다도 중요한 것은 고급요리인과 동시에, 매우 비중 있는 만큼 정성이 필요하다.

(5) 스낵 메뉴

아침과 점심, 점심과 저녁 사이에 간단히 먹는 메뉴로서 샐러드, 요구르트, 아이스크림, 소시지, 샌드위치, 커피, 차 등이 포함되어 제공되는 요리를 스낵 메뉴(Snack Menu)라고 한다.

제6장

식재료

1. 채소(Vegetables)

이탈리아 요리에서 사용되고 있는 여러 가지 종류의 채소는 음식이 다양하기 때문에 안티파스토, 샐러드, 수프, 육류 · 가금류 · 생선류의 주요리, 후식 등에서 많이 사용되고 있다. 일반적으로 채소를 분류할 때는 이용하는 채소의 부위에 따라서 분류하는데, 채소의 잎을 주로 먹는 엽채류, 줄기를 먹는 경채류, 식물의 뿌리부분을 먹는 근채류, 과일이지만 실제로는 채소로 구분되는 과채류, 씨 부분을 주로 먹는 종실류, 채소의 꽃 부분을 먹는 화채류, 새싹이나 순을 먹는 새순류 등이 있다.

최근에는 주요리에 곁들이는 더운 채소 요리와 샐러드에 많이 사용하고 있는데 여러 지역의 농가에서 건강식 채소를 재배하고 있는 추세이다.

1) 엽채류

각종 상추인 양상추와 로메인 레터스, 시금치, 파슬리, 양배추, 적채, 쑥갓 등 식물의 잎을 식용으로 사용하는 채소로 수분 함량이 많고 비타민 무기질의 중요한 공급원이다. 샐러드에 있어 가장 기본이 되는 채소류가 바로 엽채류이다.

(1) 양상추(Head Lettuce)

통상추라고도 하는데, 유럽 남부와 서아시아가 원산지이며, 유럽과 미국에서 오래 전부터 샐러드용으로 재배하였다. 우리나라에서는 해방 이후 미군들이 들어온 후에 군납용으로 재배하면서 널리 퍼졌다. 높이는 30~100cm이고, 줄기는 아주 짧으며, 잎은 뿌리에 가깝게 붙는다. 줄기에 달린 잎은 잎자루와 잎이 매우 짧게 붙고 줄기 위로 올라갈수록 작아지며 흰색의 가루가 많이 붙는다.

샐러드로 가장 많이 이용되는데, 수분이 전체의 94~95%를 차지하고 그 밖에 탄수화물 · 조섬유 · 비타민C 등이 들어 있다. 양상추의 쓴맛은 락투세린(Lactucerin)과 락투신(Lactucin)이라는 알칼로이드 때문인데, 이것은 최면 · 진통 효과가 있어 양상추를 많이 먹으면 졸음이 온다.

(2) 빨간 양배추(Red Cabbage)

붉은색을 띤다 하여 붉은꽃 양배추 또는 빨간 양배추, 적양배추라고도 부른다. 적채에서 나오는 붉은 색소는 천연 색소이므로 안심하고 먹어도 된다. 우리나라에서는 1980년대 초까지만 해도 서울과 부산 근교에서만 재배하였으나, 최근에는 고랭지와 제주도 등 전국에서 재배되고 있다.

흰색의 보통 양배추보다 과당과 포도당, 식물성 단백질 리신, 비타민C 등의 영양 성분이 더 많다. 또 비타민U가 풍부하여 위궤양에 효과가 있고, 노화방지와 수은중독 방지, 간기능 회복 등에 좋은 건강채소로 꼽힌다. 빛깔이 독특하여 전채요리, 샐러드, 더운 채소 등 여러 가지 요리에 많이 사용된다.

(3) 흰 양배추(White Cabbage)

엷은 초록색이 가미된 회색으로 흔히 얘기하는 양배추를 말한다, 비타민과 칼슘이 많이 들어 있는데, 초록색 부분은 비타민 A, 흰색부분에는 비타민 B와 비타민 C가 함유되어 있으며,

칼슘이 많은 알칼리성 식품으로 위를 보호하는 효과가 있다. 주로 샐러드, 수프, 더운 채소, 피클, 김치, 쌈, 국거리 등 여러 가지 요리에 이용된다.

(4) 라디치오(Radicchio)

이탈리아가 원산지인 치커리의 일종으로 이탈리안 치커리라고도 한다. 흰색의 잎줄기에 붉은 자주색의 잎을 가지고 있는데, 붉은색의 잎과 흰색의 잎줄기가 조화를 이루어 입맛을 돋운다. 쓴맛을 내는 인터빈 성분이 있어 소화를 촉진하고 심혈관계 기능을 강화시키며, 비타민 A, C, E, 미네랄이 풍부하게 들어 있다. 주로 샐러드나 장식용으로 많이 사용되며, 이탈리아에서는 오븐에 구워 먹기도 한다.

(5) 방울 양배추(Brussels Sprout)

단단하게 뭉쳐 있는 잎사귀 때문에 아주 작은 양배추 같이 생긴 채소를 말한다. 예부터 벨기에에서 재배되어 온 양배추의 변종으로 벨기에의 브루셀(Brussels)에 관련시켜 이름이 생겼는데, 유럽에서 재배를 많이 한다. 결구는 단단하고 육질이 유연하며 섬유질이 적고 감미가 있으며, 비타민 C를 많이 함유하여 풍미는 양배추와 조금 다르고 고미가 강하다. 주로 샐러드, 더운 채소 등에 많이 이용된다.

(6) 시금치(Spinach)

시금치는 일 년 내내 쉽게 구할 수 있는 채소로 비타민 A와 C, 칼슘, 철이 많이 함유되어 있어서 빈혈 예방과 동맥 경화증을 예방하며 고혈압, 빈혈 등에 좋다. 또한 건강할 때 시금치를 많이 먹어야 감기에 대한 저항력을 높여 주며, 보혈시키는 작용이 있고 피부의 혈맥을 통하게 하는 작용이 있다.

시금치의 제철은 겨울부터 이른 봄이며, 시금치 성분 중 비타민 C는 열에 약하기 때문에 살짝 데쳐서 나물로 무쳐 먹거나 생으로 시금치 샐러드로 이용한다.

(7) 롤라로사(Rolarosa)

잎의 조화가 가장 아름답고 맛 또한 매우 좋다. 롤라로사와 같이 큰 상추는 확실히 표시나 있으며 널리 알려져 있고 부드러운 맛을 내며 바삭바삭하고 부드러운 잎상추이다. 롤라로사는 처음에는 엷은 그린색을 띠다가 날씨가 더워지면 끝이 붉은색으로 변하는데 성장속도가 매우 빠르고 그만큼 부드럽다. 맛이 순하여 다른 여러 가지 재료와 같이 섞어 사용하면 더욱 돋보인다. 붉은 잎상추는 붉은색으로 테두리된 주름진 잎을 가지고 있다. 잎 끝이 차홍색이고 윤이 나며 싱싱하고 색이 그다지 진하지 않은 것이 장점이다.

(8) 로메인 레터스(Romaine Lettuce)

로마인의 상추란 뜻으로 로마인들이 대중적으로 즐겨 막던 상추라 하여 붙여졌다. 잎을 이용해 요리하는 재료로서는 가장 비싸면서 가장 연하고 맛이 있는 상추 중의 하나이다. 푸른색의 로메인 레터스는 부드럽고 납작하며 뾰족한 줄기를 지니고 있는데, 붉은 색을 지닌 레드 로메인 레터스(Red Romaine Lettuce)는 푸른색의 로메인 레터스보다 색상도 아름답고 맛도 섬세하다. 주로 이용되는 요리는 시저샐러드에 많이 사용된다.

(9) 그린 비타민(Green Vitamine)

원산지는 아시아이며, 그린 비타민이라고 불리는 이 채소는 마치 영양소와 같은 느낌을 준다. 모양이 콘사라다, 맛슈, 청경채 등과 비슷해 처음 보는 사람들이 매우 혼동을 느낀다. 잎의 색이 진하여 여러 가지 요리에 많이 쓰이고 있으며 샐러드나 에피타이저 또는 장식용으로도 쓰인다. 한 포기에 5개 정도의 잎이 달려 있으나 하루 정도 지나면 잎이 노랗게 떠 벌어진다.

(10) 콘 샐러드(Corn Salad)

원산지는 유럽과 북아프리카이며, 단맛이 나는 어린잎을 샐러드로 이용하는 채소로서 영양가가 높으며 비타민 C도 풍부하다. 이 밖에 카로틴과 비타민 B1, B2, 칼슘, 철 등 미네랄이 함유되어 있을 뿐만 아니라 5대 영양소가 골고루 갖추어져 있다. 소화를 돕는 작용도 하며 해독작용도 인정되고 있는 약미채소이다. 채식주의의 식생활 개선에 이용하면 영양의 균형을 지켜줄 수 있으므로 새롭게 인식될 수 있는 채소 중의 하나라고 할 수 있다.

(11) 청경채(Chung Kyung Chai)

원산지는 중국 화중 지방으로, 중국 배추의 한 가지로 중국 요리에 많이 쓰인다. Bakchoy라고 하며, 중국에서 가장 오래된 겨자과에 속하는 채소이다. 위를 튼튼하게 하고 녹즙으로 마시면 변비와 종기에 효과가 있다. 또한 탈모증에도 뚜렷한 효험을 보여 치료제로 쓰인다. 모양이 우리나라 봄배추와 비슷하며 샐러드 재료로 많이 이용되고 중국에서는 주로 기름에 볶아 먹는다. 양식에서는 크림소스를 곁들인 청경채 요리가 유명하며 뜨거운 물에 살짝 데쳐 요리의 곁들이로 많이 쓰인다.

(12) 오크 리프(Oak Leaf)

참나무잎 모양을 닮은 유럽 상추의 한 품종으로 특이한 자태로 청색계와 적색계가 았다. 맛이 아삭거리며, 단맛이 나고 잎줄기가 도톰해서 즙이 많다. 잎 모양이 독특해 식욕을 돋우는데 샐러드, 쌈채로 이용된다. 서양에서는 고기를 들 때 필수적으로 애용되는 샐러드채로 국내에서의 이용도가 점점 높아지고 있다. 풍부한 비타민 C와 80% 이상의 규소를 함유한다.

(13) 안젤리카(Angelica)

원산지는 유럽의 알프스 지방이다. 높이가 1~2m에 달하고, 잎은 길이가 50cm이며 셀러리와 비슷하다. 식물체 전체에 독특한 향기가 나는 성분이 있다. 뿌리는 여성들의 진정제 · 강장제로 사용하고 술의 향료로도 쓰인다. 연한 줄기와 잎자루는 잘라서 케이크를 장식하는 데 사용하는데, 일본에서는 이것의 대용품으로 설탕에 절인 머위의 잎자루를 사용한다.

(14) 미즈나(Mizuna)

잎이 많이 갈라진 것으로 수분이 많다. 일본 교토에서 옛날부터 재배해온 절임용 채소인데 비료 없이 물과 흙만으로 재배되기에 경수채란 이름이 붙여졌다. 아삭아삭 씹히는 맛이 좋아 쌈채로 이용된다. 고기냄새를 없애주는 효과가 있어 오리나 굴 요리에 늘상 이용된다. 칼슘, 칼륨, 인, 나트륨의 함량이 많다. 비타민A 효력이 있는 카로틴, 비타민C도 함유해서 여성의 피부미용과 다이어트에 이롭다.

(15) 드레건 텅(Dragon Tongue)

잎의 모양과 잎면에 나타나는 잎맥의 붉은 색깔 등이 용의 혓바닥을 닮았다해서 용설채라 불린다. 일반 고들빼기 잎 주변에는 결각이 심해서 생채로 먹기에 곤란하지만 용설채는 잎이 부드러워 맛있게 먹을 수 있다. 늦봄부터 가을 서리가 내리기까지 잎이나 어린 순을 따서 생채나 나물로 이용한다. 더위로 입맛을 잃었을 때 더욱 이용해야 할 새로운 산채류이다. 칼슘, 인, 철, 나트륨, 칼륨 등 미네랄이 풍부하고, 베타 카로틴 함량도 높다. 한방에서는 건위, 소화, 열내림, 진정 효과를 낸다.

(16) 그린 치커리(Green Chicory)

샐러드 재료로 빼놓을 수 없다. 원산지는 지중해 연안, 유럽, 북아프리카이다. 어린 잎은 채소로 이용되는데 단데리온과 비슷한 쌈쌀한 맛과 달콤한 맛이 있다. 레드 치커리라는 이탈리아에서는 빼놓을 수 없는 샐러드 재료이며, 쓴맛을 내는 인비턴이 소화를 촉진시키고 혈액순환을 좋게 한다. 수경재배도 가능하다.

(17) 겨자잎(Green Mustard Leaf)

원산지는 그리스이며, 잎은 무잎과 비슷하여 톱니 모양이다. 겨자잎은 겨자 열매가 열리기 전에 나는 잎으로, 잎의 가장자리가 오글오글한 것이 특징이다. 추위를 견디는 성질이 강하고, 어느 토양에서나 잘 자란다. 톡 쏘는 듯한 매운맛과 향기가 특징으로, 우리나라에서는 주로 신선한 잎을 쌈채소로 이용하고, 샐러드용으로도 많이 쓰인다. 잎의 푸른색 엽록체는 피를 맑게 해주며, 맛이 매우며 주로 샐러드용으로 이용되며 생선회에 곁들이면 비린내를 제거해준다.

(18) 케일(Kale)

원산지는 지중해이며 양배추의 선조격으로 양배추와 브로콜리, 콜리플라워 등은 모두 케일을 품종 개량하여 육성한 것이다. 종류는 잎 가장자리가 오글거리는 곱슬케일, 쌈채소로 이용되는 쌈케일, 흰색과 핑크색이 어우러진 꽃케일 등이 있다. 우리나라에서 흔히 먹는 케일은 콜라드라고도 부르는 쌈케일이다. 쌈채소로 이용할 때에는 잎이 손바닥 크기로 자라면 한 잎씩 따내는 잎따기로 수확한다. 잎따기 수확은 1주일 간격으로 할 수 있고, 혹한기에는 격주로 수확할 수 있다. 혈중 콜레스테롤 수치를 낮추어 고혈압증을 개선하고, 혈당치를 정상으로 회복시켜주는 작용도 하는 것으로 알려져 있다. 부드럽고 신선한 어린잎은 쌈이나 샐러드로 많이 먹는데 단맛이 난다.

(19) 콜라드(Collard)

녹즙용으로 가장 좋은 양배추의 선조이다. 진한 녹색잎으로 단맛이 있고 부드럽다. 상추처럼 잎을 떼어내 생산한다. 쌈, 샐러드에 이용하는데 신선한 어린잎이 좋다. 단맛이 있어 쓴맛 나는 치커리류나 앤다이브류와 같이 먹으면 좋다. 몸안의 유해물질의 방출을 촉진하는 정장기능이 있고, 비타민 C는 간장의 기능을 높여 해독작용을 촉진한다. 궤양을 치료하고, 함유된 인돌화합물은 발암 물질을 해독시킨다.

(20) 적 겨자잎(Red Mustard Leaf)

김치거리로 이용되는 것으로, 톡쏘는 매운 맛과 향기가 특징으로 잎에 자홍색을 띤 것과 청색에 적색을 띤 것이 있다. 갓과 흡사하지만 갓과는 달리 신선한 채로 잎을 먹기에 좋다. 잎이나 잎맥에 생생한 활력이 있고 엽맥에 광택이 있는 잎이 두꺼운 것이 신선해 좋다. 비타민 A, C가 풍부하고 칼슘, 철을 많이 함유한다. 다만 김치를 담그면 카로틴이나 비타민 C의 양이 감소한다. 눈과 귀를 밝게 하고 마음을 안정시켜 준다.

(21) 뉴 그린(New Green)

브로콜리 중에 꽃봉오리를 먹는 것과 잎을 먹는 것이 있는데, 뉴 그린은 잎 브로콜리에 속한다. 짙은 녹색과 울퉁불퉁한 잎면이 희귀한 모양으로 신기한 먹거리이다. 살짝 데쳐서 초장에 찍어 먹을 수 있고, 썰어서 비빔밥에도 넣어먹으며 특히 녹즙으로 마실 수가 있다. 녹색채소 가운데 영양가가 가장 높으며 소화기관에서 항암작용을 한다.

(22) 덴더라이언(Dandelion)

유럽이 원산지이며 서양 민들레를 말한다. 잎은 뿌리에서 뭉쳐나고 사방으로 퍼지며 타원 모양이고 끝이 예리하게 뾰족하며 깃 모양으로 깊게 갈라지고 가장자리가 밋밋하다. 편평하고 양끝이 뾰족한 원기둥 모양이며 길이가 2~4mm이고 짧은 돌기가 있으며 끝이 부리처럼 길다. 잎을 샐러드로 많이 사용한다.

(23) 적근대(Red Rhuvard Chard)

잎은 광택이 있고 넓으며, 줄기가 붉은 색을 띤 홍근대이다. 잎을 떼어내도 다시 나오므로 햇볕이 드는 베란다에서도 키울 수 있다. 쌈과 샐러드에 주로 이용되지만, 소금을 넣은 끓는 물에 살짝 데쳐서 찬물에 식혔다가 물기를 빼고 무침이나 국거리로 먹는다. 카로틴, 칼슘, 철을 풍부하게 함유한 홍록색 채소로 비타민 B2, 칼륨, 철의 함량이 많다. 여성의 피부미용에 좋으며 지방의 축적을 방지하는 다이어트 채소이다. 당근, 양배추, 양파 등과 함께 자주 섭취하면 장암, 자궁암, 설암에 걸리는 비율이 낮다고 한다.

(24) 비트 잎(Beet Leaf)

유럽 남부가 원산으로 밭에 심는 채소식물이다. 뿌리는 사탕무처럼 비대해지지 않고 원줄기는 1m에 달하며 가지가 많다. 뿌리잎은 난형 또는 긴 타원형으로 두껍고 연하다. 줄기잎은 긴 타원형으로 끝이 뾰족하고 굵은 육질(肉質)의 잎자루가 있다.

(25) 적 치커리(Red Chicory)

이탈리아가 원산지인 치커리의 한 종류이다. 결구(結球)시켜 포기로 수확한 것을 라디치오(Radicchio)라고 부르고, 잎을 하나씩 뜯어내어 수확한 것을 레드치커리라고 부른다. 잎은 둥글고 붉은색을 띠는데, 흰색의 잎줄기와 조화를 이루어 보기에 아름답다. 국내에서는 소량만 생산되며, 소비량의 대부분이 수입되고 있다.

쓴맛을 내는 인터빈이라는 성분이 들어 있어 소화를 촉진시키고 혈관계를 강화시키는 효과도 있다. 서양에서는 주로 샐러드에 이용되며 우리나라에서는 샐러드와 쌈채소로 많이 먹으며, 고기볶음 요리에도 이용된다.

(26) 적 샐러드 보울(Red Salad Bowl)

샐러드 보울은 "샐러드 그릇"을 뜻하는 것으로 그만큼 샐러드로 많이 이용되는 샐러드 채소다. 잎이 열무나 참나무 잎처럼 갈라져 있다. 녹색잎의 것은 '샐러드 보울보울' 이라 부른다. 쌈채로 이용하고 겉절이, 무침으로도 먹는다. 붉은색이 선명하여 샐러드 색깔내기에 좋다. 칼슘, 칼륨, 인, 나트륨, 철 등 각종 미네랄과 비타민 A, C, 엽산을 함유한다. 매일 먹으면 모발이 빠지는 것을 방지하고, 검고 윤기 있는 모발을 갖는다.

(27) 셀러리 줄기(Celery Stalk)

셀러리는 한약냄새 같은 독특한 향 때문에 우리나라 사람에게 그리 인기 있는 채소는 아니다. 주로 채소 샐러드를 통하여 섭취되는 경우가 많고, 일부 건강을 생각하는 사람들 중에 당근과 함께 주스 형태로 갈아 마시는 것을 종종 볼 수 있다. 샐러드 형태로 가끔 먹는 것으로는 인체에 효능을 느끼기가 어렵고, 관절염, 방광염, 요로염과 같은 염증계 질환에 매우 효과가 좋은 것으로 알려져 있다. 또한 독특한 향을 주는 성분 물질은 프티라이드, 폴리아세틸린으로 항암효과가 있다.

(28) 물냉이(Water Cress)

크레송은 영어로 워터크래스(Weter Cress), 프랑스어로 크레송(Cresson)으로 부른다. 유럽에서는 14C경부터 재배가 시작됐는데, 우리나라에는 선교사에 의해 소개되었다. 향긋하면서 톡 쏘는 매운맛과 쌉쌀한 상쾌한 맛이 일품이다. 유럽에서는 후추 값이 매우 비싸던 시절에 '가난한 자의 후추' 라 불리며 후추 대용으로 많이 사용했다고 한다.

단백질, 칼슘, 철분, 비타민A, C 등이 다량 함유되어 영양가도 높으며, 해독, 해열, 이뇨, 소화작용, 당뇨병, 신경통에 효과가 있다. 주로 소스, 샐러드, 생선요리와 육류요리에 가니쉬로 많이 사용한다.

양상추(Head Lettuce)

빨간 양배추(Red Cabbage)와
흰 양배추((White Cabbage)

라디치오(Radicchio)

방울 양배추(Brussels Sprout)

시금치(Spinach)

롤라로사(Rolarosa)

로메인 레터스(Romaine Lettuce)

그린 비타민(Green Vitamine)

콘 샐러드(Corn Salad)

청경채(Chung Kyung Chai)

오크 리프(Oak Leaf)

안젤리카(Angelica)

미즈나(Mizuna)

드레건 텅(Dragon Tongue)

그린 치커리(Green Chicory)

겨자잎(Green Mustard Leaf)

케일(Kale)

콜라드(Collard)

적 겨자잎(Red Mustard Leaf)

뉴 그린(New Green)

덴더라이언(Dandelion)

적근대(Red Rhuvard Chard)

비트 잎(Beet Leaf)

적 치커리(Red Chicory)

적 샐러드 보울(Red Salad Bowl)

셀러리 줄기(Celery Stalk)

물냉이(Water Cress)

2) 경채류

식물의 줄기를 식용으로 사용하는 채소로 수분과 섬유소의 함량이 높고 단백질 함량은 낮다. 미나리, 부추, 파, 쑥갓, 아스파라거스, 셀러리 등이 대표적인 식물이다. 아스파라거스나 셀러리 같은 경우는 샐러드보다는 에피타이저에 더 많이 쓰이고 있다.

(1) 대파(Leek)

대파는 우리나라 음식에 많이 쓰이는 향신채소다. 중국에서는 3천 년 전부터 재배하기 시작했고, 우리나라는 삼국시대 이전부터 재배한 기록이 있다. 영양가는 흰 부분보다 파란 부분에 많은데 비타민A, C, K, 칼슘 등이 함유돼 있다. 몸을 따뜻하게 하며 열을 내리고 기침이나 담을 없애준다고 해서 감기의 특효 채소로 알려져 있기도 하다.

서양의 대파는 우리나라의 대파와 달리 흰 부분은 파 형태고 푸른 부분은 마늘 형태로 되어 있다. 그래서 요리에는 흰 부분을 많이 쓰고 대개 푸른 부분은 버린다. 육수 만들 때 파의 흰 부분을 많이 넣으면 훨씬 시원해진다.

(2) 셀러리(Celery)

셀러리는 미나리과에 속하며 지중해 지역과 서아시아가 원산지이며, 고대 그리스인과 로마인들은 음식의 맛을 내는 데 썼으며 고대 중국에서는 약초로 이용했다. 셀러리는 줄기의 단단한 심줄 부분을 제거하고 씻어서 사용하며 잎은 버리는 경우가 많다. 효능으로는 기관지염, 천식완화, 혈액순환, 변비 예방을 하며, 주로 스톡이나 소스, 샐러드, 수프, 전채요리, 파스타, 생선요리 등에 쓰인다.

(3) 실파(Chive)

생김새가 실처럼 아주 가느다랗다고 하여 붙여진 명칭이다. 뿌리 부분을 제외하고는 쪽파와 모양이 비슷한데, 실파는 일자 모양이고, 쪽파는 뿌리 부분이 동그란 것이 다르다. 실파는 쪽파에 비하여 줄기 안의 진액이 많지 않아, 주로 소스에 혼합하여 뿌리거나 볶음 요리, 수프, 파스타 등 여러 가지 요리에 가니쉬로 많이 사용한다.

(4) 펜넬(Fennel)

펜넬은 줄기를 포함해 최소 20cm에서 최고 2m까지 자란다. 잎은 딜(Dill)과 비슷하며, 파란색이고 향이 강하다. 밑둥지는 포동포동하게 둥글며 흰색을 띠며, 파란색의 질긴 줄기는 버리고 감미로운 밑둥지를 적당한 크기로 잘라서 날로 먹거나 더운 채소 요리에 사용하는데, 시원하면서 달콤한 향이 나며, 주로 생선요리에 많이 사용한다. 회향이라 하며 소화 작용, 장의 가스를 제거하는 데도 효과가 있다.

(5) 엔다이브(Endive)

꽃상치의 일종으로 벨기에의 대표적인 샐러드 채소이다. 형태는 배추 속처럼 타원형으로 끝이 뾰족하며 순백색이다. 주로 샐러드나 더운 채소에 많이 쓰인다.

(6) 버섯(Mushrooms)

고대 그리스와 로마인들은 버섯의 맛을 즐겨 '신의 식품'이라고 극찬하였으며, 중국인들은 불로장수의 영약으로 진중하게 이용하였다. 버섯은 영양성분이 높고 저칼로리 식품으로 혈액 속의 콜레스테롤 수치를 낮춰주고 각종 성인병 예방과 암 예방에 효능이 탁월하다. 근래에는 버섯의 영양가와 약용가치가 점차 밝혀짐에 따라 그 수요도 증가하고 있다.

(7) 송노버섯(Truffle)

트러플은 땅속에서 자라나는 버섯의 일종으로서 일명 송로버섯, 검은 다이아몬드라고 불릴 정도로 미식가나 조리사들 사이에서는 찬사의 대상이 되는 버섯이며, 특정한 나무와 밀접한 관계를 지니고 살고 있다.

트러플은 일단 생성되면 스스로 자생하여 나무와의 관계는 더 이상 지속되지 않는다. 현재 우리가 알고 있는 트러플은 이미 형성된 트러플로부터 시작되는데, 우리가 육안으로 볼 수 있는 가장 작은 트러플은 6월말 쯤에는 대략 1g 정도가 된다. 이 기간 중 트러플이 성장하기 위해서는 세포 분열을 위한 적정 온도는 물론 토양 배양을 위한 모든 요소가 필요하다. 여름에는 무게가 급격히 증가되고 온도와 물이 필요한데 폭우나 비가 10일~15일 간격으로 요구된다. 가을에는 트러플의 성장은 계속되고, 10월말 쯤 숙성 단계로 들어선다.

붉은색을 띠었던 껍질은 검은색을 나타내기 시작하고 흰색의 내부는 옅은 갈색으로 변하다가 마침내 검은빛으로 완성된다. 색의 변화가 진행되는 동안 특유의 향이 이에 따라 점점 더 강해지는 것이다. 트러플을 캐기 위해서는 주로 돼지나 길들인 개를 이용하여 찾아내는데, 이유는 '트러플 파리' 라는 곤충을 보호 할려고 하기 때문인데, 트러플 파리는 유충이 트러플에서 살 수 있도록 하기 위해 알을 트러플 위에 낳기 때문이고, 완전히 성숙되어 강한 향이 나는 트러플을 탐지할 수 있기 때문이다. 트러플 균사체(Mycelium)는 물론 이를 포함하고 있는 미세한 잔뿌리를 아주 망쳐 버리기 때문에 삽 등을 이용하여 흙을 파내는 행위는 매우 위험하다.

(8) 아스파라거스(Asparagus)

아스파라거스는 파란색과 흰색이 있는데, 남부 지중해와 유럽에서 서아시아에 걸쳐 많이 재배되고 있다. 아스파라거스의 아스파라긴산 함유량은 콩나물 뿌리에 있는 것보다 약 5~10배 정도 양이 많은데, 주성분은 아미노산으로 "루틴"이라는 성분이 다량 함유되어 있어 혈압강하제, 항암효과, 피로회복, 숙취해소에 아주 좋다. 수확한 후 질긴 줄기 부분을 자르고, 껍질을 벗겨서 삶은 후에 육류요리에 곁들여 먹거나 샐러드, 튀김, 수프 등 다양한 요리에 이용된다.

대파(Leek)

셀러리(Celery)

실파(Chive)

펜넬(Fennel)

엔다이브(Endive)

양송이버섯(Botton Mushrooms)

표고버섯(Black Mushrooms)

새송이버섯(New Pine Mushroom)

느타리버섯(Oysrer Mushrooms)

팽이버섯(Winter Mushroom)

그물버섯 또는 곰보버섯(Morel Mushroom)

센터렐(Chanterelle)

석이버섯(Umbilicaria Esculenta)

송노버섯(Truffle)

아스파라거스(Asparagus)

3) 근채류

땅속에서 자라는 식물의 뿌리를 이용하는 채소로 이러한 식물은 일반적으로 잠재 에너지를 뿌리 부위에 많이 저장하고 있다. 셀러리 뿌리(Celeriac), 무, 양파, 마, 생강, 당근, 우엉, 연근, 고구마, 감자 등이 대표적이다. 셀러리 뿌리는 에피타이저나 샐러드에 주로 사용되고 양파, 마늘, 생강은 모든 음식에 기본양념으로 사용된다.

(1) 양파(Onion)

양파는 자극적인 냄새와 매운맛이 강한데, 이것이 육류나 생선의 냄새를 없앤다. 이 자극적인 냄새는 이황화프로필알릴과 황화알릴 때문이며, 이것이 눈의 점막을 자극하면 눈물이 난다. 삶으면 매운맛이 없어지고 단맛과 향기가 난다.

주로 샐러드, 스프, 드레싱, 소스, 육류나 채소 요리, 피클 등 모든 요리에 많이 쓰이는 식재료이다. 고혈압 예방 및 치료, 동맥경화. 고지혈증, 심근경색, 협심증, 당뇨병, 항암작용, 다이어트 등의 효과가 있다.

(2) 마늘(Garlic)

중앙 아시아와 유럽이 원산지로 맛은 자극적이지만, 구울 경우 매운맛이 줄어들고 달콤한 맛이 난다. 마늘에 들어 있는 알리인(Alliin)은 그 자체로는 냄새가 나지 않는다. 그러나 마늘을 씹거나 다지면 알리인이 파괴되며 알리신(Allicin)과 디알릴 디설파이드(Diallyl disulfide)가 생겨나는데, 이러한 것들이 마늘의 강한 향을 만들어낸다. 양파와 함께 모든 요리에 많이 쓰이는 식재료이다. 마늘의 효능으로는 각종 암 예방, 피로회복, 기력회복, 고혈압, 노화방지 등이 있다.

(3) 당근(Carrot)

녹황색 채소의 대명사인 당근은 홍당무라고도 하며, 아프가니스탄이 원산지이다. 비타민 A와 비타민 C가 많고, 맛이 달아 나물, 김치, 샐러드, 스프, 주요리의 더운 채소 등 서양 요리에 많이 이용한다.

(4) 감자(Potato)

남아메리카가 원산지인 감자는 줄기 마디로부터 가는 줄기가 나와 그 끝이 비대해져 덩이줄기를 형성한다. 감자의 주성분은 전분이며, 단백질과 비타민 C가 있다. 효능으로는 암을 비롯하여 위궤양, 십이지장궤양, 위염, 고혈압, 당뇨병, 간장병, 천식 등 효과가 있다. 감자는 주로 삶아서 간식으로 먹기도 하고, 샐러드, 수프, 주요리이 더운 채소, 오븐 구이, 튀김 등으로 많이 쓰인다.

(5) 비트(Beetroot)

비트는 유럽 남부 지방 지중해가 원산지로 다육질의 굵은 원뿌리를 쓰기 위해 재배한다. 즙을 내면 천연 색소인 선홍색을 띄고, 채소 중에서 선홍색 붉은 채소의 대명사로 쓰인다. 비트에는 리보플라빈, 철, 비타민 A · C가 많으며, 주로 샐러드, 피클, 소스 등을 만들 때 사용한다.

(6) 샬로트(Shallots)

은은한 향이 나는 다년생 식물로 양파의 한 종류인데, 우리에겐 생소하다. 모든 음식에 양파처럼 쓰이는 경우가 많은데, 각종 샐러드 드레싱, 소스, 생선요리, 육류요리에 곁들이는 더운 채소, 특히 프랑스 요리에 많이 사용한다.

(7) 고구마(Sweet Potato)

고구마의 원산지는 중앙아메리카로서 전분이 많고 단맛이 나는 혹뿌리를 가진 재배용 작물이다. 줄기 밑쪽의 잎자루 아래서 뿌리를 내려 그 일부는 땅속에서 고구마가 된다. 고구마의 주성분은 녹말이며, 수분, 당질, 단백질 등이 있다. 항산화 능력이 우수하여, 다이어트, 성인병 예방, 혈압 강하와 혈관 개선에 효과가 있다.

(8) 호스 래디쉬(Horse Radish)

원산지는 유럽 동남부이며, 서양고추냉이를 말한다. 흰색의 큰 뿌리 모양을 하고 있으며,

껍질을 깐 후 갈아서 흰색의 죽 같은 모양으로 겨자와 같은 개운하고 매운맛을 가지고 있다. 주로 로스트 비프나 훈제연어에 곁들여지는 소스로 많이 사용한다.

(9) 레드 래디쉬(Red Radish)

방울 모양의 빨간색을 띠며 주로 유럽에서 재배되는 품종이다. 지중해 연안이 원산지이며 매운맛 성분은 유채과 공통의 겨자유 성분이다. 당분을 3% 내외 함유하지만 대부분은 과당과 포도당이다. 식이섬유, 칼슘, 철 등을 함유하고 있는 식품으로서 간장해독 기능이 있어 간암억제 효능과 디아스타아제라는 소화효소가 포함되어 있어 소화력이 약한 사람이 먹으면 좋은 채소이다.

양파(Onion)

마늘(Garlic)

당근(Carrot)

감자(Potato)

비트(Beetroot)

샬롯(Shallots)

고구마(Sweet Potato)

호스 래디쉬(Horse Radish)

레드 래디쉬(Red Radish)

4) 과채류

식물학적으로 과일로 분류되지만 실제로 대부분의 사람들이 채소로 사용하고 또 대부분 채소로 알고 있는 것으로서 오이, 가지, 호박, 토마토, 고추, 오크라, 피망 등이 이에 속한다. 오이와 토마토는 현재까지도 샐러드의 가니쉬로 쓰이고 있고 가지나 호박은 그릴에 구워서 뷔페 샐러드에 자주 쓰인다. 고추과인 오크라는 최근 들어 에피타이저의 가니쉬로 쓰이고 있으나 자른 단면에서 점액이 많이 나와서 조금 지저분해 보이는 경향이 있다.

(1) 피망(Pimento)

이탈리아어로 페페로네(Peperone)라 불린다. 색깔은 파란색, 노란색, 빨간색, 오렌지색 등이 있으며, 생긴 모양도 길쭉한 것부터 쭈글쭈글한 것과 둥근 것에 이르기까지 다양하다. 파란색은 완전히 익지(Ripen) 않은 것으로 다른 것보다는 많이 사용되지 않는다. 색이 진한 것이 잘 익은 것으로 감미로운 맛과 고유의 향을 발산한다. 대부분의 페퍼로니는 맵지 않으나 매운 것도 있다.

(2) 가지(Eggplant)

아라비아의 사라센(Saracen)에서 이탈리아로 처음 전파될 때까지는 진한 보랏빛을 띠었다. 파란색은 먹기에 너무 떫고, 아직 덜 큰 것은 피클을 만드는 데 이용한다. 크기가 작은 종자는 씨가 적게 들어 있다. 너무 익으면 껍질이 벌어지면서 색이 변한다.

(3) 토마토(Tomato)

이탈리아어로 토마토는 포모도로(Pomodoro)라고 부른다. 이탈리아의 토마토는 모양도 여러 가지이고, 맛도 모두 다르다. 토마토는 이탈리아 요리에서 빠질 수 없는 재료로 토마토 소스를 만들 때는 물론이거니와 샐러드, 주요리 등 더운 채소, 파스타 요리에 다양하게 사용된다.

(4) 이탈리아 토마토(Plum Tomato)

길쭉한 산 마르자노 토마토는 껍질이 얇고, 속살이 두꺼우며, 비교적 씨가 적게 들어 있어서 껍질을 벗겨 토마토 홀이나 페이스트를 만드는데 적합하다. 나무에 달린 상태로 태양빛을 쪼이면서 잘 익은 토마토가 맛이 좋으며, 이것으로 소스를 만들면 토마토 특유의 향취가 극에 달한다.

(5) 방울 토마토(Cherry Tomato)

방울 토마토는 조그마한 방울과 같다 하여 방울토마토라고 불리며, 체리 토마토(Cherry Tomato)라고도 한다. 통화식물목 가지과에 속하는 한해살이 풀로 토마토의 일종이다. 꽃은 노란색으로 5~8월에 피고, 열매는 붉은색으로 7~9월에 익는다. 잎이나 열매 거의 모든 부분에서 토마토와 비슷하나 열매가 보통 2~3cm이며 구형을 띤다. 토마토보다 당도가 좀 더 높으며, 토마토보다 먹기에 간편하고 달아서 간식이나 후식용으로 사람들이 즐겨 먹는다.

(6) 피클(Pickled Cucumber)

피클(Pickle)은 오이 등의 채소와 과일 등을 소금에 절인 뒤 식초, 설탕, 향신료를 섞은 액에 담가 절인 서양식 음식이다. 가장 대표적인 것은 이탈리아식 오이 피클로서 파스타, 피자와 함께 먹거나, 샌드위치, 햄버거를 만들 때 사용한다.

(7) 올리브(Olive)

올리브는 올리브 나무에서 약 5년에서 10년 사이에 열매를 생산하기 시작하여 100년 이상까지 올리브를 생산한다. 올리브유 1ℓ를 생산하기 위해서는 4~5kg의 올리브가 필요한데, 모든 올리브는 이른 가을에 녹색으로 나오기 시작한다. 그러나 숙성하는 과정에서 어두운 자주색으로 변하고 마지막에는 완전히 숙성된 검은색 열매로 바뀌는데 올리브의 숙성도는 올리브유의 맛을 결정하는 가장 큰 요인이 된다. 최상의 올리브유는 일찍 수확된 올리브(1/3이나 2/3만 어두워졌을 때)로부터 얻어진다. 일찍 수확된 올리브는 과일향이 나는데, 주로 후추향이 난다. 올리브는 전채요리, 파스타, 샐러드의 가니쉬, 소스 등 여러 가지 음식에 곁들여 사용된다.

(8) 아보카도(Avocado)

아보카도는 치즈와 버터, 계란을 우유에 섞은 것 같은 지방분이 있어 '숲속의 버터'라고 불리며, 옛날 미국 인디안의 스테미너 과실이였다. 특히 소금을 조금 넣으면 어디에 이런 맛이 숨어 있었는지 깜짝 놀랄 정도로 농후한 맛으로 변한다. 나무는 높이가 아주 크며, 과실모양은 둥근 것, 서양배 모양 등으로 구분되며 과피색도 청색, 갈색, 흑색, 자흑색 등이 있다. 그러나 대부분 익게 되면 거의 흑색으로 변한다.

껍질은 올록볼록한 것과 매끄러운 것이 있다. 과육은 황색으로 맛을 보면 달지도 시지도 않으며 무염버터 같은 맛을 느낄 수 있다. 끈적끈적하고 결이 곱고 과실 중앙에 큰 씨가 있다. 탄수화물이 없고 단백질과 비타민류가 풍부하며, 그대로 먹든지 샐러드의 재료 또는 샌드위치나 카나페의 재료로도 인기가 높다. 만져봐서 말랑거리면 너무 익은 것이고, 거칠거칠하면 덜 익은 것으로 약간의 탄력이 있을 때가 먹을 때이다. 아보카도는 보통 섭씨 5℃ 정도로 보관하면 상당히 연화물을 촉진하여 말랑해지며 며칠씩을 그 상태로 유지된다.

(9) 오이(Cucumber)

오이는 박과에 속하는 1년생 덩굴식물로서 우리나라에는 1,500년 전에 중국을 거쳐 들어온 것으로 알려져 있다. 오이는 달콤하며 시원하고 가벼운 맛이 나서 멜론과 비슷하며, 성질이 차가운 음성식품이라 할 수 있다.

오이의 수분 함량은 95% 정도이며, 무기질이 있어 갈증 해소에 좋다. 그리고 피부미용, 숙취 해소, 열량(100g당 19kcal)이 낮아 다이어트에 좋다. 주로 오이 샐러드, 찬 오이 수프, 여름철의 오이냉국, 무침 등에 쓰인다.

(10) 애호박(Zucchini)

박과의 식물로 열대 및 남아메리카가 원산지이며, 주키니 호박이라고 부른다. 전국적으로 재배되는 호박으로 성분은 전분과 당분, 비타민 A, C가 많고, 겨울에 부족하기 쉬운 비타민 A의 공급원이다. 서양 요리에 많이 사용되는데, 주로 그릴에 구운 전채요리와 주요리의 더운 채소, 수프, 무침 등에 쓰인다.

(11) 옥수수(Sweet Corn)

미국대륙이 원산지로 쌀, 밀과 함께 세계 3대 주요 곡식의 하나이며, 우리나라에는 중국으로부터 전래되었다. 옥수수는 단백질과 비타민 E가 풍부하여 체력증강, 신장병에 효과가 있다. 주로 옥수수 가루인 폴렌타, 전분, 플레이크, 과자, 빵, 팝콘, 시리얼, 샐러드, 마가린, 시럽, 엿 등의 많은 가공식품의 원료로 이용되고 있다.

(12) 채두(Green Beans)

아직 덜 자란 콩 꼬투리를 채소 요리로 사용하는 것으로, 연할 때 채취하여 데쳐 요리하거나 피클을 만들면 좋다. 커질수록 단단하고 딱딱해지며 꼬투리에 섬유질이 생겨 질겨진다.

(13) 완두콩(Green Peas)

표면이 매끄럽고 녹색의 색깔을 띠며, 콩이 덜 여물었을 때는 녹색이지만 성숙하면 담황색이 된다. 한 꼬투리에 5~6개의 열매가 들어 있는데, 덜 여물었을 때 먹는 것을 그린피스라고 한다. 이 콩은 덜 여물었을 때는 당분이 많아 단맛이 있으나, 따서 오래 두거나 익어감에 따라 당이 전분으로 변하여 단맛이 없어진다. 주로 크림수프, 샐러드, 더운 채소, 카레라이스 등에 넣어 음식을 만들 때는 채소의 일종으로 취급되기도 한다.

(14) 폴렌타(Polenta)

이탈리아 요리인 폴렌타에 쓰이는 옥수수 가루를 말한다.

(15) 렌즈 콩(Lentil)

유럽 남부 및 지중해 연안이 원산지인 일년생 콩과 식물로서 양면이 볼록한 렌즈모양으로 생긴 콩을 말한다. 단백질이 풍부하고, 비타민 B, 철, 인의 좋은 공급원이다. 주로 수프, 생선요리나 가금류 요리의 더운 채소에 쓰인다.

(16) 키드니 빈(Red and White Kidney Bean)

신장 같이 생겼다고 해서 강낭콩의 영어 이름인 Kidney Bean라고 한다. 성분은 녹말 60%, 단백질 20% 정도를 함유하고 있다. 열매는 긴 꼬투리로 맺히는데, 그 속에 들어 있는 씨는 식용한다. 콩과의 식용작물 중에서 전 세계적으로 가장 널리 재배되고 있다. 주로 수프, 미숙한 것은 녹색 채소, 조림, 볶음 등의 요리에도 쓰인다.

(17) 케이퍼(Caper)

케이퍼는 지중해 연안에 널리 자생하고 있는 식물로 향신료로 이용하는 것은 꽃봉오리 부분이다. 꽃봉오리는 각진 달걀 모양으로 색깔은 올리브 그린 색을 띠고 있다. 케이퍼는 마르면 맛이 변하기 때문에 반드시 잠길 정도로 식초를 부은 후 유리용기에 밀폐하여 어두운 곳에 보관하는 것이 좋다. 소화촉진 및 식욕증진 작용이 있고, 위장의 염증이나 설사에 효과적이라고 알려져 있다. 주로 육류요리, 생선요리, 샐러드, 드레싱, 마요네즈, 소스 등에 쓰인다.

(18) 호박씨(Pumpkin Seed)

호박씨에는 칼륨, 칼슘, 인이 풍부하고 비타민 B가 많이 들어있으며, 머리를 좋게하는 레시틴과 필수 아미노산이 골고루 들어 있다. 레시틴은 혈액순환을 돕고 콜레스테롤이 혈관에 쌓이는 것을 막아주기 때문에 고혈압이나 혈관의 노화를 예방하는 데에 좋다.

(19) 잣(Pinenut)

잣은 솔방울처럼 생긴 구과(毬果)에 들어 있다. 속에 있는 흰 배젖[胚乳]은 향기와 맛이 좋으므로 식용하거나 약용한다. 잣의 성분은 지방유 74%, 단백질 15%를 함유하며 자양강장의 효과가 있다. 각종 요리에 고명으로 쓰이며, 죽을 끓여 먹기도 한다.

(20) 해바라기씨(Sunflower Seed)

볶지 않은 해바라기씨는 오독오독 씹는 맛이 있고, 약간 기름지며, 볶은 해바라기씨는 맛이 더 진하고 토스트 향이 난다. 주로 빵, 비스킷, 머핀, 아침 식사용 시리얼인 뮤슬리에 넣으면 좋다.

(21) 호두(Walnut)

호두는 아몬드, 땅콩과 함께 대표적인 견과류이다. 원산지는 중국이지만 오늘날 호두하면 미국 캘리포니아가 떠오를 정도로 세계 최대의 호두 생산지이며, 전 세계 공급량의 70% 정도를 차지하고 있다. 효능으로는 성인병 예방, 심장질환, 피부미용에 좋으며, 주로 아이스크림, 샐러드, 파이, 쿠기, 과자, 빵, 씨리얼 등에 쓰인다.

(22) 아몬드(Almond)

아몬드에는 단백질, 철분, 칼슘, 인산, 비타민 B가 소량 들어 있고, 지방이 많이 들어 있다. 아몬드는 날 것으로 먹거나 껍질을 벗겨 표백시켜 볶아 먹는데, 흔히 과자를 굽는 데 쓰인다. 주로 육류, 가금류, 생선요리, 안주, 샐러드, 제과용에 많이 사용한다.

피망(Pimento)

가지(Eggplant)

토마토(Tomato)

이탈리아 토마토 (Plum Tomato)

방울 토마토(Cherry Tomato)

피클(Pickled Cucumber)

올리브(Olive)

아보카도(Avocado)

오이(Cucumber)

애호박(Zucchini)

옥수수(Sweet Corn)

채두(Green Beans)

완두콩(Green Peas)

폴렌타(Polenta)

렌즈 콩(Lentil)

키드니 빈(Red and White Kidney Bean)

케이퍼(Caper)

호박씨(Pumpkin Seed)

잣(Pinenut)

해바라기씨(Sunflower Seed)

호두(Walnut)

아몬드(Almond)

5) 화채류

각종 채소의 꽃을 식용으로 사용하기도 하는데 오이꽃, 호박꽃, 유채꽃, 장미꽃 등이 많이 쓰인다. 반면 브로콜리나 컬리플라워는 꽃이 피기 전에 수확해서 사용해야 한다. 꽃 종류는 거의 에피타이저의 가니쉬로 쓰이는데 나오는 계절이 한정되어 있어 단기간만 쓸 수 있다는 단점이 있지만 계절색을 뚜렷히 보여줄 수 있다는 장점 때문에 계절마다 자주 쓰이곤 한다.

(1) 컬리플라워(Cauliflower)

양배추과에 속하는 컬리플라워는 영양성분이 많은 채소이다. 파스타 소스와 같이 익히는 요리에 사용하며, 때로는 샐러드에 넣어 날로 먹기도 한다. 대개는 흰색이지만 파란색(Romanesco)이나 보라색도 있다. 흠집이 없고 신선하여 바삭바삭해야 한다.

(2) 브로콜리(Broccoli)

원산지는 지중해 연안이며, 겨자과에 속하는 짙은 녹색 채소로 꽃양배추라고도 불린다. 양배추보다 연하고 소화가 잘 되는 채소이며 브로콜리를 즐겨 먹으면 폐암, 위암, 대장암, 유방암, 자궁암, 전립선암 등에 걸릴 위험이 낮아진다.

(3) 아티초크(Artichokes)

엉겅퀴과의 식물로 꽃봉오리 속의 연한 꽃잎과 꽃 받침대를 식용으로 이용한다. 적당한 크기로 자란 것이어야 하며, 너무 자란 것은 섬유질이 많아 질기고 맛과 고유의 향이 저하된다. 꽃잎을 벌리면 시든 장미와도 같으며, 꽃잎은 꼭 붙어 있어야 하며, 줄기는 단단해야 한다. 다듬어 날것으로 방치하면 색이 검게 변하므로 즉시 조리하는 것이 좋다.

컬리플라워(Cauliflower)

브로콜리(Broccoli)

아티초크 (Artichokes)

6) 새싹 및 새순류

일반 채소에 비해 영양가가 6~7배로 뛰어난 새싹은 말 그대로 자란지 얼마 안 된 식물의 싹(Sprout)을 말한다. 일명 "마이크로 그린"이라 하여 얼마 전부터 시중에 판매되었는데, 그 영양가가 뛰어나 최근 들어 인기를 끌고 있다. 더욱이 그 종류도 다양해서 무순, 적채, 알파파 등 다양하게 선택해서 쓸 수가 있다.

새순(Baby Leaves)은 싹에서 조금 더 자란 형태로 외관상으로 봤을 때 다 자란잎과 흡사한 모양을 갖고 있다. 어린잎은 뿌리 바로 끝에서 잘라 수확하기 때문에 비타민과 미네랄의 손실이 적고 여러 가지 채소를 한꺼번에 먹을 수 있는 장점이 있지만 채소 본연의 맛을 제대로 느끼지 못한다는 단점과 일반 채소보다는 고가로 거래된다는 단점이 있기도 하다.

무순(Mustard Cress)

(1) 무순(Mustard Cress)

무는 우리 생활 속에 가장 밀접한 채소 중에 하나이다. 무는 식이섬유, 칼슘, 철 등을 함유하고 있는 식품으로서 강장 및 해독 기능이 있어 간암 억제 효능과 디아스타제라는 소화 효소가 포함되어 있어 소화능력이 약한 사람이 먹으면 좋은 채소이다. 이러한 효능이 무순에는 약 10배 정도 함유되어 있어 새싹을 '영양의 보고'라고 칭한다.

(2) 알파파(Alfalfa)

서남아시아 원산이며 옛날부터 사료작물로 재배하였다. 유럽에서는 루선(Lucern)이라고 불렀으나, 미국에서는 아랍어로 '가장 좋은 사료'라는 뜻으로 앨팰퍼라고 한다. 원줄기는 곧게 30~90cm까지 자라서 가지가 갈라진다. 잎은 어긋나고 작은 잎이 3장씩 나온다. 작은

알파파(Alfalfa)

잎은 긴 타원형 또는 바소꼴이고 끝이 뭉툭하거나 움푹하게 들어가 있으며 가장자리에 톱니가 있다.

모든 가축이 다 잘 먹지만 생육지에서 방목하면 가축의 발굽에 상처가 날 수 있기 때문에 주의해야 한다. 한편, 사람에게도 좋은데 콜레스테롤을 낮추는 작용이 있어 특히 육류와 함께 먹으면 좋으며, 식이섬유가 많아 변비에 효과가 있다.

2. 육류 및 생선류

1) 송아지 정강이살(Veal Shank)

송아지 뒷다리 아킬레스건에 연결된 단일 근육으로 사태부위에 속한다. 육색이 짙고 근육결이 굵고 단단하다. 쫄깃쫄깃한 맛이 일품이지만 생산량은 극히 적다.

육수나 소스를 넣어서 오랜 시간 끓이는 조리법을 이용한 정강이 찜 요리인 오소보꼬(Ossobuco), 스튜(Stew) 요리에 쓰인다.

2) 쇠고기 티본(Beef T-Bone)과 송아지 티본(Veal T-Bone)

티본 스테이크는 안심과 등심을 등뼈에서 그대로 자른 T자 모양의 T자 뼈 사이에 안심과 등심이 함께 있는 스테이크를 말한다. 그러므로 안심의 부드러운 맛과 등심의 쫄깃한 맛을 동시에 느낄 수 있는 장점이 있다.

3) 갈비 등심(Rib Eye)

우리나라에서는 꽃 등심이라고 하며, 갈비의 눈이라고 하여 원형 모양의 형태가 있다. 갈비 위쪽과 등뼈를 감싸고 있는 부위로서 쇠고기 안심, 채끝 등심과 함께 상급 고기로 분류된다. 근내 지방이 많고 육질이 곱고 연하여 맛이 좋다. 주로 구이용이나 스테이크 요리에 적합하다.

4) 등심(Sirloin)

우리나라에서는 채끝 등심이라고 말하는데, 외국에서는 Sirloin(등심)이라고 한다. Rib Eye(갈비 등심)보다 지방이 적고, 안심처럼 육질이 부드럽고 맛이 좋다. 주로 구이용이나 스테이크 요리에 적합하다.

5) 안심

등심 안쪽의 부위로 쇠고기 안심은 갈비뼈 13번 이후의 등뼈 안쪽에 붙어 있는 가늘고 긴 고기 부위로 2조각의 안심이 나오며, 한 마리의 소에서 약2% 정도 밖에 얻을 수 없는 최고급 부위이다. 안심 1개의 무게는 보통 3kg 정도이고, 정형하면 2.5kg 정도이다.

안심은 쇠고기 부위 중에서 육질이 가장 연한 최상품으로 고깃결이 부드럽고, 지방이 적어 담백하여 맛이 좋은 고기이다. 주로 스테이크, 로스구이 등의 요리에 적합하다.

6) 양갈비(Rock of Lamb)

양의 갈비가 붙어있는 뼈가 달린 부분을 잘라서 Lamb Chop이라고 하는데, 양념을 뿌려 숯불이나 팬에 굽거나 오븐에서 구워서 요리를 한다.

7) 양 다리(Leg of Lamb)

양고기 음식 중에 양다리(Leg of Lamb) 요리는 다른 부위에 비하여 지방이 적은 편이며, 육질이 질기다. 양고기 특유의 냄새가 나기 때문에 마늘이나 로즈마리 등을 이용하여 로스트하거나 스튜 요리에 적합하다.

8) 바닷가재(Lobster ; Lobster Tail)

바닷자재는 태평양, 인도양, 대서양 연근해 등에 분포하며 육지와 가까운 바다 밑에 서식한다. 낮에는 굴속이나 바위 밑에 숨어 지내다가 밤이 되면 활동한다. 매우 단단한 껍질로 되어 있으며, 양 집게다리는 길이가 몸길이와 비슷하다. 몸의 빛깔은 보통 점무늬가 있는 짙은 초록색이거나 짙은 파란색인데, 불에 익히면 선명한 붉은색이 된다. 길이가 30~60cm, 무게가 0.5~1kg 정도 되며, 콜레스테롤과 지방함량이 적고 비타민과 미네랄을 공급해 준다.

9) 새우(Shrimp)

새우류의 껍질은 당분과 단백질이 경합한 당단백질로 이루어져 있고 색소가 함유되어 있어 가열하면 적혹색이던 것이 선홍색으로 변한다. 새우는 대하(大蝦), 중하(中蝦), 젓갈용의 새우 등으로 나눌 수 있다. 대하는 몸길이가 30~40cm에 이르는 대형새우를 말하며, 맛이 좋으나 먹을 수 있는 부분은 50%에 불과하다. 소금에 절이거나 튀김 또는 소금물에 쪄 먹기도 하는데 축하용 식사 때의 장식품으로 귀중한 것이다. 중하는 몸길이가 12~15cm 정도의 중형새우로 튀김, 찜 등으로 이용된다.

10) 가리비(Scallop)

가리비는 연안으로부터 매우 깊은 수심에까지 서식하며, 전 세계에 분포한다. 두 장의 패각(Valve)이 부채 모양을 하고 있다. 패각의 표면은 밋밋하거나, 곡선 모양, 비늘 모양, 혹 모양을 하고 있으며 골이 부채꼴 형태로 나 있다. 비교적 낮은 수온에서 수심 20m~40m의 모래나 자갈이 많은 곳에 주로 서식하며, 성장하면서 수심이 얕은 난류해역에서 먼 바다의 깊은 곳으로 이동한다. 이동할 때에는 패각을 서로 마주쳐서 물을 제트 엔진처럼 분사하여 앞으로 나간다. 주로 구이, 찜, 탕, 죽 등 여러 가지 요리에 사용된다.

11) 홍합(Mussel)

홍합은 껍질이 두껍고, 보랴색을 띠는 검은색이고, 삼각형 모양을 한다. 껍질 안쪽은 검은색에 약한 푸른 빛을 띤다. 홍합에는 미틸로콘게스틴이라는 독성물질이 중추신경에 작용하므로 4~5월 중순경에는 먹지 않아야 한다. 그 이유는 마비성 독을 가진 알렉산드리움(Alexandrium)이라는 플랑크톤이 증가해 그것을 먹는 홍합의 몸에 독이 축적된다. 실제 홍합를 먹고 해안가에 사는 사람들이 중독되어 죽은 사례가 있어 왔다. 홍합에게는 이때가 자손번식을 하기 제일 좋은 때라고 한다. 이러한 모습은 종족 보존을 위한 본능적인 지혜가 홍합에 들어 있기 때문이다.

송아지 정강이살(Veal Shank)

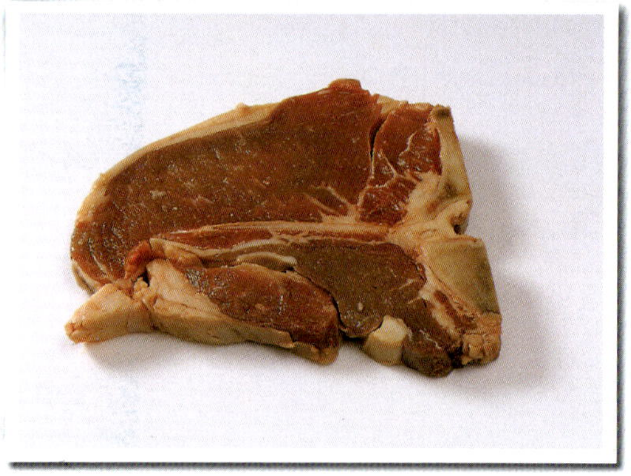

쇠고기 티본(Beef T-Bone)

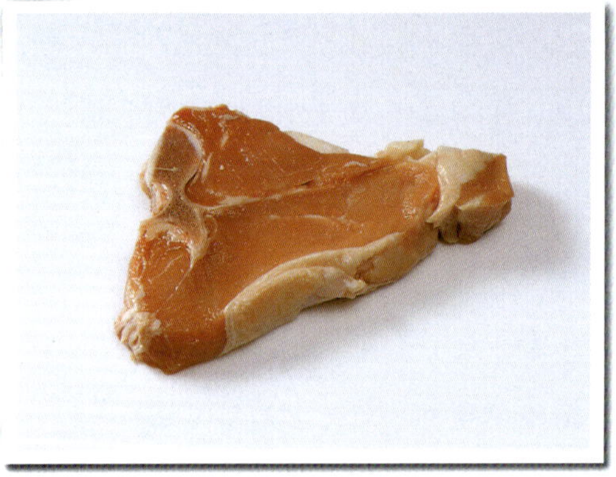

송아지 티본(Veal T-Bone)

갈비 등심(Rib Eye)

등심(Sirloin) 1

등심(Sirloin) 2

안심(Beef Tenderloin) 1

안심(Beef Tenderloin) 2

양갈비(Rock of Lamb)

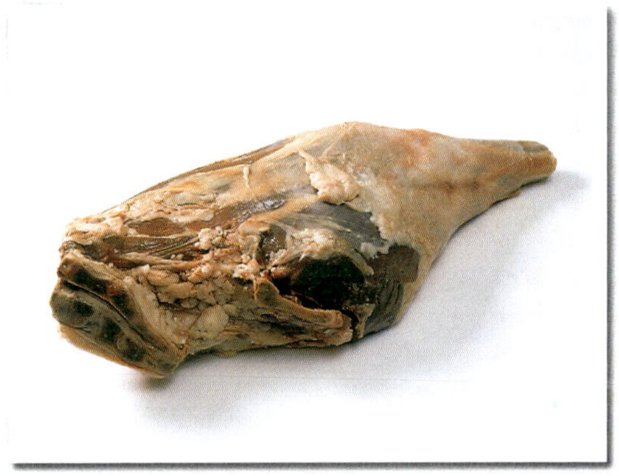

양 다리(Leg of Lamb)

바닷가재(Lobster) 1

바닷가재(Lobster ; Lobster Tail) 2

새우(Shrimp)

가리비(Scallop)

홍합(Mussel)

양갈비 손질하는 방법

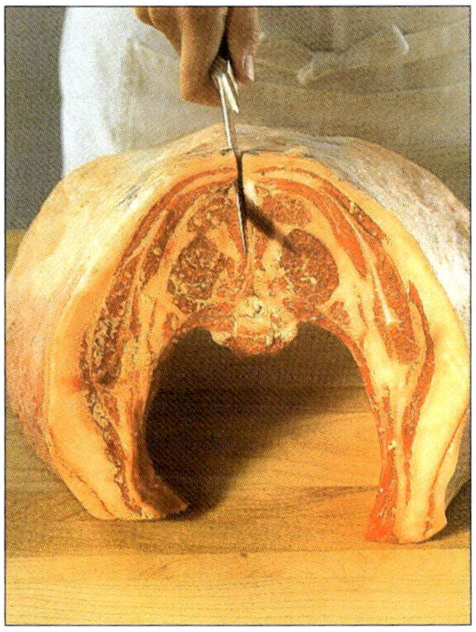

1. 통양갈비는 등뼈를 중심으로 뼈를 자르는 칼을 넣어 준다.

2. 칼로 양쪽을 잘라 양갈비를 두 개로 나눈다.

3. 양 갈비뼈의 중간 부위에 칼을 넣어 준다.

4. 갈비뼈를 따라 칼집을 넣어서 등쪽에 있는 단단한 등껍질을 제거한다.

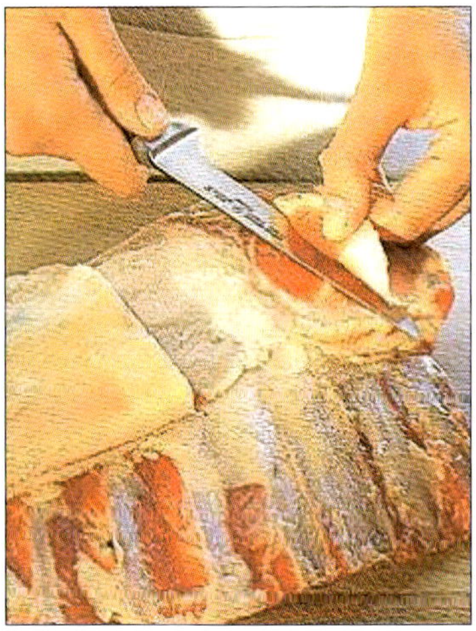

5. 뼈에서 지방부분을 떼어 내어 도출된 갈비뼈에는 살이 남아있지 않게 한다.

6. 칼집을 넣는 곳을 잘라 내기 위해 갈비뼈 사이에 칼집을 넣는다.

7. 지방을 깨끗하게 제거한 후에 갈비뼈에 붙어 있는 살을 제거한다.

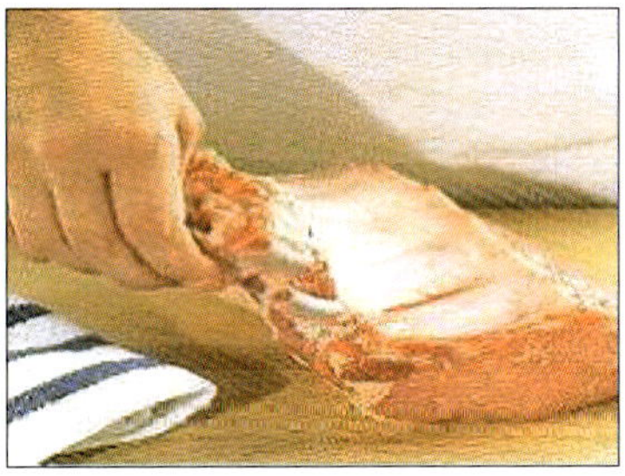

8. 양갈비는 용도에 맞게 갈비 뼈 한 개씩을 붙게 잘라서 사용한다.

3. 기타

1) 앤초비(Anchovy)

우리나라에 멸치젓이 있다면 이탈리아에는 앤초비가 있다. 재료와 만드는 방법이 멸치젓과 비슷한 앤초비는 스페인과 프랑스, 그리스, 이탈리아 등 남부 유럽에서 즐겨 사용하며, 지중해와 유럽 근해에서 나는 멸치류의 작은 생선을 소금에 절여서 발효시킨 젓갈을 말한다. 주로 앤초비를 이용한 소스, 샐러드, 파스타 등 다양한 요리에 활용하고 있으며, 짭짤하고 감칠맛이 돌아 한국인 입맛에 잘 맞아 그 수요가 늘고 있는 실정이다.

2) 올리브유(Olive Oil)

이탈리아 레스토랑에 가면 올리브 오일 향기가 곳곳에 배어 있다. 파스타 요리는 물론 샐러드, 육류, 어패류, 채소 요리에 빠질 수 없는 중요한 조미료 중의 하나이기 때문이다. 올리브 오일은 열매를 수확하는 방법에 따라 가격의 차이가 많이 난다. 이탈리아는 스페인과 함께 올리브 오일 생산이 세계 1, 2위를 다투기 때문에 이탈리아 사람들의 자부심은 대단하다.

올리브유는 혈중의 HDL(high-density lipoprotein, 좋은 콜레스테롤)의 정도를 높이고, LDL(low-density lipoprotein, 나쁜 콜레스테롤)의 정도를 낮춰 콜레스테롤을 낮추는 것을 돕는데, 바로 이것 때문에 올리브유가 다른 기름이나 지방의 바람직한 대안으로 여겨지는 것이다. 올리브 오일은 화학제품이나 첨가물은 전혀 사용되

지 않으며, 와인과 달리 발효가 요구되지 않으므로, 생산한 다음 2년에 걸쳐 품질이 저하된다. 그러므로 가능한 한 빨리 사용하는 것이 좋다.

(1) 올리브유의 등급

① 버진 올리브유(Virgin Olive Oil)

버진 올리브 오일(Virgin Olive Oil)이란 오일의 질을 저하시키지 않는 여러 조건들(특히 온도의 조건) 중 기계 또는 물리적 방법으로 오직 올리브나무의 열매로부터 얻어진 오일을 말한다. 이 오일은 씻기, 따로붓기, 원심분리, 여과의 처리과정을 거친다. 버진 올리브 오일(Virgin Olive Oil)은 100g의 오일 중에 1~3g의 지방산을 함유하고 있다. 생산국가의 산업관례는 100g에 2g 이내의 산성도를 가진 오일을 생산토록 되어있다.

올리브 나무의 열매를 오직 기계적 혹은 물리적 공정(세척, 으깨기, 압착, 가만히 따르기, 원심분리, 여과)만 통해 얻는 기름으로, 일체의 용제를 사용할 수 없으며, 다른 종류의 기름과 혼합되지도 않는다.

버진 올리브유는 첨가물이나 방부제가 들지 않은 순수한 과일 주스이다. 올리브유는 약 77%의 단순 불포화 지방(Monounsaturated Fats)을 포함하고 있으며, 이것은 나쁜 콜레스테롤(LDL)은 줄이고, 좋은 콜레스테롤(HDL)을 보호해 주는 효과가 있다. 그리고 우리 몸에 꼭 필요한 리놀레인산(필수지방산의 일종이며 오메가-3 지방산)을 적당량 포함하고 있다. 그러므로 올리브유는 비타민 A, D, K, 비타민 E를 많이 포함하고 있어서 피부를 아름답고 부드럽게 가꾸는데 도움이 된다.

② 엑스트라 버진 올리브유(Extra Virgin Olive Oil)

Extra Virgin Olive Oil은 버진 올리브유 중 완벽한 맛과 향을 갖추고 있으며 100g의 오일 중에 1g 이하의 지방산을 함유하고 있다. 즉 열을 가하거나, 화학적으로 정제되지 않고, 압착의 과정을 통해 추출된다는 뜻이다. 엑스트라 버진으로 분류되기 위해서 올리브유는 조미료 정도의 품질(Condiment Quality)을 가져야만 한다. 즉 맛이 좋아야만 하는데, 가장 좋은 올리브유에만 Extra Virgin(엑스트라 버진) 라벨이 붙여진다.

또한 다양한 맛과 향 그리고 작은 양의 생산 때문에 보다 비싼 가격으로 판매되고 있다. 맛의 차이는 올리브가 경작되는 지역, 토양, 기후조건, 올리브의 다양성, 올리브를 수확하고 취급하는 방식의 수준에 따라 결정된다.

③ 파인 버진 올리브유(Fine Virgin Olive Oil)

버진 올리브유 중 완벽한 맛과 향을 갖추고 있으며, 올레인 산의 산도가 1.5% 이하인 것을 말한다.

④ 레귤러 버진 올리브유(Regular Virgin Oive Oil)

버진 올리브유 중 좋은 맛과 향을 갖추고 있으며, 올레인 산의 산도가 3.3% 이하인 것을 말한다.

왜 올리브 오일이 좋다고 하나요?

식물성 기름은 기름을 짤 때 화학적 처리 과정을 거치지만, 올리브 오일은 1000년 전에 그랬던 것처럼 열매를 직접 짜서 만들기 때문에 특별한 화학처리를 하지 않는다.

올리브 오일은 모든 사람에게 적합하기 때문에 특별한 부작용은 없으며, 다른 기름에 비해 소화 흡수력이 월등히 뛰어나다. 콜레스테롤 예방 효과도 있으며 간, 장 운동과 비타민 A, D, E, K 흡수를 도와준다. 특히, 엑스트라 버진 올리브 오일은 올바른 영양 섭취를 필요로 하는 노약자나 어린이에게 적합하다.

올리브 오일의 보관 방법

열과 빛은 올리브유의 가장 큰 위협 요소이다. 올리브유는 주변 환경의 다른 냄새와 맛을 쉽게 흡수하고, 산화되기 때문에 뚜껑을 꼭 닫아 햇빛이 들지 않는 시원하고 그늘진 곳에 보관을 해야 한다. 고급 올리브유는 수확한지 2년 안에 사용하는 것이 좋으며, 8℃ 이하에서 하얗게 굳는 성질이 있는데 실온에 놔두면 원상태로 돌아온다. 물론 품질에는 이상이 없다. 올리브 오일은 보관만 제대로 하면 1년 이상 보존할 수 있다.

좋은 올리브 오일의 선택 방법

올리브 오일의 색깔은 나무의 품종과 열매 수확 시기에 따라 다양하게 나타난다. 올리브 열매는 설익은 상태에서는 연두색을 띠고 익을수록 짙은 검정색으로 변하는데, 예를 들면 토스카나 주에서 생산되는 올리브 오일은 연두색을 띤다. 설익은 그린 올리브를 수확해 기름을 짜기 때문이며 품질과는 아무 관계가 없다.

모든 올리브 오일이 여과 과정을 거치는 건 아니다. 생산자에 따라 여과 과정 없이 판매하기도 하는데 투명도에서 보석 오팔과 같은 색이 나타난다. 일반적으로 북부지방에서 생산되는 올리브 오일이 중부와 남부지방의 것보다 더 액체 상태이다. 또한 향기는 토질과 나무의 수령, 품종에 따라 달라진다. 이처럼 다양한 종류와 예외가 있기 때문에 가장 좋은 방법은 맛을 보고 선택하는 것, 신뢰받는 상표를 신택하는 것이 좋다.

첫째, 향기는 올리브유의 냄새를 맡아 보아 올리브의 향기가 나야 하며, 약간의 풀냄새나 사과향이 날 수도 있다.

둘째, 색깔은 너무 신경쓰지 않아도 되는데 생산자가 일찍 수확한 올리브유로 보이기 위해 나뭇잎 같은 색소를 더할 수도 있다. 그리고, 약간의 불투명성은 나쁜 것이 아니다. 많은 감정가들이 약간의 과일 침전물은 올리브유에 풍부한 맛을 더한다고 말한다.

셋째, 맛은 좋은 올리브유는 입천장 뒤쪽에서 후추향의 끝 맛을 내는데, 올리브 맛 외에 수확시기에 따라 정도의 차이는 있지만 과일 맛이 난다. 올리브는 수확이 빠를수록 과일 맛은 더 강하다. 그러므로 올리브 오일의 맛을 보는 것인데, 디스푼 정도의 양의 올리브유를 입안에 넣고 공기를 들이마셨다가 뱉으면 오일의 맛과 향기를 이해하는데 도움을 준다.

3) 캐비아(Caviar)

캐비아(Caviar)

캐비아는 카스피아 해의 북이란 영해에 이상적인 자연환경에서 자라는 철갑상어의 알을 채취하여 만든 것으로 이 철갑상어는 난생(알을 낳는 것)과 태생(새끼를 낳는 것)이 있는데 그 중 난생 철갑상어의 알을 채취한 것이다. 캐비아(Caviar)의 종류에는 몇 종류가 있는데 벨루가, 오세트라, 세브루가라는 3종류의 알을 제일 알아준다.

상어를 싱싱한 상태에서 등뼈 7번째(거의 몸 중간)를 쳐서 흥분시키지 말고 살해한 후 즉시 알을 뽑아야 한다. 그렇지 않을 경우는 자체에 산성분이 발생하여 신선한 알을 채취하기 힘들다. 채취된 알을 고운 채로 걸러 바로 염장을 해야 보관이 가능하다.

신선하고 질 좋은 캐비아를 채취하기 위해 카스티 해 연안에는 많은 기지가 설치되어 있다. 영양가 면에서 캐비아는 단백질 30%, 지방 15%, 무기질(미네랄) 3%, 수분 52%로 구성되어 있다. 이는 비타민이 풍부하고 소화가 잘 되므로 환자들에게 좋으며 최근에는 스태미너식과 미용식으로 널리 주목받고 있다.

캐비아(Caviar)와 브리니(Blini)

■ **벨루가 캐비아**

최상급으로 평균 몸길이 3~4m, 몸무게 100~200Kg의 거구 철갑상어에서 추출한 것으로 알은 몸무게의 15~30% 함유하고 있다. 알이 크고 밝은 회색이며 최우수 제품이다.

■ **오세트라 캐비아**

2m 정도의 길이, 40~80Kg 몸무게의 철갑상어 알로서 무게의 15% 정도 알을 채취할 수 있다. 중간 크기의 알(좁쌀만한 크기)로서 연한 갈색이다.

■ **세부르가 캐비아**

1~1.5m의 몸길이, 몸무게 8~25Kg의 제일 작은 머리가 크고 코가 길은 철갑상어의 알이다. 1.5~3.5kg의 알을 채취할 수 있으며 알의 크기가 작고 흑색이다.

4) 발사믹 식초(Balsamic Vinegar)

이탈리아어로 '맛이 좋은' 이라는 뜻의 발사믹 식초는 이탈리아 에밀라 로마냐(Emilia Romagna) 주의 모데나(Modena)와 레지오 에밀리아(Reggio Emilia) 지역에서 만드는 식조의 일종이다. 옛날에는 약으로 사용했으며 그 향과 맛은 매우 특이한데, 전통적인 발사믹 식초의 제조 방법은 100년이 지나도 바뀌지 않고 있다.

발사믹 식초는 청포도 품종 중에서 당분이 많은 것을 사용하는데, 모데나(Modena) 지역에서 자라는 트레비아노(Trebbiano) 포도 품종을 사용한다.

전통적으로 요구하는 것은 포도의 수확 시기는 가능하면 자연적 영향을 잘 받아서 최고로 완전하게 무르익어서 당도가 아주 높을 때까지 늦게 하는데 제조 방법은 와인과 거의 같다.

포도를 수확해서 압착을 한다 → 압착한 포도 즙이 발효의 신호가 보이면 양조통으로 옮겨 시 기른다 → 즙 속의 설탕이 알코올로 변하기 전에 양조통으로 옮겨서 거른다 → 불 위에서 캐러멜화가 되도록 어느 정도의 수준까지 끓인다 → 거른 후 식혀서 통(Cask)에 옮겨서 숙성시킨다.

통의 재질은 밤나무나 앵두나무, 뽕나무로 만들어지는데, 서로 다른 독특한 맛을 내기 위하여 이용된다.

발사믹 식초에는 항산화 작용을 하는 폴리페놀이 풍부해 암을 예방하고, 올리브 오일에는 불포화지방산이 다량 함유되어 있어 콜레스테롤 수치를 낮추는 데 효과적이다.

발사믹 식초(Balsamic Vinegar)

5) 제비집(Bird Nest)

제비집은 수많은 중국 식자재 중에서도 최고 진미의 하나로서 영어로는 'Bird Nest' 로 직역되며, 중국에서는 엔조 등으로 불리고 있다. 일반적으로 바다 제비의 둥지라고 말해지고 있지만 정확히는 동굴 제비의 집이다.

바다 제비는 바위의 갈라진 틈이나 땅속에 구멍을 파서 산란을 하며, 일반 제비의 둥지와는 무관하고 작으며 날개의 길이는 12cm 정도이다. 등쪽은 옅은 흑갈색이고 배쪽은 백색을 하고 있다. 석회암의 해안에 쌓여진 절벽에 있는 동굴에 집을 만든다. 집의 재료는 주로 자기의 타액이며 그 밖에도 소량의 해초 등도 포함되어 있다. 집단으로 생활하는 습관이 있으며 다른 제비들이 그렇듯이 철새는 아니다.

주산지는 중국 남부에서 인도에 걸쳐서 많이 볼 수 있는데, 현재 주산지는 베트남, 보르네오, 수마트라, 말레이지아 등에서 싱가포르와 방콕의 화교들에 의해서 채취되고 있다.

채취 시기는 연 2회로 1월과 7월에 교미하여 알을 낳는다. 둥지를 짓는 장소는 높은 동굴의 천장이라든가 바다 쪽으로 튀어나온 절벽의 아래 쪽이어서 채취하기에도 위험한 장소이다. 요즘 장대를 가지고 목숨을 거는 제비집 채취가 행해지고 있다. 집을 지어 빼앗긴 제비는 금방 다시 훌륭한 둥지짓기를 시작한다. 그리고 두 번째로 지은 둥지도 빼앗긴 제비는, 세 번째의 둥지짓기를 한다. 이때에는 타액도 다 말라 버려서 피를 섞어 넣을 수도 있다. 제비집에 빨간 피가 들어간 것도 볼 수 있는데 맛으로는 제비집 중에서 일품이라고 할 수 있다.

제비집을 채취할 수 있는 장소는 한정되어 있고 채취기도 짧으며 산출량도 많다고는 할 수 없다. 또한 채취히기 위해서는 목숨을 걸어야 하고 위험도도 높다. 그러나 수요는 세계적으로 높아서 값이 비싼 것도 당연하다고 말할 수 있겠다. 제비집 수프는 중국 요리를 대표하는 수프로 메뉴의 처음 순서로 제공되는 것으로 수프 위에 삶은 계란 등이 장식되어 있다. 비둘기의 알이면 더할 나위 없이 좋겠지만 메추라기의 알을 대용으로 해도 좋다. 제비집 수프에는 콘도로이친이 많이 함유되어 있어서 스테미너 증강, 노화방지, 병후식에 좋다고 한다.

옛날 중국의 부자들은 나이가 들어감에 정력이 약해지는 데도 더욱 젊은 미녀들을 데리고 자기 때문에 스테미너 유지를 위해서 매일 제비집 수프를 이용했다고 전해진다. 제비집은 오랫동안 보관을 해도 벌레가 생기지 않으며 곰팡이도 생기지 않는다. 그물 모양으로 허술하게 보여도 단단하지만 무른 것이 진품이다.

6) 달팽이(Escargot)

달팽이는 프랑스 전통요리로 유명하다. 그런 연유에서인지 달팽이는 스네일(Snail)보다는 에스카르고(Escargots)라는 프랑스 이름이 더 많이 알려져 있다.

달팽이 요리에 대한 유래는 지금으로부터 500여 년 전인 15C에 당시의 대법관이 빈민구제를 위하여 자기의 토지를 포도밭으로 만들어서 백성에게 포도를 재배하게끔 하였으나 달팽이들이 포도의 잎사귀를 갉아먹기 때문에 이를 박멸시키기 위해 농민들로 하여금 달팽이를 잡아먹게 하였다.

달팽이 요리는 프랑스에서 일단 생선요리로서 취급하지만 보통 전채요리로서 애호되고 있다. 또, 한밤중의 식물이라고 불려지고, 음악회와 연극이 끝난 뒤에 즐겨먹는 요리이다.

에스카르고의 본고장은 중부 프랑스의 보르고뉴(Bourgogne) 지방이다. 이 지방은 포도주를 많이 생산하는 지방으로 유명하지만, 에스카르고의 명산지로도 유명하다. 달팽이의 수요가 세계적으로 증가추세에 있고, 양식에 의한 공급도 연중 언제든지 제공할 수 있기 때문에 어느 정도는 대중화가 되어 있는 요리이다.

달팽이 살에는 '뮤신'이라는 점액이 있는데 이것이 조직의 수분을 유지시키고 혈관, 내장 등에 윤기를 주게 된다. 달팽이의 유통기관을 늘리기 위해서 통조림을 만들어 공급하기도 하는데 통조림은 다른 특별한 양념을 하기보다는 소금과 물만을 이용하여 익힌 것으로, 소스나 다른 양념을 사용함으로써 맛에 대한 변화를 다양하게 낼 수 있다.

세계 3대 진미의 유래

서양요리에서 3대 진미를 말한다면 철갑상어알(Caviar), 거위간(Foie Gras), 송로버섯(Truffle)을 들 수 있다. 송로버섯의 유래는 533년 이탈리아 피렌체의 유명한 가문 메지치의 딸 카틀린이 프랑스왕 앙리 2세에게 화려하게 시집을 갔는데, 이날을 프랑스 요리 역사상 기념해야만 할 날로 하였다. 이탈리아 르네상스의 호화스럽고 찬란한 분위기와 음식문화에 초대되었기 때문이다. 카틀린 주최의 만찬에서 프랑스인들을 우선 트류플에 매료가 되었는데, "어쩌면 이렇게 진한 향기가 나는 것일까?", "식탁의 검은 보석이다"라고 찬사를 보냈다고 한다. 이후 프랑스 사람들은 송로버섯을 찾으려고 혈안이 되었는데, 30cm 땅속에서 자라기 때문에 사람의 힘으로 찾을 수 없어서 개나 돼지가 그 임무를 맡고 있다.

캐비아(Caviar)는 철갑상어알로서 진줏빛의 회색에서 연한 갈색까지 여러 가지가 있는데, 페르시아어에서 유래한 것으로 '알'을 뜻하는 khaya와 '낳음'을 뜻하는 dar가 합쳐진 말에서 비롯되었다.

푸아그라(Foie Gras)는 거위간으로 고대 이집트에서 유래된 것으로 '지방간'이라는 뜻의 프랑스어이다. 생산 방법이 비윤리적이고 이 과정에서 죽는 거위도 많아 동물학대 논란이 끊이지 않고 있다. 이를 만들기 위해서는 거위를 좁은 곳에 가둬 놓고 강제로 먹이를 먹이거나 25cm가 넘는 쇠 파이프를 거위의 목구멍으로 넣어서 1kg 정도의 먹이를 하루 세 번씩 강제로 거위 뱃속에 집어넣는다. 이에 반해 프랑스는 푸아그라가 프랑스의 '문화유산'이라는 법을 만장일치로 통과시켜서 보호해야 할 음식이고 귀중한 유산이라고 정해 동물학대 논란에 맞섰다.

제7장

허브와 향신료

1. 허브의 정의

신선한(Fresh)한 식물의 잎만을 사용하여 향기나 향미를 내게 하는 식물을 말한다. 다시 말하면 허브는 신선한 상태에서 사용하는 것을 의미한다. 허브의 어원은 '푸른 풀'이라는 뜻을 갖고 있는 라틴어의 허바(Herba)에서 유래가 되었으며, 허브(Herb)는 고대에는 향과 약초라는 의미로 일컫는 단어였지만 현대에 와서는 약, 요리, 향료, 살균, 살충 등에 사용되는 식물 전부를 의미하게 되었다.

허브는 약초이다, 허브는 향초이다, 허브는 채소이다, 허브는 향신료이다.

1) 허브의 여러 가지 이용법

(1) 심신을 안정시키고 진통과 진정 등의 치료가 목적인 치료약으로서 사용한다.

(2) 약재로 사용하기 위해서 허브의 성분을 침출하여 얻은 침출액, 달이는 것, 찜질 등에 사용한다.

(3) 조리 시 육류나 생선요리의 역한 냄새를 제거해 주며, 향기를 부여해 주고, 착색 및 방부 효과를 준다.

(4) 식욕촉진과 소화흡수를 돕는다.

(5) 허브차를 비롯하여 각종 방향제와 요리의 재료, 관상용으로도 많이 활용되고 있다.

2. 향신료의 정의

조리할 때 음식물에 풍미와 향기를 주어 식욕을 촉진시키는 천연 식물성 물질을 말한다. 서양에서는 주로 식물의 신선한 잎, 줄기, 뿌리, 열매 등을 말려서 잘게 썰거나 입자가 곱게 갈아진 상태를 말하는데, 주로 음식을 만들 때 허브는 마지막에 넣는 것이 좋고, 향신료는 처음에 넣는 것이 좋다.

우리나라에서는 향신료를 양념이라 하며, 영어로는 "Spice"라고 한다. 또한 향신료는 향미료와 착색료 등으로 사용이 되고 있다.

1) 발달배경

첫째, 서양에서 발달했다.

둘째, 그 당시 유럽의 음식이 맛이 없었다.

셋째, 약품으로 사용되었다.

넷째, 흥분 또는 마취 효과가 있고 미약(媚藥)으로도 사용되었다.

3. 허브와 향신료의 활용

현재 우리 국민의 식생활 패턴은 서구화되고 있다. 채식문화에서 육식의 문화로 전환되면서 향신료와 허브에 대한 관심도가 한층 높아져 가고 있으며, 스트레스를 해소하는 정신적인 치료라든지 미용, 다이어트, 노화방지, 건강증진 등 그 이용 범위가 점차 확대되고 있는 실정이다.

1) **허브를 이용한 오일드레싱**(Herb Oil Vinaigrette) 올리브 오일에 허브를 넣어 드레싱 오일로 전채요리, 샐러드, 해산물 마리네이드에 사용한다.
2) **식초**(Vinegar) 과일을 이용한 식초에 허브를 담궈 만드는 식초이다.
3) **피클**(Pickle) 채소에다 식초, 향신료, 허브, 설탕 등을 함께 넣고 절인 식품이다.
4) **허브 샐러드**(Herbs Salad) 샐러드에 허브를 섞어 사용한다.
5) **허브차**(Herb Tea) 각 식물마다 함유된 성분으로 차를 끓이며 신체기능을 정상화해 준다.
6) **약술** 취침 전 신진대사 촉진, 소화흡수를 위해 사용한다.

4. 종류와 용도

1) 바질(Basil)

민트과 식물로 인도를 중심으로 한 동아시아와 중유럽이 원산지이다. 꽃과 잎을 이용하며, 전채요리, 수프, 생선과 고기요리, 스튜, 샐러드에 많이 이용되며, 특히 이탈리아 요리에 필수적인 향신료다.

2) 타라곤(Tarragon)

유럽이 원산지며, 잎을 주로 사용한다. 계란 요리, 생선, 수프, 샐러드, 피클, 소스와 드레싱에 사용된다.

3) 처빌(Chervil)

온대지방에서 서식하는 미나리과 식물로 파슬리와 향이 비슷하며, 잎을 주로 사용한다. 치즈, 생선, 가금, 샐러드 등에 사용한다.

4) 고수(Coriander)

미나리과 식물로 실무에서는 Chinese Parsley라 칭하기도 한다. 중국과 남부프랑스 그리고 모로코가 원산지로 알려져 있다. 줄기와 잎, 꽃의 향을 이용한다. 카레, 케이크, 빵, 소스, 소시지 등에 이용한다.

5) 딜(Dill)

북부 유럽이 원산지며, 씨와 줄기 그리고 잎을 이용한다. 각종 생선요리는 물론이며, 채소 피클, 샐러드, 드레싱, 훈제 연어와 절인 연어, 소스와 수프요리에 사용한다.

6) 펜넬(Fennel)

딜과 향이 비슷하며, 생선요리에 주로 사용된다. 줄기는 요리에 이용되며, 씨는 향신료로 이용한다. 북유럽의 요리에서 많이 사용하며, 수프와 빵에 사용한다.

7) 다임(Thyme)

지중해가 원산지이며, 꽃과 잎을 사용한다. 향이 좋아 백리까지 냄새가 난다고 하여 백리향이라고 부른다. 쇠고기, 양고기, 사슴, 가금류, 소, 돼지, 소스, 수프 등의 다양한 요리에 사용한다.

8) 마조람(Marjoram)

지중해가 원산지로 박하류에 속하는 초본 식물이다. 잎을 말려 사용하며, 건조한 곳에 밀봉하여 저장하여야 한다. 육류 요리, 수프, 소스에 주로 사용한다.

9) 민트(Mint)

Apple Mint, Spear Mint, Pepper Mint 등이 실무에서 사용되고 있다. 알코올과 캔디, 음료 등의 방향제로 이용되며, 양고기요리에는 필수적으로 사용되고 있다. 디저트나 과일에 곁들여 사용되기도 한다.

10) 오레가노(Oregano)

민트과의 식물로 미대륙과 이탈리아가 원산지로 알려져 있다. 수프와 소스, 파스타와 피자, 육류요리 등에 사용된다.

11) 파슬리(Parsley)

지중해 연안이 원산지이며, 잎과 줄기 그리고 꽃을 사용한다. 채소, 수프, 소스, 육류 요리, 생선요리 등에 다양하게 사용된다.

12) 로즈마리(Rosemary)

지중해 연안이 원산지며, 박하식물에 속하는 잡목의 잎을 주로 이용한다. 주로 돼지 요리, 양고기, 오리, 사슴, 멧돼지 등과 같은 고기의 요리에 사용되는 향신료다.

13) 세이지(Sage)

박하류에 속하는 식물로 유럽이 원산지다. 토마토 소스, 소시지, 돼지고기, 송아지, 소스와 수프 등에 사용된다.

14) 주니퍼 베리(Juniper Berry)

유럽이 원산지이며 삼나무과에 속하는 식물로 콩알만한 크기의 열매를 사용한다. 사워크라우트, 스튜 등에 사용한다.

15) 겨자 씨(Mustard Seed)

겨자나무의 씨앗을 향신료로 사용하는데, 겨자씨는 샐러드와 소스, 피클과 소시지 등을 만드는데 사용된다. 겨자씨를 갈아서 겨자 소스로 만들며, 다른 향료와 식초를 혼합하여 맵고 신맛의 겨자 크림을 만든다.

16) 육두구(Nutmag)

인도네시아의 모루카 섬이 원산지다. 열매의 씨를 분말로 만들어 향신료로 이용한다. 디저트 요리에 많이 사용하며, 그 외에도 거의 모든 육류 요리, 수프와 소스에 사용된다.

17) 후추(Peppercorn)

동남아가 원산지로 덩굴나무의 열매를 채취한 것이다. 덜 익은 파란 열매로 얻은 Green Peppercorn, 약간 익었으나 아직 덜 익은 Black Peppercorn, 완전히 익은 Pink Peppercorn, Pink Pepper의 껍질을 완전히 벗겨낸 White Peppercorn 등이 있다. 후추는 방향성이 강하고 살균력이 있기 때문에 소독제로 이용되기도 한다. 특유의 향 때문에 거의 모은 요리에 사용된다.

18) 터메릭(Turmeric)

생강과에 속하는 노란 색의 방향성 식물로 인도가 원산지로 알려져 있다. 피클, 계란, 가금, 소시지, 생선요리 등에 사용된다. 물에 용해가 잘되며, 노란색의 염료로 사용되기도 한다.

19) 계수잎(Bay Leaves)

상록관목으로 잎에서 나오는 향을 이용하며, 이탈리아와 그리스, 터키를 중심으로 한 지중해 연안이 원산지다. 거의 대부분의 가열하는 요리에 사용한다. 생선, 가금, 육류, 수프, 소스, 피클 등을 만드는데 이용한다.

20) 카이엔 페퍼(Cayenne Pepper)

작으나 매운 고추의 일종으로 미세한 분말로 만들어 사용한다. 생선요리와 육류 요리에 주로 사용하며, 드레싱과 소스에도 사용한다.

21) 계피(Cinnamon)

중국과 인도에 서식하는 계피나무에서 나오는 향을 이용한다. 주로 밀가루로 만드는 케이크나 쿠키, 한식의 수정과 등에 이용한다. 한약재로 사용하기도 하며, 기름을 추출하여 향료로 이용한다.

22) 정향(Cloves)

인도네시아의 열대식물로 개화하기 진의 꽃봉우리를 따서 말린 것이다. 강한 방향성과 살균력이 있이 구강 소독제의 원료로 사용하기도 한다. 요리에는 고기 졸임, 생선, 피클, 채소피클, 육류 수프 등을 만드는데 이용한다.

바질(Basil) 1

바질(Basil) 2

타라곤(Tarragon) 1

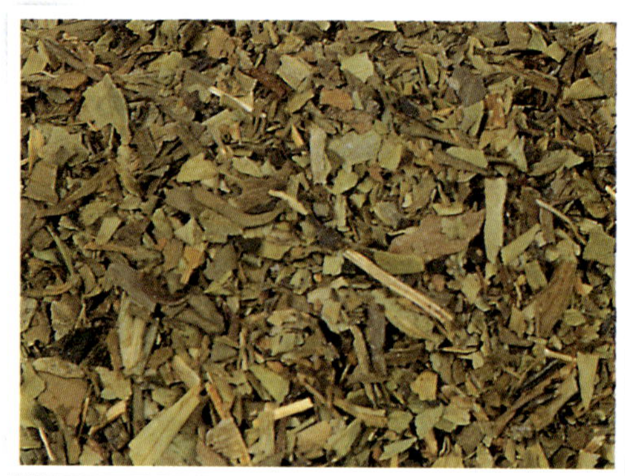

타라곤(Tarragon) 2

처빌(Chervil) 1

처빌(Chervil) 2

고수(Coriander) 1

고수 씨(Coriander ; Seed) 2

딜(Dill) 1

딜(Dill) 2

다임(Thyme) 1

다임(Thyme) 2

마조람(Marjoram) 1

마조람(Marjoram) 2

민트(Mint) 1

민트(Mint) 2

오레가노(Oregano) 1

오레가노(Oregano) 2

펜넬(Fennel)

파슬리(Parsley)

로즈마리(Rosemary) 1

로즈마리(Rosemary) 2

세이지(Sage) 1

세이지(Sage) 2

주니퍼 베리(Juniper Berry)

겨자 씨(Mustard Seed)

육두구(Nutmag)

파란 통후추(Green Peppercorn)

검정 통후추(Black Peppercorn)

흰 통후추(White Peppercorn)

빨간 통후추(Pink Peppercorn)

터메릭(Turmeric)

월계수 잎(Bay Leaves)

카이엔 페퍼(Cayenne Pepper)

계피(Cinnamon)

정향(Cloves)

제8장

기본 조리법

동일한 식재료와 양이라 하더라도 조리방법에 따라 조리에 소요되는 시간, 맛, 색, 모양 그리고 영양가가 각기 다르기 때문에 기본 조리법을 익히는 것은 대단히 중요하다. 열의 사용여부에 따라 가열조리와 생조리법이 있으며, 가열조리법에는 굽기, 찌기, 삶기, 튀기기 등이 있다. 생조리법은 자연의 맛과 풍미를 유지하며, 샐러드, 생채나물, 과일 등이 있다.

물을 이용한 조리법으로 데치기, 삶기, 끓이기, 증기에 찌기 등이 있고, 기름을 이용한 조리법으로는 볶기, 튀기기 등이 있다. 직화열을 이용하는 브로일링, 그라땅, 로스팅과 간접열을 이용한 베이킹, 브레이징, 그레이지, 푸왈레, 스튜잉 등이 있다.

■습열조리

(1) 물이나 액체를 이용 Blanching, Boiling, Poaching, Simmering

(2) 수증기를 이용 Steaming

■건열조리

(1) 기름을 이용한 방법 Sauteing, Frying

(2) 간접열을 이용한 방법 Roasting, Baking, Grilling

(3) 직접열을 이용한 방법 Broiling, Gratin

1) Blanching(데치기)

채소, 고기류 등을 끓는 물에 순간적으로 넣었다가 찬물에 빨리 식히는 조리법이다. 뚜껑을 덮지 않아야 고유의 색을 유지할 수 있는데, 채소류를 냉동할 때, 또는 건조시키기 전의 전처리로 사용된다. 충분한 양의 끓는 물 또는 기름에 짧게 조리하는 방법으로 효소를 파괴시켜 색과 영향을 보존하기 위한 방법으로 쓰인다.

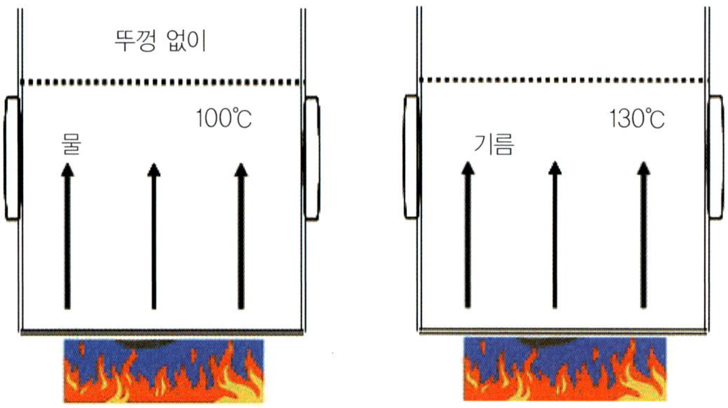

물에서 데칠 때 기름에서 데칠 때

2) Poaching(포칭 70~80℃)

달걀이나 생선 채소 등을 비등점 이하의 육수나 물에서 익히는 방법이다. 온도가 80℃를 넘지 않도록 해야 단백질의 유실을 방지하고 건조해지거나 딱딱해지는 것을 방지할 수 있다.

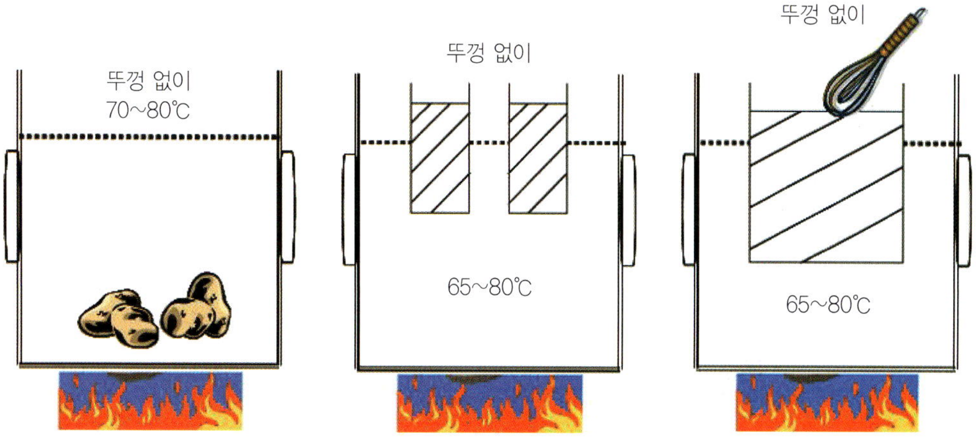

Stock이나 Court Bouillion을 이용하여 삶는 경우　　중탕을 할 경우　　저어야 할 경우

3) Boiling(삶기)

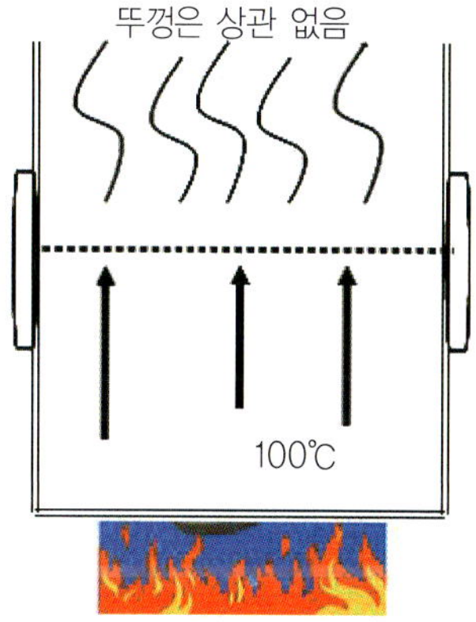

경우에 따라서 찬물이나 뜨거운 물을 선택하여 사용할 수 있으며 뚜껑도 자유롭게 사용할 수 있다. 온도는 100℃의 비등점에서 삶는다. 식품에 함유된 섬유질 등 영양소의 일부를 분해하거나 연하게 하여 먹을 때 맛을 더 많이 느끼게 하고 소화 흡수를 돕는다.

4) Steaming(증기를 이용하여 찌기)

70℃~80℃의 물이나 스톡을 포트에서 식품이 완전히 잠기도록 담고 뚜껑을 덮지 않고 조리하는 방법을 말한다. 가열된 수증기가 재료의 사이사이로 전해 올라가므로 식품의 모양이 흐트러지지 않는 장점이 있으며 수용성 성분의 손실이 끓이기에 비해 적고, 식품이 지니고 있는 풍미도 그대로 남는다.

압력 없이 찌는 방법

압력을 가해 찌는 방법

5) Deep Fat Frying(튀기기)

기름을 이용하여 튀기는 방법 즉 튀김기를 이용한 Deep Fat Frying과 Pan을 이용한 Sauteing의 두 가지 방법이 있다. Oil과 같은 지방 속에 담궈서 조리하는 방법으로 조리속도가 매우 빠르다. 그 이유는 Oil의 열전도율은 공기의 열전도율의 약 6배이며 물의 전도율보다 높기 때문이다. 재료에 따라서 차이는 있으나 튀김온도는 170℃~180℃가 적당하다.

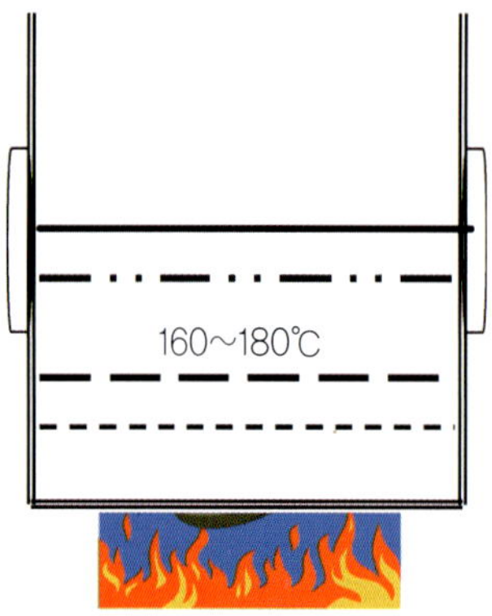

튀김기를 이용하여 튀길 경우

Sauté Pan을 이용하여 튀길 경우

6) Saute(순간 볶기)

팬을 뜨겁게 가열하여 적은 양의 기름을 두르고, 가열하여 빠르게 볶아내는 조리방법을 말한다.

7) Broiling(석쇠구이)

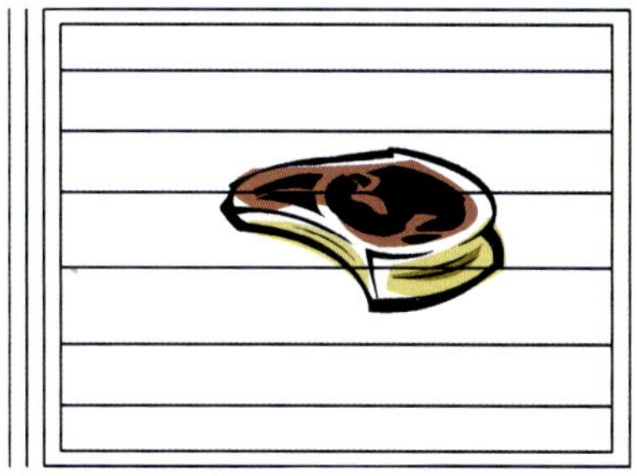

직화조리법으로 Broiler와 하방가열(under heat) 방법이 있는가 하면 Sala-mander와 같은 상방가열(Over heat) 방법, Toaster와 같은 쌍방가열(Between heat) 방법이 있다.

철판을 이용한 Grilling

이것은 가스(Gas)나 전기를 이용하여 철판을 달구어서 뜨겁게 한 다음 굽는 방법으로 "철판구이"라고도 부른다. 간접열을 이용한 방법으로 석쇠를 이용하여 굽는 것에 비해 간편하나 줄무늬를 나타낼 수 없는 단점이 있다.

8) Baking(오븐 굽기)

오븐을 일정한 온도로 예열시키고 식품을 시트 팬 또는 몰드에 담아 익혀 내는 조리방법을 말한다. 이 조리방법은 고온 건조한 공기의 대류현상을 이용한 오븐구이 조리법으로 제과·제빵류, 육류 로스팅, 감자구이(Baked Potato) 등을 할 때 주로 이용한다.

오븐에서 건조열의 대류현상을 이용한 조리방법으로 조리속도는 비교적 느리지만 음식물의 표면에 접촉되는 건조한 열은 그 표면을 바싹 마르게 구워주어 그 맛을 높여준다.

9) Gratinating(그라탱)

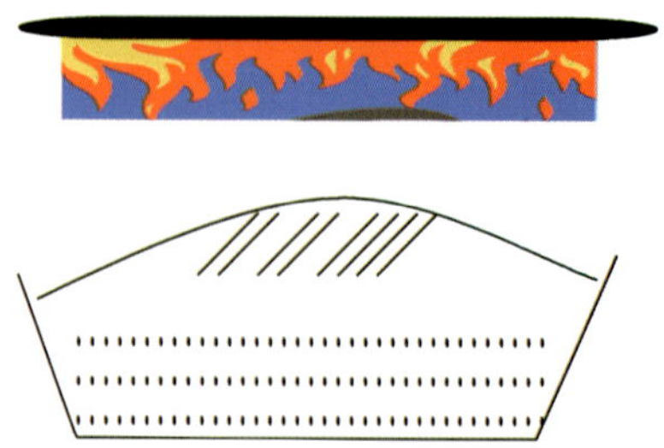

감자, 파스타, 생선, 채소 등의 다 익은 음식을 마무리 단계에서 윗면에 버터나 계란, 치즈, 크림, 홀랜다이스 소스 등으로 뿌려서 갈색이 나도록 조리하는 방법을 말한다. 일반적으로 살라만더(Salamader)나 오븐 속에서 열을 가해 색깔을 내는데, 이때 불의 온도는 250℃~300℃가 적당하다. 이러한 방법으로 조리를 하는 요리에는 생선, 육류, 가금류, 채소, 감자, pasta 등이 있다.

10) Roasting(로스팅)

큰 덩어리로 된 육류(Rib Eye, Sirloin)나 가금류 등을 미리 표면에 색을 내어 오븐에서 굽는 조리방법으로 뚜껑을 덮지 않고 향신료를 뿌리거나 버터를 발라주며 150℃~250℃ 온도에서 굽는다. 겉 부분이 갈색으로 색깔이 나서 풍미를 더해주는데, 가열 온도와 시간에 따라 맛과 빛깔 그리고 연성의 정도에 영향을 미친다. 저온에서 장시간 구운 것일수록 더 연하고 육즙의 손실이 없으므로 더 맛이 더욱 좋다.

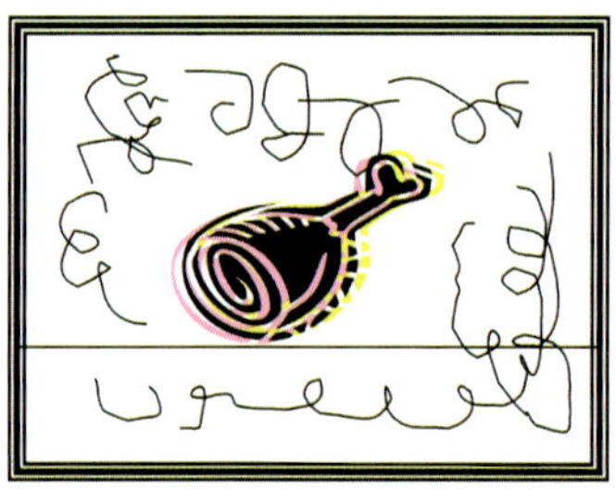

Oven 만을 이용하는 방법

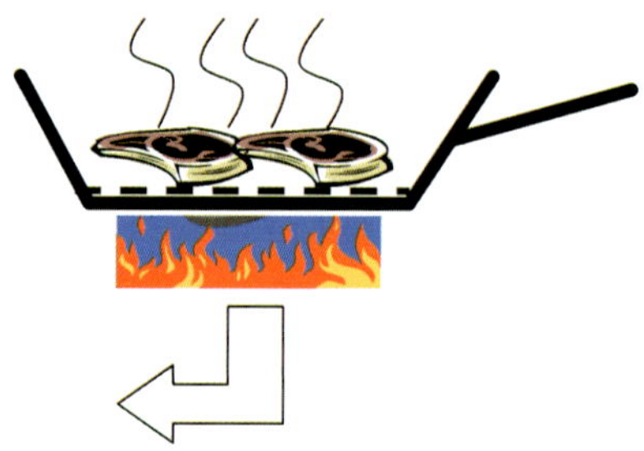

Fry Pan과 Oven을 이용하는 방법

11) Braising(브레이징)

일반적으로 오븐에서 질긴 육류나 가금류, 생선과 채소 등을 온도의 높고 낮음을 조절하여 소스를 끼얹어 가면서 조리 하는 방법을 말한다. 육류와 가금류는 하루 전에 채소와 포도주 . 그리고 각종 향신료를 넣어 마리네이드한 것을 단백질과 육즙의 유실을 방지하기 위하여 고기 덩어리의 표면을 색깔을 낸 다음 적절한 소스, 채소와 같이 소스 팬에 넣어 오븐에서 익힌다.

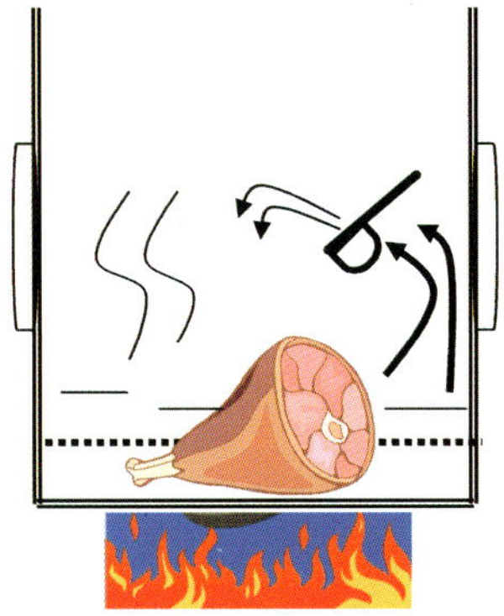

온도가 너무 높으면 육질이 질겨지므로 200℃가 적당하다.

12) Glazing(글레이징)

요리의 색깔이 윤기나게 주로 채소를 익힐 때 사용하는 방법으로 당근, 무, 양파 등과 같은 채소를 적절한 모양을 낸 다음 낮은 온도의 오븐에서 익혀내는 조리 방법을 말한다. 팬에 버터를 넣고 설탕이나 버터, 시럽을 넣은 다음 채소를 넣고 잘 섞으면 표면이 반짝반짝 빛나게 된다. 육류는 육즙을 흰색 고기는 백포도주와 갈색소스를 이용하며 채소보다는 약한 불에서 더 오래 익힌다.

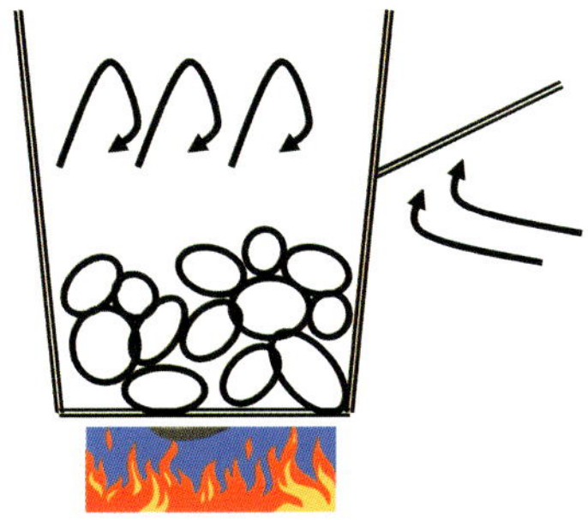

오븐의 온도는 낮은 온도로 맞추어 놓고 냄비에 액체, 버터, 채소를 넣고 졸이는 것으로 앙뜨레 요리의 채소 곁들임에 많이 사용한다. 이때 골고루 익히고 윤을 내기 위해서 냄비를 자주 흔들어 준다.

13) Blending(갈기)

채소나 과일 또는 소스를 만들 때 주스믹서를 이용하여 가는 방법이다.

14) Creaming(크리밍)

버터나 마가린, 계란 흰자위를 오랫동안 거품기로 저어주면 크림과 같이 거품이 생기게 된다.

15) Whipping(거품내기)

생크림, 계란 흰자위, 버터 등을 거품기로 저어주면 거품이 발생한다.

16) Poeler(쁘알레)

육류와 가금류의 조리법으로 고기 덩어리 아래에 향신료를 섞은 여러 가지 채소(Aromatic Garnish)를 깔고 팬의 뚜껑을 덮은 다음 나중에는 뚜껑을 열고 갈색이 날 때까지 오븐에서 익힌다. 주로 가금류와 연한 고기 덩어리를 조리할 때 사용하는 방법이다. 이때 Oven의 온도는 140℃~160℃가 적당하다.

채소에서 수분이 생겨 육류의 건조를 억제하고 향과 풍미를 더해준다. 소스를 계속해서 고기에 뿌려주어 육질을 연하고 담백하게 익힌 다음 고기 덩이만 꺼낸다. 채소와 소스는 백포도주나 갈색소스를 첨가하여 걸러서 소스로 사용한다.

17) Stewing(스튜)

기름으로 식품을 스튜하고 낮은 온도에서 뚜껑을 덮고 조리하는 방법을 말한다. 경우에 따라서 소량의 액체를 첨가하여 생선, 채소, 과일 또는 작은 고기 덩어리를 익힐 때 사용한다. 이때 불의 온도는 120℃~140℃ 정도가 적당하다.

기본 조리법

① Baking : 오븐구이

② Blanching : 데치기

③ Boiling : 삶기(100℃의 비등점으로 가열하는 조리법)

④ Blanding : 갈기

⑤ Braising : 질긴 육류의 조리법

⑥ Creaming : 버터, 마가린, 계란 흰자를 거품기로 저어주면 크림과 같이 부드럽게 하는 방법

⑦ Glazing : 조림

⑧ Gratinating : 음식의 윗면에 갈색이 나도록 하는 조리 방법

⑨ Grilling : 철판구이

⑩ Poaching : 계란, 생선, 계란 등을 비등점 이하에서 조리하는 방법

⑪ Roasting : 오븐 로스구이

⑫ Sauteing : 순간 볶음

⑬ Simmering : 비등점 이하에서 장시간 삶는 조리법

⑭ Steaming : 증기 찌기

⑮ Whipping : 거품내기

계량 단위(Weight and Measure Conversion)

세계적으로 일반화된 계량 단위로는 18세기 프랑스에서 개발한 계량방법으로 무게는 g, 부피는 ℓ, 길이는 미터(m)가 일반적이나 영국과 캐나다 등에서 사용하는 계량단위는 무게 측정에는 온스(Ounce)와 파운드(Pound)를 사용하고, 부피 측정에는 파인트(Pint)와 액체는 온스(Ounce)가 사용되며, 미국에서의 계량단위는 무게 측정에는 온스가 사용되고 부피는 컵이 사용된다.

재료의 각 성분을 체적으로 정확하게 계량하려면 정확한 계량 기구를 올바른 방법으로 사용하는 것이 필수적이며, 계량단위는 다음과 같이 사용한다.

1파운드(pound) = 16온스(ounce/oz) = 453.59g
1oz = 28ml
1kg = 2.2pound = 35.27oz.
1gallon(갤런) = 4quarts(쿼트) = 4.546L(리터)
1Cup = 240cc = 240ml = 16TS
1TS = 15cc = 15ml
1ts = 5cc = 5ml
1ounce(온스) = 28ml
1ℓ = 1,000ml

■ 온도 환산표(Temperature)

섭씨(℃) = 5/9(℉−32) = (℉−32)÷1.8
화씨(℉) = 9/5×℃+32 = (1.8×℃)+32

제9장

채소 썰기 및 가니쉬(Garnish)

채소는 여러 가지 다양한 요리에 사용되고 있는데, 채소의 써는 방법을 자유롭게 응용하여 조리할 때 첨가함으로써 음식의 질을 향상시키는데 도움을 준다. 아무리 동일한 종류의 채소일지라도 요리의 종류에 따라 모양과 크기를 다르게 해야 그 요리의 독특한 맛을 느낄 수 있고, 시각적으로 보기에도 좋다.

채소를 모양 있고 보기 좋게 써는 방법에는 다음과 같은 종류가 있다.

1. 채소 썰기 기술(Vegetable Cutting Skill)

1) **Allumette** 성냥개비 모양으로 썰기. 64mm×3~2mm×3~2mm

2) **Batonnette** 작은 막대 모양으로 길게 썰기. 64mm×6~4mm×6~4mm

3) **Brunoise** 3mm 정육면 주사위 모양으로 가장 작게 썰기. 수프나 소스의 가니쉬로 많이 사용한다.

4) Chateau 계란 모양으로 6cm길이로 가운데는 굵고 양끝은 가늘게 썰기

5) Chiffonade 실처럼 가늘게 썰기

6) Chopping 곱게 다지기

7) Concasse 5mm 정사각형 썰기로 주로 토마토의 껍질을 벗기고 씨를 제거하여 썰어서 가니쉬나 소스에 사용한다.

8) Cube 가로, 세로 2cm 정도의 정육면 썰기

9) Dice 1cm 정도의 정육면 썰기

10) Emince 넓고 얇게 2mm 썰기

11) Julienne 2mm 두께, 5cm 길이로 얇게 채 써는 것으로 Slice Machine를 이용하면 쉽게 할 수 있다.

12) Olivette 중간 부분이 둥글게 오크통이나 올리브 모양으로 모양을 내는데, 올리베트 스쿠퍼(Olivette Scoop) 도구를 이용하여 채소를 파낸다.

13) Parisienne 채소나 과일을 둥근 구슬 모양내기

14) Paysanne 다이아몬드형으로 얇게 하여 써는 방법으로 채소 수프와 같은 요리를 생산할 때 여러 가지 채소 썰기

15) Pont Neuf 가로와 세로 1cm, 길이 6cm 길이로 French Fry Potato 모양으로 썰기

16) Vichy 당근을 껍질을 벗기고, 1cm 두께로 둥글게 썰어 가장자리 양면을 도려내는 방법, 비시한 당근은 끓는 물에 삶아 팬에 버터를 두르고 윤기를 내면서 설탕, 레몬즙, 소금, 후추로 간을 하여 만든다.

Allumette

Batonnette

Brunoise

Chateau

Chiffonade

Chopping

Cube

Dice

Julienne

Olivette

Parisienne

Pont Neuf

Vichy

2. 기타 썰기 기술(Other Cutting Skill)

1) **Segment** 오렌지, 자몽, 귤, 레몬 등 껍질을 벗기고 살만 도려 내는 것을 말한다.

2) **Musk Melon** 머스크 멜론을 반으로 잘라서 속에 씨를 제거하고 웨이지 모양으로 썰은 후, 사각으로 자른다.

3) **Vegetables Stick** 오이, 당근, 셀러리를 스틱 모양으로 자르는 것을 말한다.

4) **Pimento**(Red, Green, Yellow) 여러 가지 모양으로 자르기를 말한다.

5) **Broccoli and Cauliflower Rose** 브로콜리와 컬리플라워를 장미꽃 모양으로 보기 좋게 다듬어서 더운 채소로 사용하는데, 크기에 따라서 양을 조절한다.

Segment

Musk Melon

Vegetables Stick

Pimento Cutting Skill

Broccoli and Cauliflower Rose

3. 파슬리 다지기(Psrsley Chopped)

① 줄기와 잎을 분리한다.

② 칼로 잎을 썬다.

③ 잘고 곱게 다진다.

4. 미르뽀와(Mirepoix) 썰기

미르뽀와(Mirepoix)는 양파(Onion), 당근(Carrot), 셀러리(Celery)를 조리 시간을 고려하여 적당한 크기로 자른 것을 말하는데, 크기는 내용물의 양에 따라서 클 수도 있고 작을 수도 있다. 양파와 당근, 셀러리 양의 비율은 2:1:1 정도가 적당하다.

5. Tomato Concasse 썰기

① 토마토 꼭지를 칼 끝으로 도려내고, 윗 부분에 열십자(+) 모양으로 칼집을 작게 낸다.

② 끓는 물에 데쳐 내어 찬물에 담근 후 건져낸다.

③ 토마토의 껍질을 벗긴다.

④ 토마토를 4등분하여 씨가 빠지도록 제거한다.

⑤ 토마토를 0.5cm 정사각형으로 썬다.

Tomato Concasse 썰기 5단계

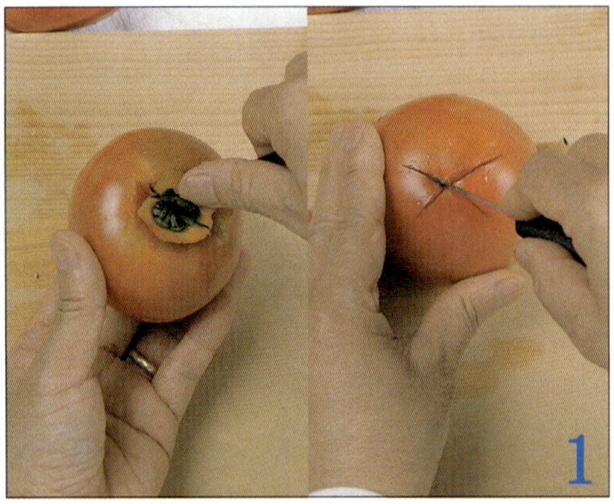

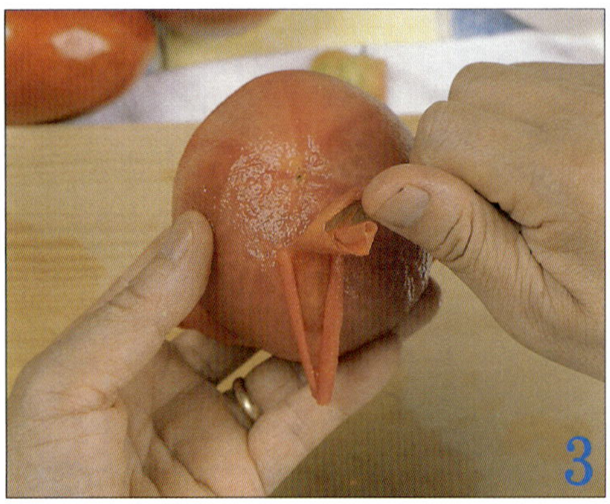

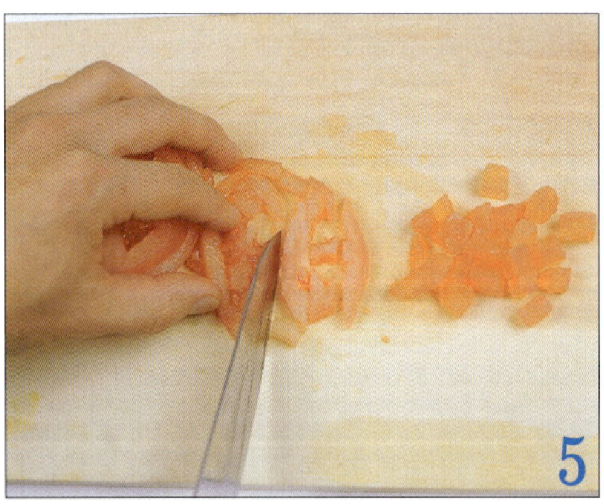

6. 피망 껍질 벗기는 방법(Basic Methods for Peeling Pepper)

1) 가스불로 구워 탄 부분을 벗겨낸다.

① 피망을 집게로 집거나 포크에 꽂아 가스불에 굽거나 석쇠 위에 올려놓고 태운 후 표면이 고르게 탈 수 있을 때까지 피망을 돌려가며 굽는다.

② 즉시 종이봉지 또는 랩으로 씌워 피망껍질에 습기가 차게 한다.

③ 피망을 손으로 만져 보았을때 차가우면 탄부분을 작은 칼을 이용하여 껍질을 벗겨낸다. 이 방법은 작은 양을 피망의 껍질을 벗길 때 사용한다.

2) 오븐

① 피망 표면에 붓을 사용하여 식용유를 약간 바른다.

② 피망을 2등분하거나 통째로 팬에 피망이 겹치지 않도록 놓고 오븐에서 굽는다.

③ 피망껍질에 물집이 생기고 색이 나면 꺼내서 씨팬이나 비닐로 덮어둔다. 증기로 인해 피망의 껍질을 쉽게 벗기기 위함이다.

④ 피망의 껍질을 칼로 벗긴다. 많은 양의 피망을 벗길 때 사용한다.

3) 기름에 튀겨서 벗기는 방법

① 집게와 튀김 바스켓을 이용하는 방법으로 165℃로 뜨기운 기름에 피밍을 넣는다.

② 피망을 180℃로 가열된 기름에 넣고 충분히 잠기게 한디.

③ 피망에 물집이 생길 때까지 완전히 튀긴다.

④ 튀긴 피망을 건져서 기름을 제거하여 랩으로 싼다.

⑤ 칼로 피망의 껍질을 벗긴다.

7. 채소 가니쉬(Vegetables Garnish)

1) 더운 채소(Hot Vegetables)

(1) Tomatoes and Zucchinis Galette(토마토와 호박 갈라떼)

얇게 자른 토마토와 호박에 다진 마늘과 다임, 파슬리에 올리브 오일을 섞어서 양념을 뿌리고 소금과 후추로 간을 한다. 적당한 크기의 원형 용기 또는 기름 종이에 오일을 바르고 토마토와 호박을 겹쳐 가면서 시계 방향으로 놓고 오븐에서 구운 후 접시에 옮겨 담는다. 주로 육류 요리와 가금류, 생선요리에 사용한다.

(2) Grilled Tomato and Zucchini, Eggplant Galette(토마토와 호박, 가지 갈라떼)

얇게 자른 토마토와 호박, 가지를 준비하여 바질, 다임, 파슬리에 올리브 오일을 섞어서 양념을 뿌리고 소금과 후추로 간을 한다. 적당한 크기의 기름 종이에 오일을 바르고 토마토와 호박, 가지 순서로 겹쳐 가면서 시계 방향으로 놓고 오븐이나 살라만더에 구운 후 접시에 옮겨 담는다. 사전에 준비해 놓고 사용하며, 주로 육류 요리에 사용한다.

(3) Grilled Tomatoes(그릴에 구운 토마토)

토마토를 약간 두껍게 잘라서 올리브 오일과 소금, 후추를 뿌려서 그릴에 굽는다. 바질, 다임, 오리가노 등 허브를 뿌려도 좋으며, 주로 육류 요리와 가금류, 생선 요리에 사용한다.

(4) Broccoli(브로콜리)

브로콜리를 끓는 물에 삶아서 팬에 버터를 녹여 윤기를 내고 간을 하여 모르네이 소스(Morney Sauce), 홀랜다이스 소스(Hollandaise Sauce), 구운 아몬드 등을 뿌려서 사용한다. 육류 요리에 적당하다.

(5) Cauliflower(컬리플라워)

컬리플라워를 끓는 물에 삶아서 팬에 버터를 녹여 윤기를 내고 간을 한 후에 홀랜다이스 소스(Hollandaise Sauce)를 뿌려서 사용한다. 육류 요리의 더운 채소에 적당하다.

(6) Brussels Sprouts(브루셀 스프라우트)

어린 양배추인 브루셀 스프라우트를 끓는 물에 삶아서 물기를 제거한다. 팬에 양파와 베이컨을 잘게 썰어 볶은 후에 삶은 브루셀 스프라우트를 넣고 간을 하여 색깔이 나지않게 불 조절을 잘하여 볶는다. 육류나 가금류 요리의 더운 채소로 사용하기에 좋다.

(7) Grilled Egg Plant(숯불 그릴에 구운 가지)

가지를 적당한 두께로 썰어서 숯불 그릴(Charcoal Grilled)에 구운 후, 올리브 오일에 잘게 다진 마늘, 다임, 바질, 파슬리 등을 섞어서 구운 가지에 버무린다. 사용할 때 용기에 담아서 오븐이나 살라만더에 데워서 접시에 보기 좋게 담는다. 육류 요리의 더운 채소로 사용하기에 좋다.

(8) Grilled Endives(숯불 그릴에 구운 앤다이브)

앤다이브를 숯불 그릴에 구워 간을 하여 다진 마늘, 파슬리 등을 뿌린 것으로 주로 육류 요리와 가금류, 생선요리에 사용한다.

(9) Braised Endives(브레이징 한 앤다이브)

치킨 스톡에 베이컨, 향신료, 설탕, 레몬즙을 넣고 앤다이브를 담궈서 브레이징한다. 주로 육류 요리와 가금류, 생선요리에 사용한다.

(10) Glazed Carrot Vichy(당근 비쉬)

당근을 비쉬로 깍아서 끓는 물에 삶은 후, 팬에 버터를 녹여 당근을 넣고 윤기를 내고 설탕, 레몬즙, 소금, 후추로 간을 하여 완성한다. 주로 주요리 중에서 쇠고기 스테이크에 더운 채소로 사용한다.

(11) Glazed Carrot Chateau(당근 샤또)

당근을 샤또 모양으로 깎아서 끓는 물에 삶은 후, 팬에 버터를 녹여 당근을 넣고 윤기를 내고 설탕, 레몬즙, 소금, 후추로 간을 하여 완성한다. 주로 주요리 중에서 쇠고기 스테이크에 더운 채소로 많이 사용한다.

(12) Glazed Carrot Noisette(당근 누와제트)

당근을 파르시안 스쿠퍼로 구슬모양으로 파서 끓는 물에 삶은 후, 팬에 버터를 녹여 당근을 넣고 윤기를 내고 설탕, 레몬즙, 소금, 후추로 간을 하여 완성한다. 주로 주요리 중에서 쇠고기 스테이크에 더운 채소로 많이 사용하는데 색상의 조화를 맞추기 위해서 호박, 무를 사용한다.

(13) Glazed Carrot, Turnip, Zucchini Noisette(당근, 무, 호박 누와제트)

당근과 무, 호박을 파르시안 스쿠퍼로 구슬모양으로 파서 끓는 물에 삶은 후, 팬에 버터를 녹여 윤기를 내는데, 당근만 설탕, 레몬즙, 소금, 후추로 간을 하여 완성한다. 당근 누와제트와 함께 색상의 조화를 맞추기 위해서 육류, 가금류, 생선요리에 사용한다.

2) 채소 튀김(Deep Fried Vegetables)

(1) Fried Beetroot and Potato

(비트와 감자 튀김)

비트와 감자를 껍질을 벗긴 후, 채 썰어서 160℃ 온도의 기름에 튀긴다.

(2) Fried Basil Leaf and Western Sweet Pumpkin

(서양 단호박과 바질 잎 튀김)

단호박은 겁질을 벗기지 말고, 반으로 잘라서 슬라이스 기계에 얇게 썰고, 바질은 잎을 따서 160℃ 온도의 기름에 튀긴다.

(3) Fried Leek and Lotus Root

(대파와 연근 튀김)

대파는 파란 부분을 가늘게 채 썰고, 연근은 껍질을 벗겨서 얇게 썰어서 160℃ 온도의 기름에 튀긴다.

(4) Fried Sweet Potato Slice and Cherry Tomato

(고구마와 방울 토마토 튀김)

고구마는 껍질을 벗기지 말고 슬라이스 기계에 얇게 설고, 방울 토마토는 윗 부뷰에 칼집

을 약간 내서 튀긴다. 이때 고구마는 160℃, 방울 토마토는 180℃ 온도의 기름에 튀기는 것이 적당하다.

(5) Fried Egg Plant and Garlic (가지와 마늘 튀김)

가지는 껍질째 길게 썰고, 마늘은 2/3 정도 삶아서 튀긴다.

(6) Fried Carrot(당근 튀김)

당근을 껍질을 벗겨서 채소 갱(Vegetable Gang) 기구를 이용하여 가늘게 뽑아서 160℃ 온도의 기름에 튀긴다. 주로 생선요리에 가니쉬로 생선 위에 보기 좋게 얹는다.

제10장

감자요리

1. 감자 요리의 종류

1) Boiled Potato(삶은 감자)

감자를 양 끝으로 자르고 다시 4등분 또는 6등분으로 잘라서 계란 모양으로 깍아서 삶은 다음 버터로 윤기를 낸다.

2) Chateau Potato(샤또 감자)

샤또(Chateau) 형태로 감자를 다듬어 Boiled 또는 Saute한다.

3) Williams Potato(윌리암 감자)

감자를 푹 삶아서 고운 체에 여과하여 꼭지 모양을 만든다. 밀가루→계란→빵가루 순으로 묻힌 후 스파게티를 짧게 꽂아 튀긴다.

4) Croquette Potato(크로켓 감자)

Mashed Potato를 만들어 5cm 정도의 원통형으로 만든 다음 밀가루→계란→빵가루 순으로 튀긴다.

5) Berny Potato(베니 감자)

Mashed Potato를 동그랗게 만든 다음 밀가루→계란→아몬드(Almond)에 묻혀 튀긴다.

6) Duchess Potato(더체스 감자)

Mashed Potato에 계란 노른자를 섞어 Pastry Bag에 넣고 팬에 버터를 바르고 모양 있게 짠다. 살라만더나 오븐에 갈색이 나도록 색을 낸다.

7) Anna Potato(안나 감자)

감자를 2mm 두께로 Slice하여 원형으로 자른다. 기름에 반 정도 익힌 다음 원형으로 겹으로 쌓아서 팬에 익히는 방법과, 형틀(Mould)에 겹으로 쌓아서 오븐에 익히는 방법이 있다.

8) French Fried Potato(프렌치식 튀긴 감자)

감자를 손가락 크기로 썰어서 삶은 다음 튀긴다.

9) Baked Potato(구운 감자)

감자를 깨끗이 씻어 쿠킹호일에 싼 다음 220℃의 오븐에 40분 정도 구워낸 후 자로 칼집을 내고 벌려서 사우워크림에 베이컨을 다져 볶은 것을 넣고 실파를 잘게 썰어 뿌린다.

10) Parisienne Potato(구슬모양 감자)

파라지안 스쿠퍼로 둥글게 파내어 삶아 버터에 Saute(소테)한다.

11) Farmer's Roesti(농가식 감자)

감자를 통째로 삶아서 굵게 그레이트하여 팬에 양파와 베이컨을 넣고 함께 볶은 후 원형으로 만든다.

12) Dauphinoise Potato(감자 그라탕)

감자를 얇게 썰어 생크림과 계란을 넣고 혼합하여 용기에 담아서 그레이어 치즈를 뿌려서 180℃~2000℃ 오븐에 30분 정도 그라탕한다.

13) Potato Puree(감자 퓨레)

감자를 삶아서 으깬 후에 버터와 생크림을 넣고 농도를 질게 만들어서 더운 감자요리로 곁들이기도 하고 여러 가지 용도로 사용한다.

14) Lyonnaise Potato(리요네즈 감자)

프랑스 리용 지방식 감자를 말하는데, 감자의 껍질을 벗겨서 슬라이스하여 약간 삶는다. 양파를 슬라이스하여 팬에 버터를 두르고 양파, 감자 순으로 색깔이 나게 볶는다.

15) Mushroom Potato(버섯 모양의 감자)

감자를 파르시안 나이프(Parisienne Knife)로 파서 애플 코어러(Apple Corer)로 감자의 가운데 부분을 약간 찍어서 작은 칼로 도려내면 버섯 모양의 감자가 된다. 삶아서 버터로 윤기를 내기도 하고 소테를 해서 사용한다.

16) Sauteed Potato(소테 감자)

감자 껍질을 벗기고 작은 크기로 잘라서 팬에 색깔이 나도록 볶는다. 감자의 양이 많을 때에는 감자를 약간 삶아서 볶으면 갈색의 색깔이 잘 난다.

17) Potato Chips(감자 칩)

감자의 껍질을 벗기고 슬라이스 기계에 얇게 썰어서 찬물에 담궈 두었다가 물기를 제거하고 160℃ 온도의 기름에 튀긴다.

18) Waffle Potato(와플 감자)

감자의 껍질을 벗겨서 만도린 기계로 미는 방향을 가로 세로 방향으로 밀어서 기름에 튀긴다.

Boiled Potato 1

Boiled Potato 2

Chateau Potato 1

Chateau Potato 2

Williams Potato

Croquette Potato

Berny Potato

Duchess Potato

Anna Potato

French Fried Potato

Baked Potato

Parisienne Potato

Parisienne Potato

Farmer' s Roesti

Dauphinoise Potato

Potato Puree

Lyonnaise Potato

Mushroom Potato

Sauteed Potato

Potato Chips

Waffle Potato

Farmer's Roesti 팬에 구운 농가식 감자

Quantity Produced 1portion

Roesti Potato 400g　　Gruyere Cheese Slice 40g　　Fried Egg 1ea

Roesti Potato

Potato 1kg　　Bacon 100g　　Onion Julienne 200g
Oil 30ml　　Butter 15g　　Salt and White Pepper mill

Garnish

Parsley 3g

Method

① 감자는 통째로 2/3 정도 삶아서 식힌다.

② 삶은 감자는 굵게 그레이트한다.

③ 뜨거운 팬에 슬라이스한 양파와 베이컨을 넣고 볶은 후 감자를 넣고 볶는다.

④ 부침개 만들 듯이 겉 표면이 갈색이 나게 부친다.

⑤ 치즈와 계란 프라이드, 파슬리로 장식하여 제공한다.

Dauphinoise Potato 감자 그라탕

Quantity **Produced** 20portion

Potato 1kg	Egg Whole 6ea	Fresh Cream 1ℓ
Gruyere Cheese 200g	Garlic Chopped 20g	Nutmeg 5g
Butter 30g	Salt 20g	White Pepper Ground 4g

Method

① 감자의 껍질을 벗기고 2mm 정도의 두께로 썬다.

② 생크림, 계란, 넛맥을 잘 섞고 소금과 후추로 간을 한다.

③ 그라탕용 그릇에 버터를 바르고 마늘을 뿌린다.

④ ①과 ②를 섞어서 그라탕용 그릇에 깐다.

⑤ 얇게 슬라이스한 그레이어 치즈를 표면에 뿌리고 오븐에서 구워낸다.

제11장

조식(Breakfast)

영어 "Breakfast"는 깨다(Break)와 단식(Fast)이란 말이 합쳐진 합성어로 긴 밤 동안의 공복(단식)을 깬다는 뜻이다.

아침 식사는 대체로 07:00~10:00에 먹는 식사로 하루 일과의 시작이기 때문에 그날의 컨디션을 좌우한다. 전날 저녁 식사로부터 10~12시간 공복 상태이기 때문에 위에 부담을 주지 않는 부드러운 음식이 바람직하다. 옛말에 "아침에는 임금님처럼, 점심은 왕비처럼, 저녁은 거지처럼"이란 말이 있듯이 열량 섭취 측면에서 하루를 시작하는 식사인 만큼 고열량의 요리가 좋다고 하며, 아침식사를 하면 뇌의 활동이 원활해진다.

1. 미국식 아침 식사(American Breakfast)

주스, 빵, 계란 요리 그리고 커피나 홍차로 구성된다. 계란 요리엔 햄, 베이컨, 소시지가 곁들여진다.

- A Choice of Juices(선택한 신선한 과일 주스)
- Basket of Roll and Toast(갓 구운 롤과 토스트)
- Two Eggs any Style with Ham, Bacon or Sausage (두 개의 계란 요리와 햄 또는 베이컨)
- Coffee or Tea(커피 또는 홍차)

2. 콘티넨탈 아침 식사(Continental Breakfast)

대륙식 조식이라고도 하며, 주스, 빵, 커피나 홍차로 구성되는 간단한 아침 식사이다.

- Fresh Fruit Platter(신선한 생과일 주스)
- Basket of Roll and Toast(갓 구운 롤과 토스트)
- Coffee or Tea(커피 또는 홍차)

3. 아침 뷔페(Breakfast Buffet)

호텔에서 객실을 이용하는 고객을 위하여 제공되는 조식이다. 다양한 아침 식사를 원하는 고객과 비즈니스 및 관광 등으로 시간적 여유가 없는 고객들에게 시간적으로 자유롭고 기호에 맞는 음식을 취향에 따라 마음껏 골라 식사할 수 있는 Self Service를 기본으로 하고 있으며 전 세계적으로 조식은 보편화되고 있다. 제공되는 메뉴의 구성은 주로 양식을 기본으로 Egg, Juice, Bakery, Vegetable, Fruit, Cereal, 한식류 등 다양한 음식이 제공된다.

4. 계란 요리

1) Fired Egg(프라이드 에그)

(1) Fried Egg

① **Sunny Side Up** 계란을 노른자위가 약간 익을 정도로 흰자만 익힌 것

② **Over Easy** Sunny Side Up을 뒤집어서 흰자는 익히고 노른자는 익지 않은 상태를 말한다.

③ **Over Well Done** 노른자가 터지지 않고 익은 상태를 말한다.

④ **Over Hard** 뒤집기 전에 노른자를 터트려서 뒤집어 익힌 상태를 말한다.

Sunny Side up

Over Easy

(2) Scrambled Egg(스크램블 에그)

계란 두 개와 한 스푼 정도의 생크림을 넣고 잘 저은 다음 가열된 프라이팬에 기름을 두른 후 계란을 넣고 빨리 휘저어야 한다.

(3) Boiled Egg(보일드 에그)

① Soft Boiled Egg(연숙) 끓는 물에 5분 삶는다.

② Medium Boiled Egg(반숙) 끓는 물에 8분 삶는다.

③ Hard Boiled Egg(완숙) 끓는 물에 12분 삶는다.

Boiled Egg를 주문할 때에는 반드시 삶는 시간 정도를 말해야 한다.

Medium Boiled Egg

Hard Boiled Egg

(4) Poached Egg(포치드 에그)

소량의 소금과 식초를 넣어 약하게 끓는 물(85℃~93℃)에서 계란을 깨서 넣은 후에 익혀주는 계란 요리를 말하는데, 식초인 산 성분이 단백질 성분인 계란을 응고하게 만들어 주는 원리이다.

Poached Egg

(5) Omelet(오믈렛)

보기 좋은 크기와 모양을 만들기 위하여 계란 3개를 사용하여 계란을 잘 풀어서 프라이팬에 얇게 익혀 말아서 익히는 요리이다. 계란 속에 내용물이 없이 만든 것을 Plain Omelet이라 하고, Onione, Tomato, Ham, Cheese, Bacon, Mushroom 등을 넣어서 만들어 제공한다.

• **프레인 오믈렛**(Plan Omelet) 오믈렛에 내용물을 넣지 않고 만든다.

• **치즈 오믈렛**(Cheese Omelet) 오믈렛에 치즈를 넣어 만든다.

• **햄 오믈렛**(Ham Omelet) 오믈렛에 햄을 넣어 만든다.

Omelet

• **머쉬룸 오믈렛**(Mushroom Omelet) 양송이 버섯을 넣어 만든다.

• **스페니쉬 오믈렛**(Spanish Omelet) 양파, 베이컨, 피망, 버섯, 토마토를 넣어 만든다.

(6) Eggs Benedictine(에그 베네딕틴)

머핀(English Muffin) 위에 햄과 시금치 볶은 것을 얹고, 그 위에 포치드 에그(Poached Egg)를 놓은 다음 홀랜다이스 소스(Hallandise Sauce)를 뿌려서 살라만더에 갈색의 색깔을 내서 제공한다.

5. 곡물류(Cereal)

곡물류를 재료로 가공한 것으로 양이 작은 가벼운 식사지만 미네랄이 풍부하다.

① **Hot Cereal** 보통 뜨거운 우유를 같이 제공하고 슬라이스한 과일을 곁들이기도 한다.

- Oatmeal(오트밀) 귀리(보리)죽
- Cream of Wheat(크림 휘이트) 밀죽
- Cream Beef(크림 비프) 쇠고기죽

② **Cold Cereal** 보통 찬 우유를 같이 제공하고 슬라이스한 과일을 곁들이기도 한다.

- Corn Flakes(콘 플레이크) 옥수수 낟알을 얇게 으깬 것
- Rice Crispies(라이스 크리시피) 쌀을 바삭바삭하게 튀긴 것

• Muesli(무슬리) 스위스 아침곡물로 신선한 과일과 꿀, 호두, 요구르트, 건포도 등을 넣어서 만든 건강식 오트밀

조식의 서비스 요령

① 신속, 정확, 친절의 요소가 필수적이다.

② 커피나 홍차는 식사주문 전에 제공하며 식사 중에도 더 원하는지 물어보고 더 제공한다.

③ 아침메뉴는 주스, 과일과 요구르트, 빵과 계란요리 순서로 제공한다(과일을 요구르트에 찍어 먹고 계란과 토스트를 함께 먹을 때 토스트가 식으면 맛이 없기 때문이다).

④ 주문받을 때 Fride Egg는 굽는 정도를, Boiled Egg는 삶는 시간을 정확히 묻는다.

⑤ Fried Egg는 2개, Omelet는 3개를 기준으로 한다.

⑥ 홍차는 Tea Bag 2개, 레몬 슬라이스 2조각을 제공한다(인삼차는 인삼차 2봉과 꿀 2개를 제공한다).

Spanish Omelet 스페니쉬 오믈렛

Quantity Produced 1portion

Egg 3ea
Tomato 1/6개(20g)
Onion 20g
Pimento 10g
Champignon Mushroom 1ea
Bacom 25g(1pc)
Pepper some
Tomato Concasse 10g
Salad Oil 20ml
Butter 15g
Salt and Pepper Mill

Method

① 달걀은 풀어서 체에 내린다.

② 양파, 피망, 양송이 버섯, 베이컨을 사방 약 0.5cm 정도로 썬다.

③ 토마토는 껍질과 씨를 제거하고 같은 크기로 콘카세를 한다.

④ 베이컨을 볶다가 양파, 피망, 양송이, 토마토 순으로 볶은 다음 후추, 소금으로 간을 맞춘다. 이때 토마토는 마지막에 넣는다. 왜냐하면 토마토에 수분이 많으므로 같이 볶으면 물이 생긴다.

⑤ 팬에 버터를 두르고 달걀을 잘 풀어 부어서 반 정도 익힌 다음 볶아 놓은 재료를 넣고 감싸고 프라이팬을 두드리면서 타원형이 되도록 오믈렛을 만든다.

Check Point

- 계란의 껍질이나 다른 이물질이 들어가지 않도록 유의한다.
- 코팅이 잘된 프라이팬을 사용한다.
- 내용물이 많으면 터질 염려가 있으므로 양을 조절한다.
- 오믈렛이 갈라지지 않도록 타원형으로 만든다.
- 너무 익어 굳어지거나, 익지 않은 계란이 흐트러지지 않도록 한다.

옛날 스페인 왕이 수행원을 데리고 시골길을 산책하던 중 배가 고파서 식사준비를 시켰는데 수행원은 근처 누추한 집에 가서 왕의 식사를 아무거라도 좋으니 빨리 만들어 달라고 독촉했다. 주방에 있던 남자는 달걀을 풀어 팬에 넣고 익힌 후 접시에 담아 왕에게 바쳤다. 왕은 그 남자의 동작을 보고 'Quel homme lest(정말 빠른 남자)!' 라고 불렀다. 그 후 Hommelest(오믈레스트)가 Omelette(오믈렛)으로 변했다고 한다.

제12장

샌드위치

1. 샌드위치의 정의와 종류

우리가 일반적으로 말하는 샌드위치는 '얇은 빵과 빵 사이에 버터를 바르고 채소나 고기 같은 것을 끼워 넣은 것' 을 의미한다. 형태적으로 보아 이러한 종류의 것을 크로즈드 샌드위치(Closed Sandwiches)라 하고, 밑바닥에 빵조각이 있으나 덮지 않은 것을 오픈 샌드위치(Open Sandwich)라 한다.

클럽 샌드위치(Club Sandwiches)나 비 · 엘 · 티 샌드위치(B · L · T Sandwiches) 같이 3단으로 만들기도 한다.

2. 샌드위치의 곁들임

샌드위치의 맛을 증진시키기 위하여 곁들이는 것이다. 콜슬로우 샐러드(Cole Slaw), 피클(Pickles), 프렌치 프라이 포테이토(French Fried Potatoes), 포테이토 칩(Potato Chip), 와플 포테이토(Waffle Potato), 토마토 웨이지(Tomato Wage), 그린 샐러드, 양념에 버무린 그린 · 블랙 올리브 등을 곁들이며, 그 외에도 최근에는 다양한 종류의 곁들여지는 음식이 있다.

B · L · T Sandwich 비엘티 샌드위치

Quantity **Produced** 1portion

White Bread 3pc	mayonnaise 30ml	Lettuce 60g
Tomato 90g	Bacon 80g	

Method

① 식빵을 토스트한다.
② 토마토를 너무 두껍지 않게 0.5cm 두께로 잘라 놓는다.
③ 양상추를 씻은 후 물기를 제거해 놓고, 베이컨은 기름기가 없게 구워 놓는다.
④ 식빵에 마요네즈를 바른다.
⑤ 식빵에 양상추 한 잎을 깔고 베이컨과 토마토 순으로 얹는다.
⑥ 또 다른 식빵에 위와 같은 방법으로 얹어서 나머지 식빵 하나를 덮는다.
⑦ 식빵을 4등분하여 접시에 보기 좋게 놓아서 완성한다.

Check **Point**

- 샌드위치를 자를 때는 손을 너무 누르지 말고 잘 드는 칼을 이용하여 모양 있게 자른다.
- 빵은 토스트한 다음 잘 식혀야 눅눅해지지 않는다.

샌드위치는 18세기 샌드위치(Sandwich) 백작의 이름에서 왔다. 그는 카드놀이를 매우 좋아하여 24시간 내내 쉬지 않고 카드놀이를 했다. 심지어 그는 식사시간에도 카드놀이를 하는 테이블을 떠나지 않았다고 한다. 그래서 하인들이 그에게 음식을 가져다 주었는데 그들이 갖다 준 음식은 약간의 고기와 빵이었다. 그러나 백작은 먹는 도중에도 카드놀이를 중단하고 싶지 않아서 계속 카드놀이를 위해 두 조각의 빵 사이에 고기를 넣어 먹었다고 하는데서 유래되었다.

Club Sandwich 클럽 샌드위치

Quantity **Produced** 1portion

Wheat Bread 3pc	Mayonnaise 30ml	Lettuce 60g
Tomato 50g	Avocado 30g	Egg 1ea
Bacon 30g	Chicken Breast 60g	

Method

① 식빵을 토스트한다.

② 구운 식빵에 마요네즈를 바른다.

③ 식빵에 Lettuce를 깔고 한쪽엔 Tomato, 한쪽엔 슬라이스한 Avocado를 놓는다.

④ 계란을 완전히 익힌 상태로 프라이드하고, 닭 가슴살과 베이컨은 구워 Tomato와 Avocado 위에 얹는다.

⑤ 식빵을 4등분하여 접시에 보기 좋게 놓아서 완성한다.

Smoked Salmon Sandwich 훈제 연어 샌드위치

Quantity **Produced** 1portion

Crossant 1ea	Mayonaise 30ml	Lettuce 50g
Tomato 50g	Smoked Salmon 70g	Horseradish Cream 5ml
Caper 5g	Onion Slice 14g	Kaiware 10g
French Fried Potato 30g		

Method

① 크로상은 가로로 가운데를 반으로 잘라서 마요네즈를 바른다.

② 마요네즈를 바른 크로상 위에 양상추를 깔고 토마토를 얹는다.

③ 그 위에 슬라이스한 훈제 연어를 놓고 홀스레디쉬 크림과 케이퍼, 얇게 슬라이스한 양파, 무순 순서로 얹는다.

④ 접시에 훈제 연어 샌드위치를 놓고 감자 튀김을 곁들여서 완성한다.

BBQ Chichen Sandwich 바비큐 치킨 샌드위치

Quantity **Produced** 1portion

Pita Bread 2pc	Lettuce 20g	Chicory 10g
BBQ sauce 30ml	Marinated Chichen 70g	Pineapple 50g
Hungarian Pickle 30g	Tomato or Cherry Tomato 40g	Black Oilve 1ea
Green Olive 1ea		

Method

① Pita Bread는 반을 잘라서 속을 판다.

② BBQ Sauce에 재워둔 닭고기를 Grill에 구워 스틱 형태로 잘게 자른다.

③ 파인애플도 Grill에 구워 적당한 크기로 잘라 놓는다.

④ Pita Bread 안에 양상추와 치커리를 먼저 꽂고, 닭고기, 파인애플, 피클, 토마토 등을 채운다.

⑤ 접시에 속을 채운 Pita Bread를 보기 좋게 놓고, 올리브로 장식하여 완성한다.

Buffalo Cheese Sandwich 버팔로 치즈 샌드위치

Quantity **Produced** 1portion

Round Foccacia 1ea
Tomato 50g
Basil Pesto 10ml
Mayonnaise 30ml
Buffalo Cheese 120g
Balsamic Reduce 5ml
Lettuce 60g
Arugola 7g

Method

① Foccacia 빵을 가로로 가운데 잘라서 마요네즈를 바른다.

② 양상추와 토마토를 놓는다.

③ 버팔로 치즈를 잘라서 양상추와 토마토에 얹어 놓고 바질 페스토와 발사미코 식초 졸인 것을 뿌린다.

④ 포카치아 빵을 얹고 Arugola로 장식하여 완성한다.

⑤ 발사미코 식초를 졸이는 방법은 발사미코 식초에 로즈마리, 마늘, 월계수 잎을 넣고 1/3 정도 졸인 후에 전분으로 농도를 맞추어 사용한다.

Panini Ham Cheese Sandwich 파니니 햄 치즈 샌드위치

Quantity Produced 1portion

Panini 1ea	Mayonnaise 30ml	Lettuce 50g
Tomato 50g	Cook Ham 45g	Cheese Cut Thick 35g
Green Chicoli 1pc	Black olive 5g	Green Olive 5g

Method

① 파니니의 가운데 부분을 가로로 잘라서 마요네즈를 바른다.

② 마요네즈를 바른 파니니 위에 양상추를 깔고 슬라이스 해 놓은 토마토를 놓는다.

③ Cook Ham과 슬라이스 치즈를 얹고 파니니를 덮는다. 이때 치즈는 다양한 종류의 치즈를 사용하는데 덩어리로 된 치즈는 얇게 슬라이스하여 사용한다.

④ Panini Machinie에 넣고 눌러서 그릴 모양으로 갈색의 색깔을 낸다.

⑤ 접시에 파니니를 3등분하여 치커리, 토마토 웨이지, 올리브 등을 이용하여 보기 좋게 놓고 완성한다.

Check Point

- 파니니(Panini)는 이탈리아에서 작은 빵이나 롤 빵 종류를 말하는데, 햄, 치즈 , 채소 등을 넣고 만드는 샌드위치 빵이다. 그리고 파니니는 올리브유를 넣고 만드는 빵이기 때문에 향이 좋은 것이 특징이다. 한국의 길거리에 토스트가 있다면 이탈리아에는 피니니가 있다. 또 한국에서는 소풍 메뉴 1위가 김밥이라고 할 수 있는데, 이탈리아에서는 파니니가 1위로 선호하는 음식이다.

햄버거의 유래

그 이름에서 풍기는 것처럼 가장 대표적인 것은 독일의 항구도시 함부르크의 부두 노동자에 의해 고기를 덩어리째 불에 구어 칼로 잘게 잘라먹는 스테이크가 변형됐다는 설이다.

스테이크를 먹을 때는 일반적으로 고기와 빵, 채소를 함께 먹게 되지만 과거 부두 노동자들은 점심식사를 할 때 잘 차려진 식당에서 품위 있게 식사할 수 있는 상황이 아니었다. 도시락을 지참하듯 구운 고기 덩어리와 빵, 채소를 준비해 와 식사를 했는데 그러다 보니 불편한 장소에서 칼로 고기를 자르기도 어려웠고 또 채소와 빵을 따로따로 준비하기도 번거로웠다.

그들은 이러한 불편을 해소하기 위해 고기를 굽기 전에 먼저 잘게 자르고 이것에 채소를 함께 섞어 조리해 빵과 함께 간편한 식사를 했다고 한다. 이 함부르크 스테이크가 미국으로 전파되어 시간에 쫓기며 살아가는 현대인들에게 가장 간편하면서도 영양의 조화를 이룬 햄버거로 발전하여 오늘에 이른 것이다.

함부르크의 스테이크가 빵이 되었다는 사실! 생각의 전환이 그리고 문화와 생활의 차이가 항상 새로운 음식을 창출하게 되는 이유인 것 같다.

제13장

스톡과 수프

1. 스톡(Stock)

서양요리에서 스톡은 가장 기본이자 요리의 시작이다. 스톡은 쇠고기(Beef), 닭고기(Chicken), 생선(Fish), 채소(Vegetable)와 같이 재료 본래의 맛을 낸 국물로서 요리 본래의 깊은 맛을 낼 수 있도록 만들어져야 한다.

1) 스톡(Stock)의 종류

① **White Stock** Veal Stock, Chicken Stock, Fish Stock

② **Brown Stock** Beef Stock

2) Stock 조리 시 주의사항

(1) 찬물에서 시작한다(Start the Stock in Cold Water)

찬물은 식품 중에 있는 맛, 향 등 요리의 질을 향상시키는 식품의 성분을 잘 용해시켜 준다.

- 찬물을 재료가 충분히 잠길 정도까지 부은 다음 시작한다.
- 찬물은 뼈 속에 남아 있는 핏기와 불순물을 용해시킨다.
- 열을 가하면 불순물은 굳어져서 표면 위로 떠오른다.

(2) 자연적 정화작용(Natural Clarification)

주로 뼈, 근육, 섬유질 속에 있는 Albumen, Protain 등은 찬물에 비교적 잘 용해되며 낮은 불로 서서히 끓여주며 정화작용이 활발하여 Stock의 혼탁도를 줄일 수 있어 맑은 육수를 얻을 수 있다.

Stock의 혼탁도는 일반적으로 센 불로 가열함으로써 발생한다. 왜냐하면 강한 불로 가열하면 정화작용을 하는 이들 요소(Albumen, Protain)가 식품 속에 나오지 못한 상태에서 강한 열로 인하여 고기, 뼈의 섬유조직이 파괴되기 때문이다.

(3) 거품 및 불순물을 제거한다(Skimming)

거품 제거는 혼탁도를 줄일 수 있는 아주 중요한 방법이다. 특히 처음 Stock을 가열시켜 끓일 때 발생하는 거품과 지방, 기타 불순물을 완전히 제거해야 하며, 향신료와 채소는 첫 거품 제거 작업이 끝난 다음 첨가하는 것이 좋다. 전 조리 과정에서 발생하는 거품과 기타 불순물을 계속적으로 제거해줄 필요가 있다.

(4) 센불에 시작하여 약한 불로 끓인다(Simmering)

은근히 끓이는 것은 스톡을 맑게 하기 위함이다. 육수(Stock)와 소스(Sauce)를 끓일 때는 불의 강도를 조절하는 것이 가장 중요하다. 즉 대류 작용(Convection Movement)이 육수(Stock)와 소스(Sauce)를 끓이는 용기(Pot) 속에서 발생하도록 하여야 한다. 만약 대류 작용이 일어나지 않는다면 용기의 밑 부분에 내용물이 퇴적하여 시간이 경과하면 탈 우려가 있다.

(5) 스톡 걸러내기(Strain the Stock Carefully)

고운 체나 소창으로 거른다. 뼈와 채소 등의 내용물이 부서지지 않도록 조심스럽게 걸러낸다.

(6) 냉각시킨다(Cooling)

열전달이 빠른 금속 기물을 사용하고, 가능하면 찬물에 얼음을 넣고 식힌다.

(7) 저장한다(Store)

냉장고에 보관한다. 특히 생산일자를 기입하며 냉장보관은 3~4일, 냉동보관은 5~6개월 정도 저장한다.

3) 부케가니(Bouquet Garni)

스톡이나 소스, 수프, 스튜 등과 같은 조리를 할 때 향과 맛, 풍미를 더해주기 위해 사용하는 채소 향신료 다발을 말한다. 부케가니를 만들 때 사용되는 재료에는 셀러리(Celery), 대파(Leek), 다임(Fresh Thyme), 파슬리 줄기(Parsley Stem), 월계수 잎(Bay Leaf)이 있다. 부케가니를 만드는 방법은 작은 것은 안쪽으로, 큰 것은 바깥쪽으로 겹쳐서 실로 묶는다.

대파 속에 파슬리 줄기, 다임, 월계수 잎을 넣어 만드는 부케가니

파슬리 줄기, 다임, 월계수 잎으로 부케가니를 만드는 모습

셀러리 줄기, 대파, 다임, 월계수 잎으로 만든 부케가니

파슬리 줄기, 다임, 월계수 잎으로 만든 부케가니

대파, 파슬리 줄기, 다임, 바질, 월계수 잎으로 부케가니를 만든 모습

① 양파를 반으로 잘라서 태운 것과 양파에 정향과 월계수 잎을 꽂은 것
② 양파에 정향을 꽂아 만든 부케가니

4) 스파이스 백(Spice Bag : Sachet)

작은 입자를 가진 재료들을 소창을 사용하여 주머니처럼 실로 묶은 것을 말한다. 소창 안에는 파슬리 줄기(Parsley Stem), 다임(Thyme), 검정 통후추(Black Peppercorns), Garlic Clove(마늘 한 톨), 월계수 잎(Bay Leaf)을 넣는다.

5) Mirepoix(미르뽀와) 비율

Onion Peeled and Chopped	2
Carrot Trimmed and Chopped	1
Celery Trimmed and Chopped	1

※ White Mirepoix(화이트 미르뽀와) 비율

Onion Peeled and Chopped	2
White Leek Trimmed and Chopped	2
Celery Trimmed and Chopped	2
Mushroom Trimming	1

Brown Stock 브라운 스톡

Quantity Produced 10ℓ

Beef Bone 2kg	Ice Water 15ℓ	Onion 200g
Carrot 200g	Celery 100g	Black Peppercorn 5g
Parsley Stem 5g	Garlic Clove 50g	Bay Leaf 3pc
Clove 4ea	Butter 150g	Tomato 200g

Method

① 소뼈는 잘게 잘라서 찬물에 담가 핏물을 뺀 다음 끓는 물에 살짝 데쳐내고 채소는 큼직하게 썬다.

② 팬에 소뼈는 채소를 각각 진한 갈색이 나도록 굽는다.

③ 육수 끓이는 냄비에 색깔 낸 소뼈와 채소를 넣고 부케가르니(월계수 잎, 검정 통후추, 정향, 파슬리 줄기)를 넣고 찬물을 부어 서서히 끓인다.

④ 끓이는 도중 위에 뜨는 기름과 거품을 깨끗이 걷어내고 맛이 우러나면 소창에 거른다.

Check Point

- 채소를 너무 작게 자르면 농도가 나게 되므로 큼직하면서 일정한 모양이 나도록 자른다.
- 거품과 위에 뜨는 기름을 수시로 걷어낸다.
- 스톡이 처음 끓기 시작하면 불을 낮추어 은근하게 끓도록 한다.
- 센불에 너무 많이 끓이면 스톡이 탁해지므로 끓으면 시머링 상태를 유지하면서 95℃ 온도에서 기름과 거품을 걷어내면서 은근히 끓인다.

2. 수프(Soup)

수프는 Stock(스톡)을 기초로 하여 만들며 육류, 생선, 채소, 가금류 등을 결합하여 향신료를 넣어 만든 국물이 있는 요리이다. 원래 수프의 의미는 Potage(포타지)라고 한다. Pot에서 익혀 먹다라는 어원적 뜻이 있고 영어로 Soup(수프), 불어의 Soupe(수페), 이탈리아어로 Zuppa(주빠)로 불리게 된다.

또한 당시 사람들은 Broth, Wine, Sauce 등을 Soupe란 빵에 부어 먹었다 한다. 18세기 이후에 포타지(Potage)는 영어의 Soup와 불어의 Soupe로 불리게 되었다.

Soup의 분류

① **Clear Soup(맑은 수프)** Consomme, Broth, Bouillon, Vegetable Soup

② **Thick Soup(걸죽한 수프)** Cream, Puree, Chowder, Bisque

③ **Special Soup(National Soup : 국적을 가진 수프)** Amerrican Corn Chowder, English Clam Chowder, Hungarian Goulish Soup, Italian Minestrone Soup, French Onion Soup

④ **Cold Soup(차가운 수프)** Melon Soup, Vichyssoise Cream Soup, Gazpacho, Cucumber and Yoghurt Soup

Beef Consomme 쇠고기 콩소메

Quantity **Produced** 10ℓ

Lean Ground Beef 2kg
Onion Chopped 350g
Carrot Chopped 150g
Celery Chopped 150g
Leek Chopped 100g
Garlic Chopped 10g
Fresh Tomato 1kg, Beef Stock 15ℓ
Egg White 6ea, Bay Leaf 1pc
Clove 1pc
Black Peppercorn 5g
Parsley Stalk 2g
Salt 20g
Champignon Mushroom Chopped 100g

Method

① 고기는 기름이 없는 부분으로 0.5mm 굵기로 곱게 갈아서 준비해 둔다.

② 모든 채소는 곱게 다져서 준비해 둔다. 채소의 양이 많을 경우에는 푸드 프로세서에 넣고 너무 곱지 않게 간다.

③ 계란 흰자는 위퍼로 거품이 나게 잘 쳐서 위의 재료를 모두 넣고 섞어서 손으로 버무린다.

④ 처음에는 센 불에 끓이다가 계란 흰자가 섞인 내용물이 엉기면서 떠오르면 가운데에 구멍을 만들어 거품과 불순물이 떠오르게 한다. 이때 바닥이 눌지 않도록 주의한다.

⑤ 냄비의 온도를 낮추고 시머링 상태를 유지시키면서 은근히 끓인다.

⑥ 약 2~3시간 정도 끓이면 맑은 콩소메가 된다.

⑦ 고운 체에 소창을 깔고 국자로 콩소메 국물만 떠 걸러서 용도에 맞게 사용한다.

Check **Point**

- 채소를 곱게 다질수록 좋다.
- 콩소메는 항상 차게 해서 끓여야 맑게 나온다.

Minestrone Soup 채소 수프

Quantity Produced 4portion

Olive oil 20ml	Onion Chopped 20g	Carrot 40g
Celery 40g	Zucchini 40g	Potatoes 60g
Garlic Sliced 10g	Spinach Leaf 10g	Basil julienne 1g
Green Peas 15g	Red Kidney Beans Boilled 15g	Salt & Black Pepper Mill 2g
Tomato 40g	Chicken Stock 1ℓ	Pesto Sauce 40ml
Parmesan Cheese 50g	Bruschetta : Ciabatta Bead 60g	Parmesan Cheese 6g

Method

① 당근, 셀러리, 감자, 호박을 사방 1cm 정도의 정육면체로 네모나게 썰고 토마토는 콩카세를 한다.

② 양파도 Small Dice로 썰어 놓고, 마늘은 슬라이스, 시금치 잎은 쥴리엔으로 썰어 놓는다.

③ 냄비에 올리브 오일을 두르고 마늘, 양파, 당근, 셀러리, 감자, 호박을 볶은 후에 콩과 토마토를 넣는다.

④ 닭 육수를 붓고 끓이다가 썰어 놓은 시금치와 바질 잎을 넣고 중간 간을 하여 은근히 끓여준다.

⑤ 다 끓으면 거품을 걷어내고 소금, 후추로 간을 맞춘 후 마무리한다.

⑥ 치아바타 빵에 페스토 소스를 바르고 파마산 치즈를 뿌려서 살라만더에 구워 수프와 함께 제공한다.

Check Point

- 국물과 건더기의 비율을 3:1로 한다.
- 이탈리아의 밀나노식 대표적인 수프이다.
- 미네스트론(Minestrone)이란 파스타와 채소를 넣은 수프를 뜻한다.

French Onin Soup 프렌치 양파 수프

Quantity **Produced** 1portion

Chives 15g
Black Pepper Whole Ground 0.5g
Thyme 1g
Gruyere Cheese 80g
Garlic Chopped 5g
Salt 0.5g
Beef Consome 200ml
Olive oil 5ml
Onion Peeled 300g
Bay Leaf 1pc
White Wine 7ml

Method

① 양파는 가늘게 채를 썬 다음 팬에 오일을 두르고 중불에서 갈색이 나도록 Onion Paste를 만든다.

② 냄비에 오일을 두르고 다진 마늘을 색깔이 나게 볶다가 Onion Paste, 화이트 와인을 넣는다.

③ 쇠고기 콘소메를 붓고, 월계수 잎과 다임을 넣은 후 약한 불에서 은근히 끓인다.

④ 불순물인 거품이 생기면 건져내고 더 끓여서 소금, 후추를 넣고 간을 맞춘다.

⑤ 바게트 빵은 얇게 썰어 놓고, 그레이어 치즈는 그레이트를 해 놓는다.

⑥ 양파 수프 그릇에 수프를 담고 얇게 썬 바게트 빵을 얹고 그 위에 그레이어 치즈를 뿌려서 살라만더에 갈색이 나도록 그라탕한다.

⑦ 양파 수프 위에 잘게 썬 실파를 뿌려서 완성한다.

Check **Point**

- 양파는 볶으면서 부서지지 않도록 조심스럽게 한다.
- 양파는 최대한 얇게 일정한 두께로 썰어야 한다.
- 끓일 때 뚜껑을 덮거나 센불에서 끓이게 되면 수프가 탁해지는 원인이 된다.
- 바게트 빵을 너무 두껍게 썰어 수프에 띄우면 빵이 수프의 수분을 과다하게 흡수하게 되므로 빵의 두께에 유의한다.

Asparagus Cream Soup 아스파라거스 수프

Quantity **Produced** 1portion

Asparagus Frozen 150g	Onion Peeled 40g	Leek Large 30g
Butter 15g	Chives 15g	Milk Fresh 60ml
Cream Fresh 30ml	Chicken Stock 100ml	Bay Leaf 2g
Salt 10g	Pepper White Whole Ground 5g	

Method

① 아스파라거스를 필러로 겉껍질을 제거한 후 적당한 크기로 썰어 놓는다. 아스라거스가 냉동일 경우에는 실온에서 약간 해동을 시킨 후에 손으로 껍질을 벗기면 잘 벗겨진다.

② 양파와 대파는 슬라이스해 놓는다.

③ 팬에 버터를 두르고 양파와 대파를 잘 볶은 후에 아스파라거스를 넣고 볶는다.

④ 육수와 우유를 넣고 끓이다가 생크림을 넣고 더 끓인다.

⑤ 소금과 후추로 간을 하여 믹서기에 곱게 갈아서 고운 체에 거른다.

⑥ 수프 접시에 아스파라거스 수프를 붓고 완성한다.

Cream of Broccoli Soup 브로콜리 크림 수프

Quantity **Produced** 4portion

Broccoli Cleaned 200g	Leek Large 50g	Potato 50g
Cream Fresh 50g	Butter 40g	Onion Peeled 40g
Milk Fresh 100ml	Chicken Stock 300ml	

Method

① 브로콜리 로즈 부분은 손질을 하여 잘게 썰어 놓고, 줄기는 깨끗이 씻어 잘게 썬다.

② 팬에 버터를 두르고 대파, 감자, 브로콜리 줄기 순으로 볶는다.

③ 닭 육수를 붓고 끓인다.

④ 우유와 생크림을 넣고 간을 한 후 끓으면 믹서기에 곱게 갈아서 거른다.

⑤ 수프 접시에 붓고 가니쉬하여 완성한다.

Cream of mushroom soup 버섯 크림 수프

Quantity **Produced** 1portion

Mushroom Champignon 50g	Potato 40g	Black Mushroom 50g
Cream Fresh 50ml	Butter 40g	Onion Peeled 40g
Milk Fresh 100ml	Chicken Stock 100ml	Leek Large 30g

Method

① 양송이 버섯과 표고 버섯은 흐르는 물에 깨끗이 씻어 슬라이스 하고, 양파와 감자는 얇게 썬다.

② 뜨거운 팬에 버터를 두르고 양파, 감자, 버섯을 볶는다.

③ 닭 육수를 붓고 은근히 끓인다.

④ 우유와 생크림을 넣고 간을 한 후 끓으면 믹서기에 곱게 간다. 이때 수프의 농도에 주의한다.

⑤ 수프 접시에 담아서 가니쉬하여 완성한다.

Cream of Potato Soup 감자 크림 수프

Quantity Produced 80ℓ

Onion Peeled 900g	Leek Large 200g	Potato 2,500g
Cream Fresh 1,000ml	Milk Fresh 3,000ml	Chicken Stock 6,000ml
Salt 50g	Pepper White Whole Ground 20g	Bay Leave 4g

Method

① 감자는 껍질을 벗기고 가늘고 작게 썰어서 놓는다.

② 양파와 대파는 채 썬다.

③ 냄비에 버터를 두르고 양파와 대파를 넣고 볶다가 감자를 넣고 볶는다.

④ 육수와 우유, 생크림 순서로 넣어 끓인 후 채소가 완전히 익으면 소금, 후추로 간을 한다.

⑤ 믹서기에 곱게 갈아서 수프 접시에 담아서 완성한다.

Check Point

- 감자는 될 수 있는 한 얇게 썰고 끓일 때는 은근한 불에서 끓여야 수프의 양이 많이 줄어들지 않으면서 감자가 잘 익게 된다.
- 파는 파란 부분을 사용하면 수프의 색깔이 파랗게 되므로 흰부분만 사용한다.
- 양파와 대파는 타지 않도록 볶는다.

Pumpkin Cream Soup 호박 크림 수프

Quantity **Produced** 1portion

Butter 25g
Onion Peeled 20g
Cream Fresh 25ml
Cream Fresh 40ml
Sweet Pumpkin 80g
Champignon Mushroom 25g
Leek Large 10g
Chicken Stock 300ml
Truffle White Oil 10ml

Method

① 단 호박은 껍질을 벗기고 씨를 제거해서 잘게 썰어 둔다.

② 양파와 대파, 양송이 버섯도 얇게 썰어 놓는다.

③ 냄비에 양파, 대파, 양송이 버섯을 볶은 후에 썰어 놓은 단호박을 넣고 볶는다.

④ 닭 육수를 넣고 채소가 완전히 익을 때까지 은근하게 끓인다.

⑤ 크림을 넣고 소금과 후추로 간을 한 다음 필요하면 더 끓여서 믹서기에 곱게 간다.

⑥ 위핑 크림과 실파 다진 것 등으로 가니쉬하여 완성한다.

Bouillabaise Soup 프로방스식 해산물 수프

Quantity Produced 1portion

Mussel 1ea	Clam 2ea	Shrimp 2ea
Scallop 1ea	Salmon 20g	Halibut 20g
Seabass 20g	Onion 30g	Carrot 20g
Garlic 5g	Leek 10g	White Wine 60ml
Bouillabaise Stock 250ml	Olive Oil 10ml	Tomato 30g
Thyme 1 Stem	Dill 2g	Chervil 2 Stem
Salt and Pepper Mill		

Method

① 부야 베이스 스톡을 준비해 놓는다.

② 홍합, 조개, 새우, 관자를 깨끗하게 손질하여 놓는다. 이때 새우는 내장과 등껍질을 제거하여 준비를 해 놓는다.

③ 냄비에 부야베이스 스톡을 넣고, 마늘, 파, 양파 다진 것, 백포도주를 넣고 끓인다.

④ 여러 가지 해산물을 넣고 토마토 콩카세와 향신료를 넣은 후 3분 정도 끓인다.

⑤ 해산물이 완전히 익으면 간을 맞추고 보기 좋게 접시에 담아 낸다.

Check Point

- 부야베이스(Bouillabaise)는 프랑스 남부 지방인 프로방스의 대표적인 해산물 수프이다.
- 289페이지에 있는 지중해식 해산물 요리에서 부야베이스 스톡(Bouillabaise Stock)의 재료 및 분량, 조리법에 대한 내용을 참고한다.

제14장

소스(Sauce)

1. 소스(Sauce)의 정의

소스의 어원은 Latin어의 'Sal'에서 유래하였으며 소금을 뜻한다. 기본의 역할은 요리에 풍미를 보태주는 데에 있다. 서양요리의 생명은 바로 소스의 맛이 의하여 결정된다고 하여도 과언이 아닐 것이다. 소스는 특히 주방에서는 오랫동안 조리의 경험이 있는 Saucier(소스 전문가)가 담당하며, 주방에서 가장 중요한 역할이다.

소스의 종류는 수백 종에 이를 정도로 다양하며, 소스의 기본 종류은 크게 나누어 베샤멜(Bechamel), 벨루테(Veloute), 에스파뇰(Espanole), 토마토(Tomato), 홀랜다이스(Hollandise) 등의 모체 소스(Mother Sauce)로 나눌 수 있으며, 부재료(Accessory Elements)에 따라서 다양한 파생 소스가 나온다.

소스의 구성은 Stock(Fond)과 농도를 주는 Liaison이 기본 재료가 되고, 부재료를 첨가하는데 따라 파생 소스를 만들 수 있다. 소스는 육수, 와인, 부재료 등의 모든 재료가 조화 있게 결합하여 그 소스의 독특한 맛을 낸다. 소스를 만들 때 주의할 점은 소스의 농도, 광택, 색의 세 가지가 잘 조화가 이루어지도록 해야 한다.

현대의 소스는 지나치게 기름지지 않고, 주재료의 순수한 맛을 느낄 수 있는 자연스러운 맛으로 인공적인 맛이면 안 된다. 소스의 색은 요리의 주재료의 색과 담는 접시의 색과 조화를 이룰 수 있으며 혐오감을 주지 않는 색채이어야 한다.

소스에는 포도주를 많이 사용하는데 반드시 사용하기 전에 맛을 확인하여 소스의 맛을 조화가 이루어지도록 하며, 포도주의 알코올 성분이 제거하기 위하여 충분히 끓이도록 한다.

일반적으로 화이트 와인은 농축(Reduce)시키면 신맛이 감소되며, Red Wine을 농축시키면 풍미가 강하게 된다. 소스의 과정은 Reduction, Finishing with Wine, Butter Monte(풍미를 살리기 위하여 마지막에 버터를 넣고 서서히 녹인다) 등으로 이루어진다.

2. 소스의 구성요소(Basic Ingredient of Sauce)

1) 스톡(Stock)

스톡은 소스의 맛을 좌우하는 가장 기본이 되는 요소라고 할 수 있다. 쇠고기, 닭고기, 생선, 채소와 같은 재료의 본 맛을 낸 국물로서, 요리 본래의 깊은 맛을 낼 수 있도록 생산돼야 한다. 스톡이 만들어지면 얼마 동안 보관하며 필요할 때마다 사용하게 되는데, 보관 시 이물질이나 다른 향이 스며들지 않도록 각별히 주의해야 한다. 스톡에는 화이트 스톡(White Stock), 브라운 스톡(Brown Stock), 생선 스톡과 퓨멧(Fish Stock and Fumet), 부용(Bouillon) 등이 있다.

2) 농후제(Liaison)

농후제는 소스나 수프에 넣어 줌으로써 농도를 조절해 주고, 맛을 증진시켜 주는 첨가식품이다. 여기에 이용되는 것으로서 루(Roux), 전분(Cornstarch), 계란, 생크림, 버터 등이 있다. 가장 많이 쓰이는 농후제로는 루와 전분이다.

대표적인 농후제

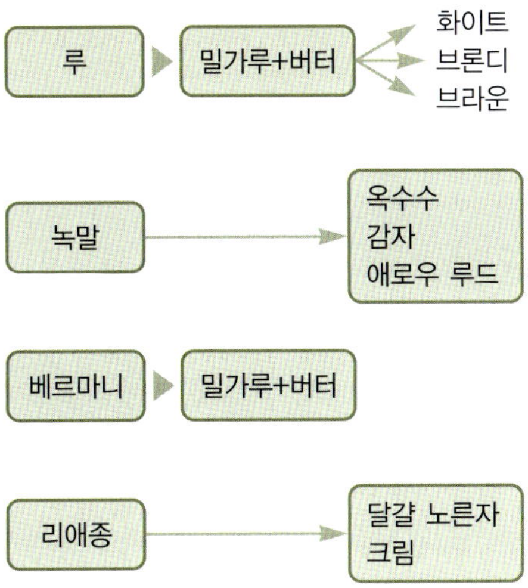

소스의 기본체계도

3) 농후제(Liaison)의 종류

농후제(Liaison)는 두 가지 재료를 한데 합하여 새로운 형태가 되는 역할이다. 일반적으로 Butter, Roux, Cream, Starch 등의 Thickening Agent(농도를 되게 하는 재료)가 많이 이용된다. 사용목적은 소스나 수프의 농도를 조절해 주고 맛을 증진시킨다.

루(Roux), 베르마니(Beurre Manie), 버터, 계란, 생크림, 피, 전분, 쌀 등이 있다.

(1) 루(Roux)

가장 대표적인 리에종(liaison)으로 밀가루와 버터를 합한 것으로 회이트 루(Whitc Roux), 브론디 루(Blond Roux), 브라운 루(Brown Roux) 등의 3가지가 있다. 일반적으로 Fond와 결합하여 소스를 만드는데 쓰인다.

※ 밀가루와 버터를 1:1의 비율로 섞어서 만든다. 서서히 가열된 냄비에 Beurre Fondue(반고체 상태로 녹은 버터)와 체에 친 밀가루를 한데 담고 나무주걱으로 덩어리지지 않게 잘 저어서 밀가루가 완전히 익을 때까지 볶는다.

① White Roux(화이트 루)

밀가루와 버터를 넣어 볶다가 방울이 올라오고 밝은 색을 띠게 되면 조리를 중지한다. 색을 필요로 하지 않는 소스나 수프에 사용된다.

② Blond Roux(브론디 루)

화이트 루보다 조금 더 색을 낸 것으로 밀가루에서 캐러멜화가 시작되기 바로 전에 조리를 중지한다. 은은한 향을 필요로 하는 소스에 사용하며, 상아색 등 약한 색을 내는 소스에 주로 사용한다.

③ Brown Roux(브라운 루)

짙은 갈색이 나게 볶은 것이다. 육류 계통의 요리 등 향이 강하고 짙은 소스에 주로 이용된다. 브라운 루는 열이 많이 가해지는 관계로 밀가루에 포함되어 있는 글루텐 성분이 줄어들기 때문에 이것으로 농도를 조절할 때에는 다른 화이트 루나 브론디 루보다 조금 더 많은 양이 필요하다.

(2) 루의 사용방법

① 소량으로 시작한다.

② 차거운 스톡에 뜨거운 루를 넣어 위퍼로 저어가며 농도를 조절한다(루의 온도와 반대되는 스톡을 사용한다-덩어리를 방지하기 위함).

③ 서서히 끓이면서 빨리 저어준다(덩어리와 바닥이 타지 않는다).

④ 밀가루의 맛을 감소시키기 위하여 적정 시간 동안 끓여야 밀가루 냄새가 사라진다.

(3) 소스 마무리 작업

① 조리기(Reduction) ② 거르기(Straining) ③ 버터 몬테(Butter Monte)

(4) Starches

응집력과 광택이 좋은 농축제로는 Corn Starch(옥수수 전분), Arrow Root(칡 전분), Rice 등이다.

(5) Beurre manie(뵈르마니에)

버터와 밀가루를 같은 비율을 혼합하여 서로 완전히 섞어 부드러워질 때까지 섞어 주거나 나무주걱으로 저어 준다. 이것을 소스의 농도를 조절할 때 적당량을 넣어 가며 저어 주면 쉽게 풀어진다. 준비를 해 놓으면 사용이 쉽고 베르마니에 포함된 버터 성분은 소스의 향과 윤기를 나게 하여 보기에 좋다. 그러나 너무 끓이면 분리현상이 일어난다.

(6) Egg Yolk

계란 노른자를 그릇에 담아 거품 내어 사용한다. 때로는 Cream을 첨가하기도 한다. Seup이나 Sauce의 완성단계에 넣는다.

(7) 기타 농후제(Liaison)

Blood(육류의 피), Vegetables Puree(채소 같은 것), Butter, Foie Gras(거위 간) 등이 있다.

소스의 역할

① 맛의 상승	② 주재료의 보조
③ 수분의 공급(보습작용)	④ 소화의 증진
⑤ 시각적 미의 상승(음식의 창작활동이 가능)	
⑥ 부족한 영양분의 보충	⑦ 접시의 여백을 채워줌

3. 소스의 분류(Classification of Sauce)

1) 색에 의한 소스 분류

소스의 분류는 17C에 와서부터 프랑스에서 차가운 소스와 더운 소스로 분류되었다. 그 후 모체 소스와 파생 소스를 구부하면서 다시 갈색 소스와 흰색 소스를 체계화시켜 수많은 소스를 만들었다. 소스의 분류는 엄격히 말해 재료 한 가지가 달라져도 재분류되어야 하나, 어떤 원칙이나 법칙으로 규정된 것이 없기 때문에 소스의 분류는 경험과 상식에 의해서 분류되고 요리하는 사람의 취향에 따라 달라질 수 있다.

일반적으로 색에 의한 분류, 용도별 · 맛과 색 · 주재료 사용에 따른 분류로 구분할 수 있다. 본서에서는 국제적으로 가장 많이 사용하는 색에 의한 분류와 주재료 사용에 따라 분류하였다.

색에 의한 소스 분류(5대 모체 소스)

색분류	갈색	흰색	블론드색	적색	노란색
모체 소스	Demi Glace Sauce	Bechamel Sauce	Veloute Sauce	Tomato Sauce	Hollandaise Sauce
내용 설명	주재료는 브라운 스톡을 농축시켜 만드는 소스로 데미글라스, 혼드보, 에스파뇰, 브라운 소스를 모체 소스로 사용한다.	주재료는 우유와 흰색 루로 만들어지며, 주로 닭 요리, 생선, 채소 등 다양하게 사용한다.	주재료는 생선스톡, 닭 육수, 송아지 육수 등으로 만드는 소스로 주로 생선이나 닭 요리에 사용한다.	주재료는 토마토와 육수로 만들어지며, 주로 피자, 파스타 요리에 많이 사용한다.	주재료는 달걀 노른자와 정제버터로 만들어지며, 주로 생선요리, 채소, 달걀 요리 등에 사용한다.
파생 소스	Chateaubriand Bordelaise Herb Hunter Mushroom Tarragon Peppercorn Truffle Marrow Zingara	Mornay Caper Cream Nantua Mustard Soubise Horseradish Fines Herbs	Alleamande Supreme Albufera Ivory Dill Chive Normandy Albufera	Provencale Bolonaise Napolitan Pizza Meat	Bearnaise Choron Maltase Mousseline Chantilly Arlesienne

2) 주재료에 의한 소스 분류

소스를 사용되는 주재료를 중심으로 분류하였다. 여기서는 사용되는 주재료를 크게 육수 소스군, 유지 소스군, 디저트 소스군인 3군으로 분류하였고, 모체 소스를 13계로 구분하여 다시 모체 소스와 파생 소스로 분류하여 정리하였다.

주재료에 의한 소스 분류(육수 소스군)

소스 분류	주재료	주 기본소스	모체 소스	응용 소스
갈색 육수 계 Brown Stock	갈색 송아지 육수 Brown Veal Stock		혼드보/에스파뇰 Fond Veau/ Espagnole	샤또브리앙, 마데이라, 콜베르, 비가라드, 포토와인, 징가라, 헌터, 페리고, 페리고르딩, 데미글라스
흰색 육수 계 White Stock	흰색 송아지 육수 White Veal Stock	송아지 벨로떼 Veal Veloute	알망데 소스 Allemande	오로라, 홀스레디쉬, 버섯, 폴레테
	생선 육수 Fish Stock	생선 벨로떼 Fish Veloute	백포도주 소스 White Wine	베르시, 카디날, 노르망디
	닭 육수 Chicken Stock	치킨 벨로떼 Chicken Veloute	슈프림 소스 Supreme	아이보리, 아부페라, 헝가리안
토마토 계 Tomato	토마토/육수 Tomato/Stock		토마토 소스 Tomato	프로방살, 볼로네이즈, 피자, 나폴리타인, 밀 소스
우유 계 Milk	우유/루 Milk/Roux		베샤멜 소스 Bechamel	모르네이, 낭투아, 크림, 모던

주재료에 의한 소스 분류(유지 소스군)

소스 분류	주재료	모체 소스	응용 소스
오일 계 Oil	달걀 노른자/오일 Egg Yolk/Oil	마요네즈 Mayonnaise	다우전아일랜드, 타르타르, 아이올리 티롤리엔느, 블르치즈 드레싱
	식초/오일 Vinegar/Oil	비네그레트 Vinaigrette	프렌치 비네그레트, 이탈리안 비네그레트 등 다양함
버터 계 Butter	버터/달걀 노른자 Butter/Egg Yolk	홀랜다이즈 Hollandaise	베어네이즈, 초오론, 포요트, 말타아즈
	버터 Butter	베흐 블링/버터 소스 Blanc/Butter Sauce	브레통, 그린버터

(1) Vinaigrette Sauce(비네그레트 소스)

볼에 화이트 와인 비네거와 각종 향신료, 흰 후추, 소금을 넣고 섞은 뒤 올리브 오일을 조금씩 넣어 주면서 거품기로 살살 저어 주면 점점 되직한 농도로 변한다. 그린 샐러드(Green salad)에 어울리는 소스이다.

(2) Mayonnaise Sauce(마요네즈 소스)

18세기에 프랑스에서 처음으로 만들어졌다. 볼에 달걀 노른자와 식초, 소금, 흰 후추, 머스타드를 넣고 섞은 뒤 올리브 오일을 조금씩 넣어 가면서 거품기로 고르게 섞어 주면 점점 걸쭉한 상태의 농도가 되는데, 어느 정도 되직해지면 레몬즙 몇 방울을 넣어 마무리한다.

4. 드레싱(Dressing)

1) 드레싱의 개요(Summary of Dressing)

드레싱이라고 하는 것은 여자의 옷이 부드럽게 입혀지는 것처럼 채소에 옷을 입힌다는 뜻으로 쓰인 것이다. 소스의 일종인 드레싱은 재료를 끓이지 않고 혼합하여 만드는 것이므로 냉소스로 분류된다. 유럽에서는 드레싱이라는 말을 쓰지 않고 소스라고 하며, 드레싱의 가장 중요한 목적은 샐러드의 맛을 증가시키고 소화를 도와주는 것이다. 드레싱의 종류는 많지만 드레싱의 기본은 두 가지로 나눌 수 있다. 식초와 식용유를 주로 한 프렌치 드레싱과 달걀 노른자, 식용유, 식초 등으로 만든 마요네즈 드레싱이 있다.

여름에는 식초를 더 넣어 새콤하게 만들고 겨울에는 샐러드 오일을 더 넣은 편이 한결 맛이 좋다. 샐러드 드레싱에 주로 쓰이는 오일은 식물성이어야 한다. 맛과 향으로는 올리브유가 가장 좋지만, 면실유 채종유, 콩기름, 낙화생유, 참기름 같이 잘 정제되고 냄새가 없는 기름을 써도 무난하다. 드레싱은 샐러드의 영혼이라고도 하는데, 미식가들도 맛이 있는 드레싱에 커다란 가치를 둔다.

2) 드레싱의 종류(Kind of Dressing)

(1) Oil And Vinegar Dressing(Vinaigrette Dressing)

기름과 식초 드레싱이다(대부분이 걸쭉하지 않다). 가장 기본적인 프렌치 드레싱은 기름, 식초,

소금, 후추가 일시적으로 유화되는 드레싱으로 오일과 식초는 3:1 비율로 만드는 것이 기본이고 적포도주, 비네그레트, 발사믹 비네그레트, 페스토 비네그레트 등이 있다.

(2) Mayonnaise Based Dressing

마요네즈가 기초인 드레싱으로 대부분이 걸쭉한 농도를 가지고 있으며 사우전드 아일랜드 드레싱, 프렌치 드레싱, 아이올리 등이 있다.

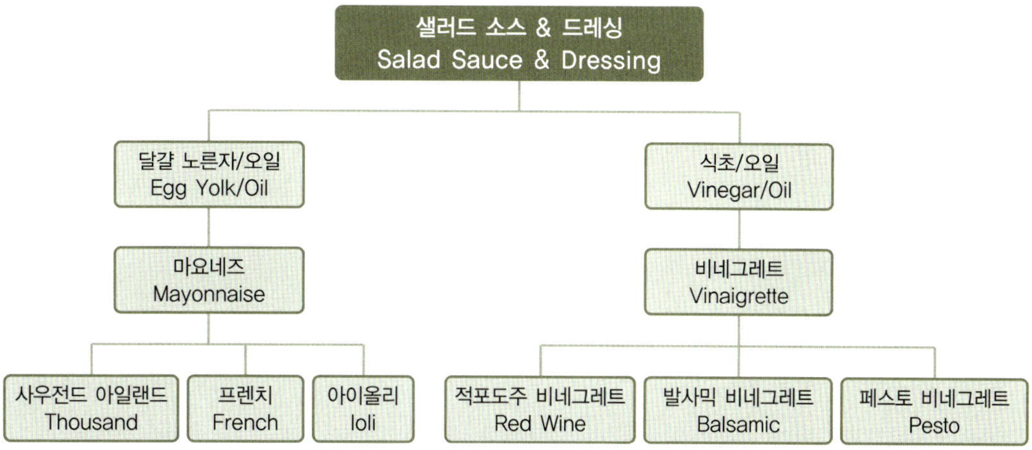

(3) 드레싱의 기본재료(Basic Ingredient of Dressing)

① 오일(Oil)

여러 종류의 기름이 사용되고 있다. 연하고 자연스러운 맛이 나는 Canola, Corn, Cottonseed, Soybean 등이 비교적 가격이 싸서 주로 사용된다.

- **옥수수기름** 드레싱에 많이 사용되고 맛이 거의 없으며 연한 황금색이다.
- **면실유, 카놀라유, 콩기름** 시장에서 샐러드기름으로 판매되고 있으면 가장 대중적이다.
- **땅콩기름** 부드럽고 독특한 맛이 있으나 비싸다.
- **올리브기름** 그린색으로 과일향과 풍미가 난다. 가장 좋은 올리브오일은 Virgin이나 Extra Virgin이라 부른다. 즉 올리브를 첫 번째 압착하여 짠 기름이라는 뜻이다. 독특한 맛 때문에 모든 Salad에 사용하지는 않고 Caesar Salad와 같은 특수 샐러드의 드레싱에 사용한다.

- **호두기름** 비싸며 독특한 맛이 있다.

② **식초**(Vinegar)

- **사이다 식초**(Cider Vinegar) 사과로 만들며 갈색이면서 가벼운 단맛이 있고 사과 맛이 난다.
- **증류 식초**(Distilled Vinegar) 곡주를 증류하여 만든 식초이기 때문에 중성적인 맛이다.
- **와인 식초**(Wine Vinegar) 포도주향을 가지고 있다.
- **향미 식초**(Flavored Vinegar) 타라곤, 마늘, 로즈마리 등을 첨가한 식초이다.
- **쉐리 식초**(Sherry Vinegar) 쉐리 와인으로 만들어 독특한 향이 있다.
- **발사믹 식초**(Balsamic Vinegar) 나무통에 숙성시킨 특수 와인 식초로 연한 갈색을 띠며 약간의 단맛이 있다.
- **레몬 주스**(Lemon Juice) 식초 대신에 레몬을 쓰기도 한다.

③ **달걀 노른자**(Egg Yolk)

마요네즈나 다른 드레싱의 유화제로 필수적이다. 꼭 신선한 달걀을 사용하여야 한다.

5 소스의 기법

1. 소스(Sauce)를 만들면서 시작부터 완성되기까지 정신집중을 한다.
2. 항시 모든 요리는 자기의 것으로 만든다. 성심성의껏 음식을 남에게 준다고 생각하지 말고 내가 먹을 것이라고 생각하면서 한다.
3. 예를 들어 중국집을 가서 짜장면을 주문했을 경우에 본인 것은 맛있게 나오기를 바란다. 이러한 생각을 하면서 요리를 만들면 최상의 요리가 될 것이다.
4. 또한 요리는 가장 빨리 반응이 온다. 시각적인 면도 있지만 미각적인 혀 끝에서 시작하여 맛을 느낌으로 식사하는 사람이 그날의 컨디션을 좌우한다.
5. 궁합이 잘 맞을 수 있는 소스(Sauce)를 선정해야 한다. 예를 들어 육류에 생선이 가미되는

소스(Sauce)를 넣어서는 안 된다. 사람도 결혼할 시기에 서로 잘 맞는지 궁합을 보듯이 요리에도 잘 어울리는 것이 있으므로 재료 선정 및 양념을 잘 섞어야 한다.

메뉴(Menu)를 잘 구성해 놓고 레시피(Recipe)가 나오면 그대로 정량에 따라 저울에 달아서 첨가할 수는 없다. 단지 레시피(Recipe)에 불과하다. 왜냐하면 1인분 하는 것도 아니고, 많은 양을 하므로 눈짐작과 대충 짐작으로 하는 것도 아니다. 그러기에 숙련된 조리사가 손끝에서 나오는 양념 선정이 매우 중요하다고 생각한다.

입맛을 맞추는 데는 요리사의 손끝과 혀에서 나온다. 좋은 재료를 가지고 맛있는 요리를 한다고 해도 간이 안 맞으면 아무리 좋은 음식이라 할지라도 맛이 없는 법이다. 맹물에다 소금이나 간장으로 간을 하면 대충 맛은 난다. 주재료인 향이 안 나올 뿐이지 간만 맞으면 맛있는 법이다. 그래서 일단 간 맞추는 법을 익혀야 한다.

우선 자기 입맛을 알아야 한다. 자기가 짜게 먹는지 또는 싱겁게 먹는지 알아야 요리사로서 요리를 할 수 있는 자격이 생긴다. 입맛의 표준을 찾아서 요리를 해야 하며, 자기 위주로 요리를 하면 고객들에게 식성을 찾을 수가 없다.

조리사들은 일단 직업의식을 갖고 고객들에게 제공되는 요리를 어떻게 드셨는지, 즐거운 마음으로 드셨는지, 처음부터 끝까지 자기요리에 대해서는 책임질 수 있는 요리사만이 최고의 요리사라 할 수 있다.

요리를 만들어 서빙하는 사람이 가지고 가는 것에 끝나는 것이 아니라 손님이 다 드시고 접시와 포크, 나이프까지 다 뺀 상태에서 식사를 다 마쳤는지 혹은 음식을 남겼으면 무엇이 잘못된 것인지 확인을 해야 한다. 음식을 남기는 것의 제일 큰 책임은 요리사라고 본다.

왜 손님이 물론 양이 많아서 남길 수도 있겠지만 맛의 일치가 요리사와 손님이 잘 안 되었기에 요리사는 거기에 부응을 못했으므로 요리사가 책임이 있다고 본다. 여기에서 책임이라는 말을 사용했는데 이것은 요리사로서 상당히 못마땅한 말이다. 거기에 대한 후속 조치는 차후 문제지 책임만 가지고는 요리가 될 수 없다.

모든 사람에게는 책임이라는 단어가 붙어지기 마련이다. 책임이란 어떠한 것을 회피하려고 일에 대한 정확도 여기에서는 요리를 하는데 최고의 맛을 낼 수 있는 것과는 별것이라고 생각한다. 요리를 하는 사람은 책임을 가지고 어떻게 맛을 잘 낼 수 있을지 요리에 정성을 기울이면 완성된 좋은 작품이 나올 것이다. 최고의 요리는 맛이다.

Brown Sauce 브라운 소스

Quantity Produced 2ℓ

Brown Stock 3ℓ　　Flour 30g　　Butter 50g

Method

① 브라운 스톡을 약한 불에서 졸인다.

② 브라운 루(Roux)를 만들어서 진하게 졸인 브라운 스톡에 넣고 루를 풀어서 끓인다.

③ 거품을 제거하고 농도를 확인하여 고운 체에 거른다.

④ 차가운 버터를 적당한 크기로 잘라서 몬테를 해 소스를 완성한다.

Check Point

- 브라운 루는 갈색으로 내야하는 만큼 오래 볶아야 하므로 타지 않도록 주의한다.
- 소스의 농도가 너무 묽거나 되지 않도록 주의한다.
- 브라운 스톡(Brown Stock)을 만드는 방법은 제13장의 스톡 내용을 참조한다.

1. 소스 팬에 버터를 넣고 녹인다.

2. 버터가 녹기 시작하면 밀가루를 넣고 볶는다.

3. 브라운 색깔이 나도록 루를 볶는다.

4. 완성된 브라운 소스를 끓여 졸인다.

5. 브라운 루를 넣고 끓여서 거품을 제거한다.

6. 브라운 소스를 고운 체에 거른다.

7. 버터를 조각으로 썰어서 넣고 서서히 녹이면서 농도를 조절한다.

8. 완성된 브라운 소스이며, 소스의 농도를 확인해야 한다.

American Sauce 아메리칸 소스

Quantity **Produced** 1ℓ

Lobster and Shrimp 1kg	Onion 300g	Carrot 150g
Garlic 30g	Butter 100g	Flour 50g
Fish Stock 1.5ℓ	Bouqute Garni 1pc	Tomato Paste 100g
Fresh Tomato 500g	Cognac 30ml	White Wine 150ml

Method

① 뜨거운 소스 냄비에 버터를 두르고 바닷가재와 새우, 토마토 페스트를 넣고 색깔이 나게 볶는다. 이때 바닷가재는 으깨면서 볶는다.

② 양파와 당근, 마늘을 적당한 크기로 썰어서 볶는다. 이때 야채를 함께 볶아도 되고, 다른 팬에 볶아 넣어도 된다.

③ 꼬냑으로 후람베를 하고, 화이트 와인을 넣고 더 졸인다.

④ 잘게 썬 토마토와 부케가니를 넣고 약한 불에서 더 끓인다.

⑤ 다 끓었으면 고운 체에 거른다.

⑥ 체에 거른 소스를 더 끓여서 부레 마니에(Beurre Manie)를 넣고 풀어서 원하는 농도가 되었으면 간을 하여 다시 고운체에 다시 거른다.

⑦ 버터 조각를 넣어 몬테를 하고, 다진 파슬리나 셔빌을 넣고 용도에 맞게 사용한다.

1

2

3

4

5

6

7

8

9

Bechamel Sauce 베샤멜 소스

Quantity Produced 500ml

Butter 45g	Onion Chopped 20g	Flour 450g
Milk 500ml	Nutmeg 0.5g	Bay leaf 1pc
Salt & Pepper mill		

Method

① 소스 팬에 버터를 녹인 후 다진 양파를 색깔이 나지 않게 볶는다.

② 밀가루를 넣고 색깔이 나지 않게 볶다가 데운 우유를 1/2 정도만 붓고, 덩어리가 생기지 않도록 잘 저어 준다. 이때 찬 우유를 넣으면 잘 풀어지지 않으므로 따뜻하게 데워서 넣는다.

③ 남은 우유를 다 넣고 육두구, 소금과 후추로 간을 한다.

④ 고운 체에 걸러서 소스를 완성한다.

Check Point

➾ 소스의 농도에 주의하여 체에 거른다.

1. 소스 팬에 버터를 넣고 녹인다.

2. 버터가 녹기 시작하면 밀가루를 넣고 볶는다.

3. 색깔이 나지 않도록 루를 볶는다.

4. 우유를 넣고 끓인다.

5. 소스를 고운 채에 거른다.

6. 베샤멜 소스를 완성한다.

Tomato Sauce 토마토 소스

Quantity Produced 20ℓ

Whole Tomatoes 18kg(7 Can)	Olive Oil 250ml	Onion 1.2kg
Garlic 100g	Tomato Paste 400g	Sugar 80g
Thyme 2g	Basil 3g	Oregano 2g
Bay Leaf 2pc	Salt 40g	Black Pepper Ground 8g

Method

① 양파와 마늘은 잘게 다져 놓고, 캔에 들어 있는 토마토는 토마토 껍질이 있는지 확인하여 손질을 해 놓는다.

② 팬에 올리브 오일을 두르고 양파와 마늘을 볶는다.

③ 토마토 페이스트를 넣고 볶은 후에 토마토를 넣는다. 토마토 페이스트는 볶아야 신맛이 안나고 신선한 토마토의 맛이 난다.

④ 향신료를 넣고, 소금과 후추로 간을 하여 20분 정도 끓인다. 조리 중에 소스가 타지 안게 팬을 자주 저어 준다.

⑤ 토마토 소스가 끓으면 핸드 믹서기로 거칠게 갈아서 완성한다.

Hollandaise Sauce 홀랜다이스 소스

Quantity **Produced** 150ml

Egg Yolk 2ea	Butter 100g	White Wine 100ml
Chicken Stock 40ml	Onion Chopped 20g	White Vinegar 10ml
Lemon 1/8ea	Tarragon 3g	Bay leaf 1pc
Parsley stalk 1st	White Pepper Corn 3g	Salt

Method

① 버터는 뜨거운 온도에 두거나 직접 팬에 녹여서 정제(Clarifier) 버터로 만들어 놓는다.

② 소스 팬에 화이트 와인, 닭육수, 식초, 양파 다진 것, 통후추, 타라곤, 파슬리 줄기, 월계수 잎을 넣고 2/3 정도 졸여서 걸러낸다. 보통 계란 2개 양은 50ml 정도가 적당하다.

③ 믹싱볼에 계란 노른자와 졸인 화이트 와인 국물을 넣고, 중탕으로 85℃ 정도의 온도에서 거품기(Whipper)로 계란 노른자를 거품을 내면서 잘 저어서 계란 노른자를 완전히 익힌다. 이러한 과정을 Sabayon(사바용)이라고 하는데 계란 노른자가 완전히 익게 되면 거품이 없어지고, 색이 밝은 흰색으로 되고, 비린 냄새가 나지 않는다.

④ 사바용 상태가 되면 물에서 내려놓고 정제 버터를 조금씩 넣으면서 저어서 섞어 준다.

⑤ 레몬 즙과 소금으로 간을 하여 따뜻한 곳에 보관한다.

Check **Point**

- 소스의 농도에 주의한다.
- 계란 노른자를 완전히 익혀야 한다.
- 믹싱 볼(Bowl)은 열 전도율 때문에 스테인리스 재질을 사용한다.

제15장

전채요리

1. 카나페(Canape)의 정의

카나페는 빵이나 크래커를 기본으로 하여 새우, 햄, 소시지, 해산물, 치즈, 채소, 계란 등을 재료로 얹어서 한 입에 넣을 수 있도록 작고 예쁘게 장식하여 Open Sandwich처럼 만든 것을 말한다.

만드는 방법은 식빵과 크래커에 버터를 발라 토스트하거나 그냥 빵을 잘라서 네모나 세모, 동그랗게 찍어서 버터 또는 마요네즈를 바른 후 양상추와 오이를 빵 위에 올려놓고 주재료를 사용하여 다양한 종류의 카나페를 만든다.

2. 카나페의 종류

Smoked Salmon Roll Canape

Quantity Produced

Smoked Salmon Slice 2pc　Cream Cheese 1g　Spinach Leaf 2pc
King Crab Meat 3g

Method

① 훈제 연어를 얇게 슬라이스하여 바닥에 깔고, 크림 치즈를 바른 후 시금치 잎을 깐다.

② 그 위에 다시 크림치즈를 바른 후 게살을 놓고 동그랗게 말아준다.

③ 식빵을 원형 커터로 눌러 잘라서 그 위에 말은 훈제 연어를 놓고, 가니쉬하여 완성한다.

Duck Breast Canape

Quantity Produced

Smoked Duck Breast 2pc　Mandarin Segmnet 1pc　Water Melon Bowl 1ea
Raspberry Sauce 1ml

Method

① 오리 가슴살을 적당한 크기로 얇게 슬라이스 하여 식빵 위에 2쪽을 얹는다.

② 위에 mandarin segment를 얹고 Raspberry Sauce를 조금 짜준다.

③ 위의 소스 위에 water melon Bowl을 파서 가니쉬하여 준다.

Vegetable Avocado Shrimp Roll Canape

Quantity Produced

Shrimps 1pc　Chinese Noodle 1g　Orang Segment 1pc
Salmoon Roe 1g　Chervil leaf 1pc　Rice Pepper 1/2pc
Carrot Juliene 1g

Method

① 쌀 종이(Rice Pepper)를 뜨거운 물에 살짝 데쳐서 바닥에 깔아둔 후 Carrot Julienne, ChineseNoodle, Orange Segment, Shrimp를 넣어 둥글게 말아준다.

② 적낭한 크기로 Slice한 후 빵 위에 얹어준 후 Salmon Roe를 놓고 둥글게 말아준다.

Beef Tartar Canape

Quantity Produced

Rice Pepper 1/4 pc　Pear 1g　Seasame Seed Some
Seaasame oil Some　Sugar　Beef Ground 2g

Method

① 쇠고기를 잘게 다지거나 갈아서 깨와 참기름, 설탕, 배를 잘라 넣어 혼합한다.

② Rice Pepper에 위의 재료를 넣어 복 주머니 모양으로 만들어서 식빵 위에 얹는다.

Cooked Ham Canape

Quantity Produced

Cooked Ham 3g　　Apple 2g　　Asparagus 1/2pc

Method

① Cooked Ham을 1mm 두께로 잘라 바닥에 깐다.

② 위에 Apple Stick과 아스파라거스 삶은 것 한 개를 넣어 둥글게 깔아준다.

③ 적당한 크기로 잘라 카나페 식빵 위에 얹고, 아스파라거스로 가니쉬한다.

Tuna Canape

Quantity Produced

Tuna 3g　　Shichini 0.1g　　Avocado 1g

Red pepper 0.1g　　Sweet Ginger 0.1g

Method

① Tuna를 각 길이 1cm의 사각모양으로 스틱(Stick)으로 잘라 둘레에 혼합 향신료 시치미(Shichimi)를 묻혀 그릴에 겉 표면만 살짝 익힌다.

② 적당한 크기로 잘라서 식빵 위에 얹고 아보카도를 스쿠퍼로 파서에 얹고 초생강(Sweet Ginger)과 홍고추를 얇게 썰어서 가니쉬한다.

Buffalo mozzarella & Cherry Tomato Canape

Quantity Produced

Buffalo Mozzarella 10g　　Cherry Tomato 30g　　Basil Pesto 1ml
basil leave

Method

① Cherry Tomato를 1/2 갈라 속을 파낸다.

② 위의 안에 Buffalo Mozzarella Slice한 것을 채우고 Basil Pesto를 살짝 짜준다.

③ 카나페 식빵 위에 얹어 마무리한다.

기타 Cream Cheese Canape, Ham Canape, Salmon Roe or Caviar Canape, Vegetables Canape, Salami Canape, Camembert Cheese Canape, Lobster Canape, Crab meat Canape, Prosciutto Ham Canape 등 다양한 종류의 카나페가 있다.

새우 카나페(Shrimp Canape)

굴 카나페(Fresh Oyster Canape)

크림 치즈 카나페(Cream Cheese Canape)

살라미 카나페(Salami Canape)

앤초비 카나페(Anchovy Canape)

방울 토마토 카나페Cherry Tomato Canape

훈제 연어 카나페(Smoked Salmon Canape)

드라이 비프 카나페(Dry Beef Canape)

모듬 카나페(Assortiment of Canapes)

Shrimp Canape 새우 카나페

Quantity **Produced** 1portion

Shrimp 4pc
Egg 1ea
Mayonnaise or Butter 30ml
Lettuce leaf 1pc
Tomato Ketchup 10ml
Parsley leaf 5g
White Bread 2pc

Method

① 새우를 깨끗이 씻어 머리와 내장을 제거한 후 끓는 물에 삶아서 찬물에 식힌 다음 껍질과 꼬리를 제거한다.

② 식빵을 원형 몰드(Mold)로 찍어 자른다.

③ 계란은 둥글게 노른자가 중심에 오도록 삶아 껍질을 벗긴 후 계란 슬라이스 기구로 잘라서 준비한다.

④ 식빵의 한 면에 마요네즈 또는 버터를 바른 후 슬라이스한 계란을 올려놓고 그 위에 양상추를 작은 조각 크기로 보기 좋게 올려놓는다.

⑤ 그 위에 새우를 올려놓고 토마토 케첩을 점 하나 찍듯이 올리고 파슬리로 모양있게 장식하여 완성한다.

Check **Point**

- 새우를 끓는 물에 데칠 때는 향채(Mirepoix)를 넣고 데치면 맛이 좋으며, 새우가 작을 때는 껍질을 벗기고 등쪽으로 칼집을 넣어 펴서 사용해도 좋다.
- 식빵을 원형으로 자를 때는 가장자리가 찌그러지지 않도록 한다.

Tuna Carpaccio Nicoisa Avocado Fried Quail Egg 니스식 채소를 곁들인 참치 카파치오

Quantity **Produced** 1portion

Tuna Akami Block(Prime) 40g	Green Bean Whole Fresh 25g	Onion Red 15g
Italian Parsley 2g	Primeto Yellow Special 8g	Pimento Red Special 8g
Pimento Orange Special 8g	Olive Balck Ripe 405g	Spain 3g
Olive Stuffed 7g	Quail Egg 1/2ea	Enchovy Fillet 2g
Olive Oil Virgin Ext 6ml	Salt 1g	Avocado Local 25g
Pepper White Whole Ground 1g	Balsamic Reduction Sauce 1ml	Citrus Lemon Dressing 10ml

Method

① 참치는 길게 1mm의 두께로 슬라이스한다.

② 그린 빈스는 3~4cm 길이로 잘라서 끓는 물에 데친다.

③ 3종류 색깔의 파프리카는 길이가 3~4cm 길이로 막대 모양으로 썬다.

④ 적 양파도 슬라이스하고 방울토마토는 반으로 자른다.

⑤ 앤초비와 이탈리아 파슬리는 다져 놓는다.

⑥ 검정 올리브와 그린 올리브, 그리고 위의 재료를 모두 혼합하여 간을 하고 버무린다.

⑦ 접시에 슬라이스 한 참치를 2장 나란히 깔고, 그 위에 버무린 채소를 조금씩 얹어준 후 메추리알을 후라이드하여 원형 몰드에 찍어서 얹어 완성한다.

Spring Basket Lemon Chili shrimps

바스켓에 넣은 레몬 향의 새우 요리

Quantity **Produced** 1portion

Spring Roll 1pc
Lettuce 10g
Endives 15g
Chive Stick 5pc
Butter 10g
Saladana 15g
Green Micro 2g
Grilled Shrimp 4pc
Green Chicory 10g
Romaine Lettuce 10g
Balsamic Vinegar Dressing 15ml

Method

① Spring Roll을 일정 모양의 그릇에 씌워 Oven에서 구워 Basket을 만든다.

② Basket 안에 그린 치커리, 양상추, 로메인 상추, 앤 다이브 등 여러 가지 채소를 모양 있게 채운다.

③ Grilled 한 새우를 4마리 꽂고 실파를 길게 꽂아 가니쉬한다.

④ 발사미코 식초 드레싱을 뿌려서 완성한다.

⑤ 색상의 조화를 이루기 위해서 레드 색깔의 채소를 채우면 좋다.

Avocado Shrimp Vegetable Rice Paper Roll on Citrus Dressing

아보카도와 새우를 넣은 라이스 페이퍼 말이와 과일 드레싱

Quantity **Produced** 1portion

Rice Paper 1pc	Avocado Local 50g	Carrot 40g
Chinese Noodle 30g	Cucumber 20g	Kaiware 20g
Orange Segment 40g	Shrimp Peeled 80g	Citrus Dressing 70ml

Method

① 누들은 찬물에 담궈 놓았다가 끓는 물에 삶아서 물기를 제거한다.

② 당근과 오이는 Julienne으로 썰어놓고, 아보카도는 웨이지로 오렌지는 세그멘트로 준비해 놓는다.

③ 새우는 내장을 제거하고 삶아서 껍질을 벗겨서 준비한다.

④ 라이스페이퍼를 뜨거운 물에 적신 후 바닥에 깔아둔다.

⑤ 라이스페이퍼 위에 삶은 당면, 아보카도 웨이지, 오렌지 세그멘트, 무순을 넣어 둥글게 말아준다.

⑥ 접시에 시투르스 드레싱을 깔고, 그 위에 적당 크기로 잘라서 보기 좋게 놓고 완성한다.

Citrus Dressing

Chilli Sauce Sweet 80ml	Grapefruit 800g	Oilve Oil 80ml
Fresh Orange 1,500g	Mandarin 300g	White Pepper 0.5g
Champne Vinegar20ml	Salt 1g	Chives 5g

Method

① Orange Segment, Grapefruit Segment, Mandarin Segment를 네모나게 작게 썰어 놓는다.
② 올리브 오일에 스위트 칠리소스, 샴페인 식초, 실파 다진 것을 넣고 섞는다.
③ 과일 세그멘트 자른 것을 넣고 간을 하여 천천히 섞으면서 완성한다.

Gravlax Salmon Slice with Dill Mustard Sauce 향초 향의 겨자 소스를 곁들인 그라브락스 연어

Quantity **Produced** 1portion

Gravlax Salmon 65g
Tomato Wage 30g
Lemon Wage 15g
Fresh Dill leaf 0.1g
Sweet Dill Mustard Sauce 70ml

Dill Mustard Sauce

Mayonnaise 50ml
Dijon Mustard 20ml
Honey 20ml, Dill 5g
Fresh Lemon Juice 10ml
Fresh Milk 20ml

Method

① 레몬과 토마토를 8등분하여 자른다.

② 신선하게 절인 연어를 넓게 슬라이스하여 2쪽을 접시에 깐다.

③ 딜 겨자 소스를 연어에 보기 좋게 모양을 내서 고루 뿌려준다.

④ 레몬 웨이지와 토마토 웨이지를 각 한 개씩 올려 놓고 딜로 가니쉬하여 완성한다.

Smoked Salmon and Avocado Roll with Tobiko Dressing 아보카도를 넣어 말은 훈제 연어와 날치알 드레싱

Quantity **Produced** 1portion

Kaiware 10g	Olive Oil 5ml	Smoked Salmon 40g
Avocado 30g	Orange 30g	Caper 3g
Red Onion Slice 3g	Lemon Wage 30g	Tobiko Sauce 30ml
Chive long 1pc	Salt 1g	White Pepper Mill 1g

Method

① 훈제 연어는 얇게 썰어서 바닥에 깔고 무순, 아보카도 웨이지, 오렌지 세그멘트를 넣어 둥글게 말아준다.

② 접시에 말아 놓은 훈제 연어를 세워 놓고, 얇게 썬 적 양파, 레몬 웨이지, 케이퍼를 놓고 날치알 드레싱을 뿌리고 실파로 장식하여 완성한다.

Tobiko Dressing

Flying Fish Roe 4g	Sour Cream 20ml	Tosakanori Green 5g
Tosakanori Red 5g	Fresh Milk 10ml	Lemon Juice 5ml
White Pepper Ground 5g	Salt 1g	

Method

① 도사까노리는 아주 잘게 다져 놓는다.

② 사워크림에 우유를 넣고 잘 섞은 후, 날치 알과 레몬 즙을 넣고, 소금과 후추로 간을 하여 완성한다.

Seared Prime Tuna Rolled in Avocado and Soft Tofu 연두부와 아보카도를 곁들인 참치요리

Quantity **Produced** 1portion

Orange Fresh 40g
Green Micro 1g
Chervil Leaf 1pc
Avocado Local 40g
Tuna 5g
Citrus Dressing 10ml
Kaiware 3g
Soft Tofu 100g

Method

① 참치를 1mm 두께로 길게 썰어서 바닥에 깐다.

② 그 위에 무순, 아보카도 웨이지, 오렌지 세그멘트를 넣어 둥글게 말아준다. 이때 모양 있게 양 끝을 가지런히 잘라주면 좋다.

③ 연두부는 원형 모양의 커터로 찍어서 준비해 놓는다.

④ 접시에 연두부를 깔고 그 위에 참치를 얹어 놓고, 옆에 오렌지 세그멘트 3개를 놓는다.

⑤ 참치 위에 그린 마이크로 잎을 놓고, 처빌로 가니쉬한 후에 Citrus Juice Dressing을 뿌려서 완성한다.

Citrus Juice Dressing

Orange Juice 150ml
Oilve Oil 780ml
Salt 1g
Grapefruit Juice 80g
Champne Vinegar 20ml
Chives 5g
Mandarin 30ml
White Pepper Mill 0.5g

Method

① 믹싱 볼에 올리브 오일에과 식초를 넣고, 오렌지, 자몽, 귤 주스도 넣고 소금과 후추로 간을 한 후에 다진 실파를 넣는다.

② 위의 재료들을 잘 혼합하여 완성한다. 크리미 스타일의 드레싱을 원할 경우에는 핸드 믹서기로 살짝 브렌딩하여 사용한다.

Shrimp Fritter with Green leaves in Caesar Dressing 양상추와 시저 드레싱을 곁들인 새우 튀김

Quantity **Produced** 1portion

Shrimp 4pc	Head Lettuce 60g	Green Chicory 10g
Chive Long 2pc	Chervil Leaf 1pc	Fritter Batter

Fritter Batter 튀김반죽

Flour 200g	Beer 200ml	Oil 40ml
Egg York 2ea	Salt Some	Egg White 3ea

Method

① 밀가루를 체에 내리고 계란 흰자를 제외한 재료를 혼합한다.

② 계란 흰자를 위퍼로 쳐서 거품을 내서 위의 재료와 섞는다.

Method

① 양상추의 잎을 보기 좋게 크게 떼어내어 접시 가운데에 놓는다.

② 새우는 내장을 제거하고 껍질을 벗겨서 등 부분에 칼집을 내어 손질을 해 놓는다.

③ 튀김 반죽(Fritter Batter)을 만들어 놓는다.

④ 기름의 온도를 160℃~180℃로 해서 색깔이 잘 나게 새우를 튀긴다.

⑤ 접시에 양상추를 깔고 양상추 안쪽에 치커리를 꽂아 모양을 낸 후 튀긴 새우를 살짝 얹어 준다.

⑥ 실파와 처빌로 장식하여 완성한다.

Mille Feuille of Salmon Confit and Crisp Potato 세 겹으로 겹겹이 싼 감자 안의 연어요리

Quantity Produced 1portion

Fresh Salmon 80g	Basil Pesto 10ml	Extra Virgin Olive Oil 10ml
Potato 10g	Salt 1g	White Pepper Ground 1g
Red Onion 10g	Caper 2g	Dill 0.5g

Basil Pesto

Basil 1kg	Pine Nut 400g	Parmesan Cheese 400g
Garlic Sliced 100g	Olive Oil Olive 2.5ℓ	Salt 10g

Method

① 신선한 연어를 5mm 두께로 2쪽 슬라이스 하여 올리브 오일을 바르고, 소금과 후추로 간을 하여 연어의 윗부분만 살짝 익힌다.

② 큰 감자를 준비하여 껍질을 벗기고 슬라이스 기계에 얇게 3쪽을 썰어서 갈색이 나게 저온의 오븐에서 굽는다.

③ 적 양파도 얇게 썰어서 찬물에 담궜다가 건져서 물기를 제거해 놓는다. 왜냐하면 양파의 매운맛을 감소시키기 위해서 하는 방법이다.

④ 접시 바닥에 바질 페스토를 길게 보기 좋게 뿌리고, 감자 칩을 얹고, 그 위에 연어를 한 쪽 얹고, 양파를 얹는다.

⑤ 반복해서 연어를 한 쪽 얹은 후 케이퍼와 얇게 썬 양파를 얹는다.

⑥ 마지막으로 감자 칩을 얹고 딜로 가니쉬하여 완성한다.

Check Point

- 모든 재료를 혼합하여 믹서기에 적당하게 곱게 간다. 바질 잎이 부족하면 파슬리 잎을 넣어도 좋다. 파마산 치즈 대신 같은 종류의 그라나 파다노(Grana Padano)를 사용하면 더욱 깊은 맛을 느낄 수 있다.

Avocado and Salmon Tartar with Sour Cream 사워 크림으로 맛을 낸 아보카드와 연어 타르타르

Quantity **Produced** 1portion

Avocado 40g	Fresh Salmon 60g	Onion Peeled 10g
Sour Cream 10g	Fresh Lemon Juice 5ml	Chive 2g
Flying Fish Roe 5g	Cleaned Head Lettuce 20g	Red Lettuce 5g
Green Chicory 5g	Cucumber 20g	Dill 1g
Potato 40g		

Method

① 연어와 오이는 1cm 크기로 네모나게 썰어 놓는다.

② 양파는 잘게 다지고, 실파는 잘게 썰어 놓는다.

③ 사워크림에 위의 재료와 날치 알, 다진 딜, 레몬 즙을 넣고 잘 버무린다.

④ 감자는 채소 갱으로 면처럼 뽑아서 바스켓 만드는 기구를 사용하여 기름에 바삭바삭하게 튀겨 바스켓을 만든다.

⑤ 접시 중앙에 감자 바스켓을 놓고 양상추, 치커리, 적 상추 등을 보기 좋게 꽂고, 그 위에 버무린 재료를 담아서 다진 실파와 긴 실파로 가니쉬하여 완성한다.

⑥ 감자 바스켓을 움직이지 않게 하려면, 접시 중앙에 메쉬 감자를 조금 놓고 바스켓을 얹으면 좋다.

Avocado and Seafood Charlotte

겹겹이 쌓은 아보카드와 해산물 요리

Quantity **Produced** 1portion

Avocado 30g
Scallop 30g
Shirmp 30g
Mayonnaise 10ml
Baby leaf 2g
Mandarin Segment 20g
Cherry Tomato 1ea

Method

① 아보카도와 가리비, 새우를 1cm 크기로 네모나게 썰어 놓는다.

② 귤은 세그멘트로 만들어 놓고, 방울토마토는 웨이지로 만들어 놓는다.

③ 접시 중앙에 적당한 크기의 원형 몰드를 놓고 마요네즈에 버무린 아보카도와 가리비, 새우를 채워 놓고 원형 몰드는 조심스럽게 해서 뺀다.

④ 샤롯데 옆의 세 군데에 귤 세그멘트 한 쪽씩 놓고, 방울토마토 웨이지도 각각 귤 세그멘트 위에 얹어 놓는다.

⑤ 샤롯데 위에 어린 샐러드 잎을 놓고 드레싱(그린 색 종류)을 모양 있게 뿌려서 완성한다.

Timbale of King Crab and Salmon, Avocado, Cucumbers 킹 크랩과 연어를 넣어 만든 팀발

Quantity **Produced** 1portion

King Crab Meat 35g	Smoked Salmon 30g	Avocado 15g
Mayonnaise 5g	Gelatin 0.5g	Lobster Boullion 10ml
Cucumber 70g	Cream Sour 5g	Salmon Roe 4g
Dill leaf 1g		

Method

① 바닷가재 부용을 진하게 만든 후에 젤라틴을 넣어 녹여서 젤리를 만든다.

② 오이는 네모나게 다이스 모양으로 썰어서 사워크림과 다진 딜을 넣고 잘 섞는다.

③ 타원형 모양의 몰드에 랍스터 부용 젤리를 입혀서 그 안에 연어를 얇게 슬라이스하여 씌운다.

④ 그 안에 버무린 오이를 넣고 몰드 밑 바닥 부분에 있는 연어를 잘 씌워서 보기 좋게 한다.

⑤ 접시 중앙에 연어를 놓고, 고리 모양으로 썬 오이를 연어 팀발 둘레에 돌려 준다.

⑥ 연어 팀발 위에 사워크림을 조금 짜주고, 그 위에 연어 알을 얹고 딜 잎으로 가니쉬하여 완성한다.

Marinated Sword Fish with Head Lettuce in Caper and Anchovy Dressing

케이퍼와 앤초비 드레싱에 절인 황새치 요리

Quantity **Produced** 1portion

Sword Fish(Tuna) 60g	Cleaned Lettuce Head 30g	Beet Root 15g
Green Chicory 4g	Red Lettuce 3g	Red Onion 5g
Caper and Anchovy Dressing 50ml		

Caper And Anchovy Dressing

Anchovy Fillet 20g	Caper 20g	Lemon Juice 50ml
Olive Oil 100ml	Onion 20g	White Pepper Ground 1g
Pine Nut 80g	Raisin 100g	

Method

양파는 잘게 다지고, 모든 재료는 혼합하여 믹서기에 곱게 간다.

Method

① 황새치는 2mm 두께로 넓게 슬라이스하여 케이퍼 · 앤초비 드레싱에 마리네이드해 놓는다.

② 양파는 슬라이스 기계로 얇게 썰어서 싱싱하게 찬물에 담궈 놓고, 비트는 껍질을 벗겨서 채소 갱으로 가늘게 뽑아내서 찬물에 담궈 놓는다.

③ 접시에 양상추와 적 상추, 치커리를 깔고 그 위에 절인 황새치를 얹어 준다.

④ 얇게 썰은 적 양파를 얹고 비트를 얹어 완성한다.

Sauteed Sea Scallop on Tomato Salsa with Cucumber Vermicelli 토마토 살사를 얹은 가리비 구이

Quantity Produced 1portion

Scallop 80g	Tomato Salsa 40g	Chive 15g
Cucumber Julline 30g	Red Onion 10g	Green Chicory 10g
Chervil 1g		

Tomato Salsa

Fresh Tomato 1ea	Onion Chopped 10g	Garlic Chopped 5g
Olive oil 20ml	Basil Choppcd 2g	Salt 1g
White Pepper Mill 0.5g		

Method

① 토마토 윗 부분은 열십자(+)로 칼집을 낸 후에 끓는 물에 살짝 데쳐 낸다.
② 껍질을 벗기고 토마토를 4등분하여 씨를 제거하고 네모나게 작게 썬다.
③ 믹싱 볼에 토마토를 넣고 올리브 오일, 다진 양파와 바질을 넣고 간을 하여 버무려서 완성한다.

Method

① 가리비는 5개를 준비하여 소금과 후추로 간을 해 놓는다.
② 오이는 껍질을 벗기고 속을 제거하여 길고 가늘게 채를 썬다.
③ 토마토 살사에 실파를 잘게 썰어서 넣는다.
④ 적양파는 얇게 슬라이스 해서 찬물에 담궈 놓은 후에 건져서 물기를 뺀다.
⑤ 뜨거운 팬에 오일을 두르고, 가리비를 굽는다. 이때 가리비가 너무 익지 않게 한다.
⑥ 접시 중앙에 오이를 깔고 가리비를 보기 좋게 놓는다.
⑦ 오이 위에 적 양파와 치커리를 얹고 쳐빌로 가니쉬하여 완성한다.

French Vineyared Snails Bourgeonnig
프랑스식 달팽이 요리

Quantity **Produced** 1portion

Snail Meat 50g	Champingnon Mushroom 80g	Anchor Butter 70g
Onion 10g	Garlic 5g	Cream 40ml
Thyme 5g	Red Wine 80ml	Hollandaise Sauce 30ml
Garlic Bread 1pc		

Method

① 달팽이는 깨끗하게 손질을 하여 물기를 제거해 놓는다.

② 양파와 마늘은 잘게 다져 놓고, 양송이 버섯은 껍질을 벗겨서 4등분해서 놓는다.

③ 팬에 버터를 두르고 다진 양파와 마늘, 양송이버섯을 볶은 후에 달팽이를 볶는다.

④ 이때 레드 와인을 넣고 알코올이 증발할 때까지 졸인다.

⑤ 생크림을 붓고 졸인 후에 홀랜다이스 소스를 넣고 살라만더에 그라탕하여 완성한다.

⑥ 마늘빵과 함께 제공한다.

제16장

샐러드와 드레싱

1. 샐러드(Salad)의 개요

본래 샐러드는 날 채소에 드레싱을 곁들여 먹는 것을 의미한다. 샐러드(Salad)의 어원은 소금을 뿌려 먹던 습관에서 생긴 것으로 라틴어 Sǎl(소금), 이탈리아어의 Salat, 프랑스어 Salade, 영어의 Salad와 같이 현재의 샐러드란 뜻으로 사용되고 있다.

일반적으로 '샐러드' 하면 신선한 푸른 채소와 향신 채소를 이용하여 만드는 것으로 알려져 있다. 이것은 당연하거니와 과일, 유제품, 육류와 가금, 생선과 패류 등으로도 만든다. 샐러드는 만드는 사람에 따라서 사용하는 재료나 만드는 방법과 곁들이는 드레싱이 다를 수 있다.

샐러드는 4가지 기본적인 요소 즉, 본체(Body), 바탕(Base), 곁들임(Garnish) 또는 장식(Garnish), 드레싱(Dressing)으로 구성되어 있다.

본체(Body)는 샐러드를 구성하고 있는 중심 주재료를 말하는데, 정확한 조리법에 따라 만들어 져야 한다.

바탕(Base)은 그 바닥에 까는 양상추나 그린 채소 종류를 말하는데, 샐러드 접시를 채워주는 역할로서 주재료를 사용하는데 조화가 이루어져야 한다.

겉들임(Garnish)은 샐러드의 색깔 등을 보완해 주며, 향과 질감을 향상시켜주는 재료로 소량 사용한다. 특히, 곁들임은 샐러드를 보기 좋게 시각적인 효과를 증진시켜 주기 때문에 여러 가지 식재료를 이용하여 장식을 해 줘야 한다.

드레싱(Dressing)은 샐러드 본체나 곁들임에 사용하지 않은 재료를 주로 써서 만든다. 드레싱은 샐러드의 맛을 결정하는 중요한 요소이기 때문에 샐러드의 맛과 향을 보완해주는 큰 역할을 한다.

2. 샐러드의 종류

샐러드는 그 형태에 따라서 단순 샐러드, 혼합 샐러드 그리고 복합 샐러드로 구분할 수 있다. 신선한 채소로 만든 샐러드를 단순 샐러드(Simple Salad)라 하며, 이는 좁은 의미의 샐러드이다.

혼합 샐러드(Mixed Salad)는 삶은 채소, 육류, 어패류, 과일, 가금류 또는 젤라틴 등을 향신료, 가니쉬, 드레싱과 혼합하여 만든 샐러드이다.

복합 샐러드(Compound Salad)라 하면 하나의 접시 위에 질감, 맛, 향, 형태가 서로 다른 다양한 샐러드의 조합으로 형성된 샐러드를 의미하며, Combined Salad라고도 한다. 이것은 주로 메인 코스나 전채로 제공된다. 과다한 육류의 섭취로 인하여 비만이나 성인병의 발생 위험이 많은 현대인들은 샐러드를 주식으로 대용하는 경향이 증가하고 있다. 샐러드에서 인체에 필요한 모든 필수 영양소를 얻을 수 있으며, 육류를 섭취할 때에 비하여 현대 성인병을 예방하는데 좋다.

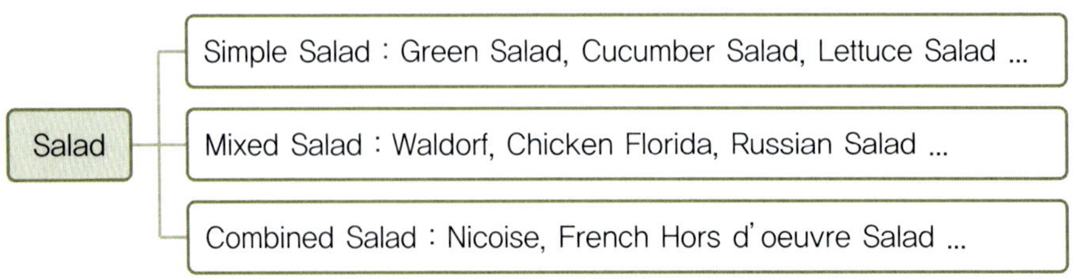

샐러드를 맛있게 만들려면 다음과 같은 주의사항을 준수하여야 한다.

① 싱싱한 재료를 사용하며 흐르는 물에 여러 번 씻는다.

② 깨끗하고 차게 유지하여 바삭바삭하게 제공하여야 한다.

③ Mixed 샐러드는 미리 만들어 맛과 향이 재료에 배어들도록 한다.

④ 단순한 색의 혼합배열로 색대비를 하여야 한다.

⑤ 예술적 모양과 구성으로 시각적인 호감을 극대화 한다.

⑥ 재료를 씻은 후에 물기를 완전히 제거한다.

⑦ 모양은 복잡하지 않고 산뜻하고 정갈하게 만든다.

⑧ 샐러드는 소스와 함께 맛을 보는 습관을 갖는다.

3. 드레싱(Dresssing)

드레싱(Dressing)은 샐러드에 곁들여 먹는 것으로 소스(Sauce), 또는 비네그렛(Vinaigrette)이라고도 한다. 똑같은 드레싱이나 소스를 부를 때, 미국인들은 드레싱(Dressing), 유럽인들은 비네그렛(Vinaigrette) 또는 소스(Sauce)라고 부르는 것을 선호한다. 그러나 이러한 명칭과 관계없이 샐러드에 곁들여 먹는 것이라는 공통점이 있다. 드레싱은 샐러드의 맛을 조절하며 풍미와 향미를 증진시키며, 체액을 알칼리성으로 유지하는 효과를 내기도 한다. 이러한 드레싱의 중심재료는 식용유와 식초이다.

식용유는 콩, 유채, 면실, 옥수수 등을 원료로 정제하여 만든다. 향미가 강한 기름으로 올리브, 호두, 해바라기, 땅콩, 포도씨 오일 등이 이용되고 있다. 사용하고 남은 오일은 공기와 닿게 되면 산화하여 풍미가 저하되므로 냉장고에 보관하거나 즉시 소비하는 것이 좋다. 오일에 첨가되는 향 식초는 포도를 알코올 발효시킨 뒤에 초산 발효시켜 만든 포도 식초, 사과 식초, 맥아 식초, 타라곤 식초, 발사미코(Balsamico) 식초 등이 이용되고 있다.

드레싱은 샐러드의 맛을 조절하고 향과 풍미를 제공하며, 질감을 높이는 역할을 한다. 모든 드레싱은 스테인리스나 플라스틱 또는 유리 재질로 된 용기에 담아야 한다. 알루미늄이나 알루미늄 합성재질의 용기에 보관하면 부식이 쉽게 되므로 변질이 되거나 독성이 생길 염려가 있다.

기본 드레싱으로 마요네즈 계열과 오일-비네가(Oil & Vinegar) 계열이 있으며, 여기에 포함되지 않은 것도 있다. 오일-비네가(Oil & Vinegar) 계열은 시간이 지남에 따라 기름이 식초 위로 뜨게 되어 유상액이 기름과 식초 그리고 첨가물이 따로따로 분리되는 현상이 나타나게 된다. 이때는 서브하기 전에 잘 저어줌으로써 다시 유상액 상태로 환원시킬 수 있다.

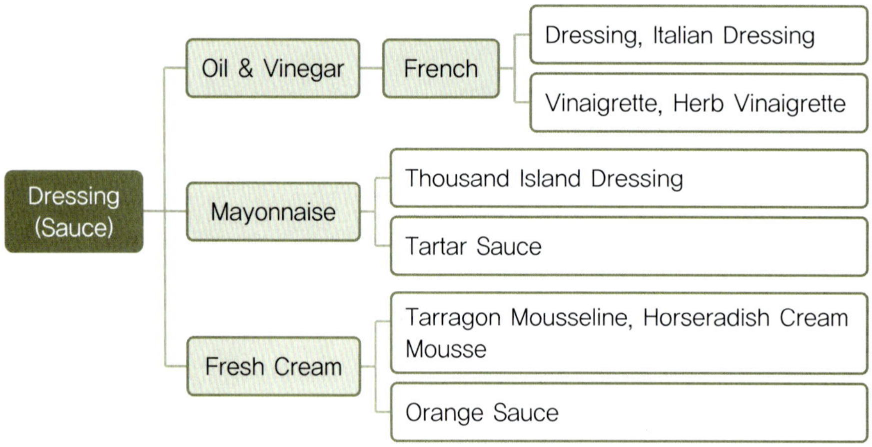

Waldorf Salad 월도프 샐러드

Quantity **Produced** 4portion

Radicchio Leave 1pc	Apple 500g	Celery 100g
Mayonnaise 40ml	Walnut 40g	Straw berry 40g
Raisin 20g		

Method

① 사과는 껍질과 씨를 제거하여 사방 약 1cm 정도의 굵기로 스틱 모양으로 잘라 놓는다.

② 셀러리도 껍질을 제거하고 길게 스틱 모양으로 자른다.

③ 호두는 뜨거운 물에 불려 속껍질을 벗기고 적당한 크기로 자른다. 이때 샐러드의 양이 많으면 껍질을 안 벗겨도 무방하다.

④ 딸기는 꼭지를 제거하고 물에 씻어서 물기를 제거하고 반으로 자른다.

⑤ 사과와 셀러리를 마요네즈로 혼합하여 버무린다.

⑥ 접시에 모양 좋은 레디치오 잎을 둥글게 놓고, 그 안에 버무린 사과와 셀러리를 채운 후 호두와 건포도, 딸기로 보기 좋게 장식하여 완성한다.

⑦ 레디치오가 없으면 양상추를 이용해도 좋다.

Check **Point**

- 마요네즈의 유래는 프랑스 리시뢰 후작의 요리장이 마혼(Mahon) 섬 점령 축하연 때 식탁에 달걀, 식초, 기름을 섞어서 만든 소스를 제공하였기 때문에 이름을 따서 마혼네이즈(Mahonnais)라고 불러 그 유래가 되었다고 한다.

German Potato Salad 독일식 감자 샐러드

Quantity Produced 1portion

American Mustard 30g	Bacon Sliced 100g	Chives 15g
Italian Parsley 20g	Mustard Powder 20g	Olive Oil Decco 50ml
Onion Peeled 150g	Baby Potato 1.5kg	Vinegar Red Wine 100ml
Head Lettuce 50g	pPink Onion Chopped 10g	Parsley Chopped

Method

① 작은 감자는 껍질을 벗기지 말고, 1/2 또는 1/3 정도로 썰어서 소금을 넣고 찬물에 삶는다. 큰 감자를 사용할 경우에는 껍질을 벗겨서 삶는다.

② 베이컨은 잘게 썰고 양파는 다져서 올리브 오일에 볶는다.

③ 볶은 재료에 삶은 감자, 레드 와인 식초, 마요네즈, 다진 파슬리를 넣고 잘 버무린다.

④ 양상추 잎을 크게 뜯어 접시에 깔고, 어린 감자를 채운 후 볶은 베이컨과 적 양파를 뿌려서 완성한다.

Check Point

- 감자는 삶아서 체에 받쳐 물기를 제거한 후 버무린다.
- 감자는 너무 삶으면 버무릴 때 부서지므로 주의하여야 한다.
- 감자를 삶은 후 식히려고 찬물에 헹구지 않는다.

Caesar Salad 시저 샐러드

Quantity **Produced** 1portion

Romain Lettuce 80g
Crouton 2g
Chive Long 1pc
Caesar Dressing 40ml
Parmagiano 5g

Caesar Dressing

Egg yolk 1ea
Red wine vinegar 10ml
Mustard 15ml
Lemon Juice 2ml
Olive oil 40ml
Garlic chopped 5g
Parmesan Cheese 10g
Salt & Pepper Mill some
Onion chopped 5g
Anchovy chopped 2g
Hot sauce 2ml

Method

① 계란노른자에 올리브유를 넣으면서 잘 젓는다.
② 양파, 마늘 다진 것, 겨자, 앤초비, 핫소스, 레몬즙, 와인 식초를 넣고 잘 섞는다.
③ 파마산 치즈를 넣고 잘 혼합한다.
④ 소금과 후추로 간을 한다.

Method

① 로메인 상추를 시저 드레싱에 묻혀서 실파로 묶어서 접시에 가지런히 담는다.
② 위에 파마산 치즈를 얇게 슬라이스하여 월뿔 모양으로 말아서 놓고 쿠르통을 뿌려서 완성한다.

Check **Point**

- Dressing이 맛을 좌우하므로 Dressing을 잘 만들어야 한다.
- Salad 중에서 최고로 알아준다.
- 고급 레스토랑에서는 손님 앞에서 직접 만들어서 서브하는 경우도 있다.

Seafood Cevich Salad 해산물 세비치 샐러드

Quantity Produced 1portion

Lettuce 50g	Cucumber 4g	Orange Pimento 3g
Red Pimento 3g	Yellow Pimento 3g	Red Onion 2g
Orange Juice 4ml	Olive Oil 1ml	Chinese Parsley 1g
Scallops 70g	Shrimp Peeled 50g	Ginger Sliced 1g

Method

① 양상추는 찬물에 담궈서 신선하게 해 놓는다.

② 가리비와 새우는 끓는 물에 삶아서 물기를 제거하고 식힌다.

③ 황색 피망과 노란 피망, 적 양파, 오이는 슬라이스하여 놓는다.

④ 믹싱 볼에 해산물과 피망, 적 양파, 오이를 올리브 오일, 오렌지 주스, 다진 고수 등을 넣고 간을 하여 버무린다.

⑤ 접시에 양상추를 보기 좋게 깔고, 해산물을 놓고 고수 잎으로 가니쉬하여 완성한다.

Seafood Basil Salad 바질향의 해산물 샐러드

Quantity **Produced** 1portion

Radicchio 5pc	Green Chicory 3pc	Basil 40g
Lemon Juice 30ml	Black Olive 50g	Olive Oil 50ml
Onion Peeled 50g	Orange Pimento 50g	Yellow Pimento 50g
Salt 5g	Shrimp Peeled Medium 200g	Squid Cuttle Fish 200g
Black Pepper Ground 1g	Scallop Meat Frozen 200g	

Method

① 가리비와 새우, 오징어는 끓는 물에 삶아서 물기를 제거하고 식힌다.

② 3색 피망과 양파는 그릴에 구워 식힌다.

③ 해산물, 피망, 양파는 적당한 크기로 자른다.

④ 믹싱 볼에 해산물과 피망, 양파를 올리브 오일, 레몬 주스를 넣고, 다진 바질을 넣고 간을 하여 버무린다.

⑤ 접시에 레디치오와 치커리를 보기 좋게 깔고, 해산물을 놓고 바질 잎으로 가니쉬하여 완성한다.

Nicoise Salad 니스식 샐러드

Quantity **Produced** 4portion

Lettuce 1/2ea	Egg 1ea	Oilve 8ea
Anchovy 8ea	Potato 300g	Green Bean 200g
Tomato 1ea	Black Olive 8ea	Green and Red Pimento 1/2ea
Tuna In Oil 100g	Salt and Pepper Mill a little	

Vinegar Sauc

Salad Oil 40ml　　Vinegar 100ml

Method

① 감자를 잘 씻어 껍질을 벗기지 말고 찬물에 약간의 소금을 넣고 삶은 후, 껍질을 벗겨서 1cm 정도의 두께로 둥그렇게 잘라서 준비해 놓는다.

② 그린 빈스는 끝을 손질하여 적당한 크기로 자른 후, 끓는 물에 데쳐서 건져내어 얼음물에 식힌다.

③ 계란은 완숙으로 삶아서 에그 슬라이스 기구로 자른다.

④ 양상추는 깨끗이 씻어 물기를 제거하고 보관한다.

⑤ 피망은 5mm 정도의 두께로 수평으로 잘라서 씨를 제거해 놓는다.

⑥ 접시에 양상추를 보기 좋게 깔고, 양상추 주위로 위의 재료들을 보기 좋게 놓는다. 드레싱은 오일 종류의 비네그레트, 발사믹 식초 드레싱이 적당하다.

Check **Point**

- 니스 셀러드는 프랑스 남부의 니스 지방의 대표적인 샐러드이다.
- 색깔의 조화를 고려하여 샐러드를 보기 좋게 담는다.

Thousand Island Dressing 사우전드 아일랜드 드레싱

Quantity Produced 1.5ℓ

Mayonnaise 900ml	Boiled Egg Chopped 2ea	Tomato Ketchup 200ml
Cucumber Pickle 120g	Onion Chopped 50g	Red Pimento Chopped 25g
Green Pimento Chopped 25g	Pickle Juice 80ml	Worcestershire Sauce 3ml
Hot Sauce or Tabasco 2ml	Salt 2g	White Pepper Ground 2g

Method

① 마요네즈를 준비한다.

② 계란은 끓는 물에 12분 완숙으로 삶아서 식힌 후 굵은 체에 내리거나 곱게 다지고, 오이 피클도 곱게 다진다.

③ 양파와 피망도 곱게 다져서 준비한다.

④ 믹싱볼에 마요네즈를 담고 위의 재료들을 넣어 혼합하여 잘 저어 준다.

⑤ 우스터 소스와 핫소스, 토마토 케찹을 넣는다.

⑥ 피클 주스로 농도를 맞추어 주고, 소금과 후추로 간을 하여 완성한다.

Balsamico Dressing 1 발사미코 드레싱

Quantity Produced

Balsamic Vinegar 5ml
Olive Oil 15ml
Salt and Black Pepper Ground

Balsamico Dressing 2 발사미코 드레싱

Quantity Produced

Balsamic Vinegar 30ml
Olive Oil 120ml
Onion Chopped 30g
Chive Chopped 5g
Chicken Stock 20ml
Salt and Black Pepper Ground

Method

① 양파는 곱게 다져 흐르는 물에 헹구어 물기를 꼭 짜서 준비한다.

② 믹싱 볼에 양파 다진 것을 넣는다.

③ 발사믹 식초와 올리브 오일을 넣고 잘 저어준다.

④ 소금, 후추로 간을 한다.

⑤ 사용 직전에 다진 차이브를 넣어준다.

Sweet Dill Mustard Sauce 딜 겨자 소스

Quantity Produced

Fresh Dill Chopped 2g
America Mustard 5ml
Mayonnaise 50ml
Honey 10ml
Salt and White Pepper Ground

Sweet Orange Mustard Sauce 오렌지 겨자 소스

Quantity Produced

America Mustard 10ml	Mayonnaise 10ml	Orange Juice 5ml
Milk 5ml	Mandaline Dice 10g	Pimento Dice 10g
Parsley Chopped	Salt and White Pepper Ground	

Method

① 겨자 소스에 마요네즈, 오렌지 주스, 우유를 넣고 잘 섞어준다.

② 귤과 피망, 다진 파슬리를 넣고 소금과 후추로 간을 한다.

Gazpacho Vinaigrette 가스파초 비네거 드레싱

Quantity Produced

Tomato 1ea	Pimento 1/2pc	Onion 30g
Cucumber 1/4pc	Sweet Ginger 20g	Oilve Oil 15ml
Chicken Stock 50ml	Tomato Juice	Salt and White Pepper Ground

Method

① 토마토는 끓는 물에 넣다가 건져서 찬물에 식힌 후 껍질을 벗긴다.

② 오이는 껍질을 벗기고 잘라서 씨를 제거한다.

③ 양파와 피망을 잘게 썰어서 위의 토마토와 오이, 초생강, 육수를 믹서기에 넣고 곱게 간다.

④ 올리브를 넣고 소금과 후추로 간을 하여 완성한다.

Citron Soy Dressing 유자 간장 드레싱

Quantity Produced

Citron Juice 10ml	Soy Sauce 5ml	Seasame Oil 5ml
Sweet Ginger Juice 10ml	Greated Turnip 10g	Olive Oil 10ml
Champagne Vinegar 5ml	Salmon Caviar 5g	Chive Chopped 5g
Salt and White Pepper Ground		

Method

① 믹싱 볼에 위의 재료를 넣고, 위퍼로 잘 섞어 준다. 이때 연어 알은 소스를 뿌릴 때 넣어 준다.

Mango Dressing 망고 드레싱

Quantity | Produced

Mango 1/2ea	Red Pimento Dice 10g	Parsley Chopped 2g
Vinegar 15ml	Olive Oil 10ml	Mandalin 2ea
Mandalin Juice 15ml	Salt and White Pepper Ground	

Method

① 망고는 껍질을 벗기고 Small Dice(스몰 다이스)로 썬다.

② 피망도 Small Dice(스몰 다이스)로 썰고, 파슬리도 곱게 다진다.

③ 귤은 껍질을 자르고 속 살만 스몰 다이스로 썬다.

④ 위의 재료를 혼합하여 소금과 후추로 간을 하여 완성한다.

Yellow Paprika Dressing 노란 파프리카 드레싱

Quantity | Produced

Yellow Paprika 170g	Onion Chopped 30g	Garlic Chopped 5g
Chicken Stock 100ml	Olive Oil 45ml	Champagne Vinegar 45ml
Salt and White Pepper Ground		

Method

① 뜨거운 팬에 올리브 오일을 두르고, 노란 피망과 양파, 다진 마늘을 볶음 다음 닭 육수를 넣고 끓인다.

② 위의 볶은 재료를 믹서기에 넣고, 올리브 오일과 샴페인 식초를 넣으면서 곱게 간다.

Oriantal Dressing 오리엔탈 드레싱

Quantity | Produced

Olive Oil 15ml	Seasame Oil 2ml	Deriyaki Sauce 15ml
Chinese Parsley Chopped 2g	Onion Chopped 10g	Red Chilli Chopped 2g
Chicken Stock 10ml	Lemon Juice 1/6ea	Salt and White Pepper Ground

Method

① 위의 재료를 준비하여 믹싱 볼에 잘 섞고, 소금과 후추로 간을 하여 완성한다.

제17장

생선요리

생선(Fishes)이라고 하는 것은 물속에 살면서 지느러미와 아가미를 가지고 있는 척추동물을 말하는데 일반적으로 해수어보다는 담수어의 종류가 적은 것으로 알려져 있다. 갑각류 역시 물속에 생존하면서 무척추동물로서 일정한 껍질이나 단백질과 석회질의 형태 속에 몸을 담고 생활하며 역시 해수와 담수 양쪽에 모두 자생한다. 조리에 있어서 어패류가 중요한 점을 차지하고 있는 것은 최근 들어 어패류의 수요가 급증하고 매우 대중화되어 있다는 것이다.

어패류에 대한 수요증가는 여러 가지 요소가 있을 수 있겠지만 무엇보다도 식생활의 변화와 건강에 대한 사람들의 인식이 높아지면서 지방의 종류와 분포가 다른 생선이나 패류를 요구하게 되었다고 볼 수 있다. 또 한 가지는 육류에서 느낄 수 없는 담백한 맛을 지니고 있으므로 소비자들의 요구가 앞으로 계속 어패류 쪽으로 증가할 것으로 전망된다.

그러므로 고객의 욕구를 충족시키기 위해서 조리사들은 어패류에 대한 새로운 기수로가 질적인 면을 계속적으로 향상시켜야 하는 의무와 책임을 져야 한다. 어패류의 종류는 값이 비싼 반면, 요리 시 그 맛이나 육질이 다른 육류나 가금류와 비교해 손실되기 쉽고 조금만 주의를 게을리 하여도 섬세한 맛을 놓칠 수 있다.

따라서 어패류를 조리할 때는 무엇보다도 조리되는 시간과 온도에 주의해야 하고 조리될 때까지의 보관에도 세심한 조의를 기울여 보다 더 높은 질의 요리를 생산해야 한다.

Seabass Fillet with Potato Scales

감자로 비늘모양을 낸 농어구이

Quantity **Produced** 1portion

Seabass Meat Fresh 120g	Potato 200g	Tomato 200g
Zucchini 200g	Beurre Blanc(Lemon Butter Sauce) 60ml	

Beurre Blanc Sauce

Butter 500g	Shallot 7g	White Wine 150ml
Chicken Stock 200ml	Lomon 50g	Bay Leaf 3g
White Pepper Corn 15g	Tarragon Leaves 5g	

Method

① 냄비에 닭 육수와 화이트 와인을 붓고, 다진 샤롯, 타라곤, 월계수 잎, 흰 통후추를 넣고 은근히 1/3을 졸인다.

② 버터를 넣고 서서히 녹여 준 후에 레몬즙을 넣고 고운 체에 거른다.

Method

① 농어는 껍질을 제거하고 올리브 오일을 바르고 간을 해 놓는다. 릴에 굽는다.

② 토마토는 작은 크기로 준비하여 토마토와 호박을 동그랗게 자른 후에 간을 하여 그릴에 굽는다.

③ 감자는 슬라이스 기계에 얇게 잘라서 2.5cm 지름의 원형 커터로 잘라서 160℃의 기름에 살짝 튀겨서 기름을 제거하여 놓는다.

④ 작은 원형 모양의 감자는 생선의 비늘과 같은 모양이 나도록 겹쳐서 놓는다.

⑤ 팬에 오일을 두르고 감자 부분이 먼저 팬에 닿도록 하여 굽는다.

⑥ 접시에 채소를 돌려 가면서 겹치게 하여 동그랗게 깔고, 구운 농어를 얹는다.

⑦ 레몬 버터 소스를 농어 가장자리에 보기 좋게 뿌려서 완성한다.

Sauteed King Prawn with Buckwheat Mushroom Risotto 메밀 버섯 리조토를 곁들인 왕새우 요리

Quantity **Produced** 1portion

Shrimp Tiger 2pc(150g)　Potato 150g　Basil leaf 1pc
Buckwheat Mushroom Risotto　Beurre Blanc Sauce(Lemon Butter Saucc) 50ml

Method

① 새우는 내장을 제거하여 간을 한 후에 팬에 굽는다.

② 감자는 껍질을 벗겨서 갱을 하여 바스켓 기구에 튀긴다. 이때 전분가루를 약간 묻혀서 튀기면 잘 튀겨진다.

③ 접시에 감자 바스켓을 깔고 메밀 버섯 리조토를 채우고, 새우를 보기 좋게 얹는다.

④ 바스켓을 놓을 때에는 접시 중앙에 리조토를 약간 깔거나, 메쉬 감자를 깔고 바스켓을 놓으면 움직이지 않고 고정이 된다.

⑤ 레몬 버터 소스를 뿌려서 완성한다.

Salmon Confit with Mushroom Risotto

버섯 리조또를 곁들인 연어 구이

Quantity **Produced** 1portion

Salmon Fresh 120g
Olive Oil 100ml
Baby Leave 5g
Beet Root 2g

Method

① 연어는 올리브 오일을 바르고 소금과 후추로 간을 한다.

② 버섯 리조또를 만들고 팬에 연어를 굽는다.

③ 접시 중앙에 버섯 리조또를 깔고, 구운 연어를 얹는다.

④ 어린 샐러드 잎을 얹고 쳐빌로 가니쉬하여 완성한다.

Mushroom and Shrimp Risotto 버섯과 새우 리조또

Quantity **Produced** 1portion

Rice 20g	Olive oil 20ml	Onion Peeled 10g
Garlic Cleaned 5g	Champignon Mushroom 30g	Shrimp 20g
Cream 50ml	Chicken Stock 100ml	Mascarpone 60g
Salt 3g		

Method

① 쌀을 깨끗이 씻어서 물기를 빼고 냄비에 올리브 오일을 두르고 양파, 마늘, 양송이버섯, 새우 순서로 볶는다.

② 색깔이 나지 않게 볶아지면 물기를 뺀 쌀을 넣고 저어주면서 볶는다.

③ 육수를 넣고 수분이 증발할 때까지 계속 저으면서 끓인다.

④ 쌀을 씹어서 익힘 정도가 알 덴테(Al Dente)로 되었다고 생각할 때 생크림을 붓고 잘 저어주면서 마스카포네 치즈를 넣고 섞는다.

⑤ 소금으로 간을 하여 질죽하게 밥을 한다.

Check **Point**

- 리조또는 쌀알이 약간 씹히는 죽 같다고 해야 할까? 쌀알이 푹 퍼지지 않고 씹히는 게 리조또 맛의 비결이다.
- 쌀은 불리지 않은 쌀을 이용하고 올리브 오일로 볶아야 맛이 있다.
- 쌀이 익을 때까지 계속 저어 주어야 한다.
- 조리시간도 길어 이탈리아에서는 엄마의 정성으로 만드는 음식으로 알려져 있다.
- 리조또 요리는 이탈리아 북부 지방과 남부 지방마다 요리법이 다르다. 다시 말하면 북부 지방은 생크림을 넣는 경우가 있고, 남부 지방은 안 넣는다. 생크림을 사용 유무에 따라서 주방장이 어느 지역 사람인지를 알 수 있는 대목이다.

Pan Fried Seabass on Parmagiano Shaving with Fresh Asparagus and Basil Pesto oil

아스파라거스를 곁들인 농어구이

Quantity **Produced** 1portion

Fresh Seabass 120g	Fresh Green Asparagus 3pc	Parmagiano 5g
Green Chicory 5g	Basil Pesto 5g	Olive Oil 40ml

Method

① 농어는 겉 표면에 오일을 바르고 소금, 후추로 간을 해 놓는다.

② 아스파라거스는 삶아서 놓는다. 삶을 때에는 냄비에 물을 붓고 화이트 와인, 설탕, 레몬 등을 넣고 삶는다.

③ 마파산 치즈 덩어리를 얇게 슬라이스하여 놓는다.

④ 접시에 아스파라거스를 삼각형 모양으로 걸쳐 놓고 구운 농어를 올려 놓는다.

⑤ 농어 위에 파마산 치즈를 얹고 치커리를 얹는다. 반복하여 파마산 치즈 위에 치커리를 보기 좋게 놓고 바질 페스토 오일을 뿌려서 완성한다.

Normandy Style Mussel 노르망디식 홍합요리

Quantity **Produced** 1portion

Mussel Black 200g	Olive Oil 15ml	Onion 20g
Cleaned Garlic 50g	Parsley 90g	Whith Wine 50ml

Method

① 홍합은 손실을 하여 털을 뽑고, 깨끗하게 씻는다.

② 양파와 마늘은 잘게 다지고, 파슬리는 잎을 떼서 다진다.

③ 뜨거운 팬에 오일을 두르고, 다진 양파와 마늘을 넣고 타지 않게 볶는다.

④ 손질한 홍합을 넣고 살짝 섞어 주면서 백포도주를 넣은 후 냄비 뚜껑을 닫고 약간 더 끓인다.

⑤ 홍합의 입이 열리면 건져내고 다진 파슬리를 넣어서 약간 더 끓인다.

⑥ 접시에 홍합을 담고 소스를 뿌려서 완성한다.

Steam Halibut on Zucchini Scale with Tomato Lemon Butter Sauce

서양 호박으로 비늘모양을 내서 찐 광어요리

Quantity Produced 1portion

Fresh Halibut Fiillet 120g	Zucchini 250g	Butter 70g
Potato 150g	Tomato 1/4ea	Basil Leaf 1pc
Parsley 3g	Salt 0.5g	White Pepper Mill 1g
Olive Oil 3ml	Beurre Blanc Sauce 60ml	

Method

① 광어는 손질을 하여 올리브 오일을 약간 바르고, 소금 후추로 간을 해 놓는다.

② 서양 호박은 길게 4등분하여 씨 부분을 자르고 부채꼴 모양으로 두께와 크기가 일정하게 얇게 썰어 놓는다.

③ 감자는 껍질을 벗기고 파르시안 나이프로 구슬 모양으로 파서 삶아 놓는다.

④ 토마토는 콘카세를 해 놓고, 파슬리는 곱게 다져 놓는다.

⑤ 광어살 위에 썰어 놓은 서양 호박을 왼쪽에서 오른쪽으로 질서 정연하게 비늘 모양으로 보기 좋게 올려 놓는다.

⑥ 광어는 용기에 담아서 화이트 와인이나 육수를 약간 붓고, 쿠킹호일을 덮어서 190℃의 오븐에 5분 정도 익히거나 찜통에 찐다.

⑦ 접시 중앙에 시금치를 볶아서 깔고 찐 광어를 얹는다.

⑧ 광어의 가장자리에 토마토 레몬 버터 소스를 뿌리고, 구슬 모양 감자를 놓는다.

⑨ 바질 잎으로 가니쉬하여 완성한다.

Beurre Blanc Sauce 브레 블랑 소스

Quantity Produced 300ml

Butter 500g
Bay Leaf 3g
White Pepper Corn 15g
Shallot Chopped or Onion Chopped 7g
Chicken Stock 200ml
Parsley Stalk
Tarragon Leaves 5g
White Wine 150ml
Fresh Cream 50ml
Lemon 1/2ea

Method

① 냄비에 육수와 화이트 와인, 샬롯 또는 양파 다진 것, 파슬리 줄기, 생크림, 흰 통후추, 월계수 잎을 넣고 끓여서 은근히 졸인다.

② 버터를 조각으로 잘라서 몬테를 한다.

③ 레몬 즙을 넣고 소금으로 간을 한 후 고운 체에 거른다.

④ 완성된 브레 블랑 소스에 다른 재료를 첨가하는 것에 따라서 소스 명이 바뀐다.

Check Point

- 화이트 와인 버터 소스(White Wine Butter Sauce)라고도 한다. 왜냐하면 Beurre는 불어로 영어의 버터를 말하며, Blanc도 불어로 화이트 와인을 말한다.
- 소스 온도가 높거나 낮아지면 버터가 분리된다.
- 버터는 차가울 때 서서히 녹여 줘야 한다.
- 버터를 몬테(Monte)할 때에는 서서히 녹여주면서 농도를 조절해야 한다.
- 몬테(Monte)란 버터를 일정한 온도에서 서서히 녹여 주면서 농도를 조절해 주는 것을 말하는데, 소스의 맛을 증가시켜 준다.
- 아래의 사진은 일반적으로 사용되는 브레 블랑 소스를 만들 때 넣는 샬롯, 화이트 와인, 식초, 생크림만을 넣어서 소스를 만드는 과정으로 설명했다. 여기에 파슬리 줄기, 흰 통후추, 타라곤을 더 첨가하여 끓이면 된다.

Seafood Mediterranean 지중해식 해산물 요리

Quantity **Produced** 4portion

Lobster 800g	Scallops 200g	Mussel 120g
Clam 160g	Salmon 280g	Seabass 280g
Halibut 280g	Bouillabaise Stock 1.2ℓ	Tomato 80g
Green Peas 5g	Green Pimento 10g	Red Pimento 10g
Green Pimento 10g	Basil Leaf 1pc	Salt & Pepper Mill

Method

① 부야베이스 스톡을 준비해 놓는다.

② 여러 가지 종류의 바닷가재, 가리비, 홍합, 조개, 연어, 농어, 광어 등 해산물을 손질하여 준비를 해 놓는다.

③ 토마토는 콩카세를 해 놓고, 채소는 다이아몬드 형태로 잘라서 완두콩과 함께 데쳐 놓는다. 셀러리, 당근 등의 채소를 사용해도 무관하다.

④ 냄비에 부야베이스 스톡을 붓고 끓여서 채소와 해산물을 넣고 익힌다.

⑤ 해산물이 다 익으면 용기에 해산물을 담고, 부야베이스 스톡을 약간 붓고 바질로 가니쉬하여 완성한다.

Bouillabaise Stock 부야베이스 육수

Quantity Produced 2ℓ

White Wine 0.5ℓ
Seabass Bones 200g
Onion 200g
Peeled Tomatoes 400g
Pernod 4ml
Black Pepper Corn 1g
Saffron Threads 1g
Seabream Bones 200g
Leek 100g
Garlic 30g
Bay Leaf 1g
Lobster Shell 400g
Olive Oil 6ml
Fennel 80g
Water 2.5ℓ
Thyme 2g

Method

① 바닷가제, 농어, 도미 등의 생선 뼈는 손질을 하여 핏물을 빼 놓고 찬물에 담궈 놓는다. 이때 생선뼈는 흰살 생선의 뼈만 사용한다.

② 양파, 대파, 휀넬, 토마토 등의 채소는 적당한 크기로 잘라 썰어 놓는다.

③ 냄비에 찬물을 붓고 생선뼈와 채소, 화이트 와인, 사프론, 향신료 등을 넣고 센 불에 끓인다.

④ 물이 끓으면 거품 등의 불순물을 제거하고 95℃의 온도에서 은근히 끓여 준다. 왜냐하면 씨머링(95℃) 상태에서 끓여줘야 육수가 맑게 나올 수 있다.

Rouille Sauce 루이 소스

Quantity **Produced** 120ml

Egg York 2pc	Saffron 1g	Garlic Cloves 20g
Olive Oil 100ml	Anchovy 3g	Salt & Pepper Mill

Method

① 냄비에 사프론과 화이트 와인을 넣고 은근히 끓여서 노란색 물이 잘 나오도록 하여 거른다. 화이트 와인을 사용하는 이유는 사프론의 향과 맛을 증진시켜 주기 위해서이며, 사프론 액을 오랫동안 냉장 보관하기 위해서이다. 물을 사용해도 무관하며, 사프론 수술을 거르지 않고 사용해도 괜찮다.

② 마늘과 앤초비는 곱게 다져 놓는다.

③ 올리브 오일과 계란 노른자로 마요네즈를 만들어 다진 마늘과 앤초비를 넣는다.

④ 여기에 사프론 에센스를 넣고 간을 하여 완성한다.

⑤ 루이 소스는 부야베이스 수프를 먹을 때 곁들여지는 소스로서, 얇게 슬라이스한 프렌치 빵과 그레어 치즈와 함께 제공하면 음식의 조화가 이루어질 수 있다.

Lobster Thermidor 바닷가재 테르미도르

Quantity Produced 120ml

Lobster Tail 1pc	Fresh Asparagus 5ea	Onion Chopped 15g
Garlic Chopped 5g	Brandy 10ml	White Wine 30ml
Champignon Mushrooms 40g	Butter 15g	Fresh Cream 70ml
Dijon Mustard 5g	Gruyere Cheese 15g	Basil Leaf 1pc
Chive Long 1pc	Tomato Concasse 30g	Hollandaise Sauce 15ml
Salt & Pepper Mill		

Method

① 바닷가재는 껍질을 제거하고 살을 손질하여 사각으로 적당한 크기로 작게 썬다.

② 아스파라거스는 껍질을 벗겨서 삶아 놓는다.

③ 팬에 양파와 마늘 다진 것을 볶은 다음 양송이 버섯을 넣고 볶는다.

④ 썰어 놓은 바닷가재 살을 넣고 볶은 후 브랜디로 프람베하고 화이트 와인을 넣고 졸인다.

⑤ 크림과 겨자, 그레어 치즈 순으로 넣고 소금과 후추로 간을 하여 홀랜다이스 소스를 넣고 골고루 혼합한다.

⑥ 접시에 아스파라거스를 놓고 볶은 바닷가재를 놓는다.

⑦ 살라만더에 색깔이 갈색으로 나게 하고 토마토 콩카세와 바질 잎, 실파, 다진 파슬리로 장식하여 완성한다.

Check Point

- 소스의 농도에 주의한다.

제18장

육류요리

육류라고 하는 것은 소, 송아지, 양 등 동물의 도체에서 생산되는 고기를 의미한다. 질 좋은 수육을 생산하려면 우량한 도체가 필요하다. 먼저 축육의 체형, 성별, 연령, 품종, 영양 상태에 따라서 육질이 좌우된다.

오늘날의 고기 소비 경향은 전반적으로 지방보다 살코기를 더 선호하는데, 이와 같은 소비 성향은 지방의 섭취에 의해서 체내에 콜레스테롤의 양이 증가된다는 사실이 알려짐으로써 더욱 커지고 있다.

콜레스테롤이란 핏속에 들어있는 일종의 지방 성분으로서 혈관 벽에 침투되어 혈액순환에 지장을 주는 원인이 된다. 이것은 과다할 경우 동맥경화 등 각종 질병의 원인이 되기도 한다. 이처럼 소비자가 살코기를 즐기게 되고 소비함에 따라 동물 사육업자나 도축업자에게도 생산의 방향과 수요성에 많은 변화를 가져왔다.

그래서 단기간의 비육으로 빨리 출하할 수 있는 품종을 선택하고 증식하게 되었으며, 마블링(Marbling)이 잘 구성된 양질의 수육을 생산하게 되었다. 마블링이 잘 형성된 고기는 풍미가 있고 다즙성(Juiciness)이며 연하다.

1. 육류의 구성(Compositon)

동물의 도체, 즉 소, 양, 돼지 등에서 생산된 육질의 기본적인 구성은 ① 근육조직(Muscular Tissue)과 ② 결합조직(Connective tissue), ③ 지방조직(Fat), ④ 뼈(Bones)로 되어 있다.

도축을 할 때는 조리를 목적으로 도체를 작업하기보다는 유통이나 비슷한 성질을 가지고 구분한다. 미국식 도체작업은 1차 작업(Primal Cuts ; 근육과 뼈, 결합조직을 분리하는 최초의 작업으로 도체를 약 8~10쪽으로 나누는 작업을 말한다), 2차 작업(Subprimal Cuts ; 일단 1차 작업이 끝난 커다란 덩어리를 육류의 근육질에 따라 소단위로 분리하는 작업을 말한다. 이때가 육류가 요리에 사용되는 부위별로 명칭이 뚜렷하게 구분되는 시기이다.), 3차 작업(Favricated Cuts ; 직접조리에 사용할 수 있도록 개별화하는 작업으로 고객의 취향이나 적정량을 기준으로 하여 작업하게 된다)으로 구분한다. 일반적으로 육류의 1차 또는 경우에 따라서 2차 작업까지를 육류 공급업체에서 담당하고 마지막 3차 작업은 주방 내 육가공 부서에서 담당하게 된다.

1) 근육조직(Muscle Tissue)

요리에 사용되는 것은 대부분이 근유조직으로 그 속에 포함되어 있는 결합조직의 양이 근육의 외관과 특성을 결정하고 특히 연도에 영향을 준다. 근육조직의 성분은 약 72%의 수분과 단백질 20%, 지방 7%, 기타 미네랄 등이 1%로 구성되어 잇다. 근육조직의 섬유질이나 두께와 길이는 동물의 연령, 활동, 사육방법에 따라서 차이가 난다. 활동이 많은 동물일수록 근육섬유가 굵고 길며 결합조직의 함량도 높게 나타난다.

2) 결합조직(Connective Tissue)

하나의 근육은 여러 개의 근육섬유 묶음으로 이루어져 있고 결합조직과 지방조직에 개별적으로 싸여 있다. 근육조직을 잘라 단면을 보았을 때 결합조직의 포함상태가 어떠한 형식으로 존재하는가에 따라서 육류의 맛이 결정된다.

결합조직은 여러 개의 가닥이 모여서 하나의 커다란 묶음으로 나타나고 그 묶음은 다시 뼈와 연결되어 고정화하는 역할을 한다. 대부분의 결합조직은 단백질의 일종으로 아교질이 풍부한 콜라겐(Collagen)과 엘라스틴(Elastin)으로 구성되어 있다.

그 중에서 콜라겐은 물과 함께 가열하면 젤라틴(Gelatin)으로 변하게 되지만 엘라스틴은 젤라틴화되지 않고 그대로 남아 있기 때문에 조리하기 전에 제거해 주는 것이 바람직하다.

결합조직은 동물체의 연령에 따라서 근육 속의 포함도가 달라진다. 그러나 같은 상황의 동물체라 할지라도 부위별로 함유량이 다르게 나타난다. 즉 소고기를 예로 들면 등심(Sirloin)이나 안심(Tenderloin)보다는 어깨살(Chuck) 또는 다릿살(Shank) 부분에 결합조직이 많이 함유되어 있다. 일반적으로 이렇게 질긴 육질 부분은 향이 더 짙은 것이 특징인데 서양요리에서는 향을 목적으로 하는 맑은 수프(Consomme)를 생산할 때 이러한 육질을 섞어서 사용한다.

3) 지방(Fat)

육류의 지방분포는 육질에 커다란 영향을 주게 된다. 지방은 전체적으로 부위에 따라서 큰 덩어리와 작은 덩어리로 산재해 있는데 특히 피하, 내장 부분에 커다란 덩어리로 상당량 분포되어 있다. 일반적으로 지방의 분포 정도(Marbling)에 따라서 육질을 평가하기도 하는데 그 이유는 지방이 근육 내에 존재하게 되면 상대적으로 결합조직의 입자가 가늘어지게 되고 근육조직 역시 연하기 때문이다. 그러나 최근 건강에 대한 관심이 높아지고 동물성 지방을 기피하는 현상이 확산되면서 육질이 다소 질기다 할지라도 지방분이 적게 함유된 육류를 선호하게 되었다.

4) 뼈(Bonest)

동물의 뼈는 나이가 들어갈수록 단단해지고 그 색상도 달라진다. 어린 동물일수록 뼈가 연하고 분홍색이 많이 분포되어 있고 성숙한 동물일수록 흰색에 가깝다. 동물의 뼈 속에는 골수(Yellow Marrow)가 들어 있는데 골수는 따로 분리하여 소스나 수프의 곁들임으로 사용하기도 한다.

2. 육류의 숙성(Meat Aging)

동물은 도살된 후 부드럽던 육질이 굳어지지 시작하는데 이때를 경직이라 한다. 동물의 사후 경직은 동물의 종류, 몸집의 크기, 온도 등에 의해서 영향을 받지만 일반적으로 6~24시간 동안의 육안으로 볼 수 있을 정도로 심하게 경직이 일어나는데 이때를 최대 경직기라 한다. 그 후 48~72시간 동안 육안으로 확인이 안 될 정도의 미세한 경직이 계속되는데 이때를 휴지기(Rest Period)라 하며 주로 냉장상태에서 일어난다. 이렇게 미세한 경직이 일어날 때는 육류를 그대로 두어 근육상태가 제대로 굳어지도록 하는 것이 좋다.

육류가 충분하게 경직되지 않은 상태로 냉동을 시키게 되면 냉동되는 동안 급속 경직이 일어나면서 육류의 색이 푸른색으로 변하는 속칭 'Green Meat' 현상이 발생하게 되는데 이렇게 되면 조리를 하여도 고기가 질기고 맛과 향이 떨어지게 된다.

소고기(Beef)나 양고기(Lamb)와 같은 붉은 육류는 도살장소에서 주방으로 옮겨져 일정 동안 숙성기간을 갖게 되면 육질이 부드러워지고 풍미가 짙어지는 특성을 가지고 있는 반면, 돼지고기와 같은 핑크빛이나 흰살 육류는 그렇지 못하다. 그 이유는 돼지고기나 흰살 육류 속에는 지방분함량이 낮아 숙성되는 동안 부패균의 억제작용이 이루어지지 않기 때문이다.

조리에서 육류를 숙성하는 방법은 크게 ① 일반숙성과 ② 건조숙성이 있다. 일반숙성(Wet-Aging)이란 보통 냉장숙성을 말하는데, 현대 냉장기술의 발달로 인하여 육류를 숙성시키는 기간도 매우 길어지고 숙성 단계도 매우 세분화되어 있어 단계별로 향기가 짙고 부드러운 고기를 맛볼 수 있게 되었다. 우리나라에도 최근 들어 생고기(Fresh Meat)에 대한 수요가 늘어나고 이것만을 전문으로 하는 전문식당을 손쉽게 볼 수 있다. 육류를 숙성시키기 위해서는 숙성온도를 정확하게 제어해 줄 수 있는 냉장시설이 필요하게 된다. 우선적으로 요리목적에 적합하도록 작업된 육류를 플라스틱 포장재질로 진공상태 포장을 한 후 -1℃~1℃ 사이에서 약 60일 정도 보관이 가능하다. 다만 온도상태에 따라서 그 기간은 단축될 수 있다.

건조숙성(Dry-Aging)이란 육류를 매달은 상태로 주위환경과 온도와 습도를 조절해 주고 공기를 순환시켜 줌으로써 약 6주 정도 숙성시키는 작업이다. 이 동안 육류 속에 포함되어 있는 자기소화분해효소가 결합조직을 분해하여 부드러움과 향을 발산하게 된다. 엄밀하게 말한다면 숙성이라고 하는 것은 근육 속에 포함되어 있는 자기소화효소의 분해작용과정이라 할 수 있다. 건조숙성을 하게 되면 육류의 무게가 5%~20%까지 줄어들기도 하고 곰팡이가 발생하기도 하지만 사용할 때 그 부분만 다듬으면 된다. 건조 숙성에서 발생한 무게손실과 곰팡이에 의한 제 손실은 숙성시킨 육류의 질(Quality)로서 대체할 수밖에 없다.

3. 안심의 부위별 명칭과 용도

소고기 안심은 등심 안쪽에 위치한 부분으로 소고기 중에서 결이 곱고 부드러우며 소 한 마리에서 겨우 2~3% 정도 밖에 얻을 수 없는 최고급 부위이다. 지방이 적고 담백하여 살코기로서 맛이 좋은 부위이며, 주로 로스트, 고급 스테이크, 바비큐 요리에 많이 쓰인다.

① **Head** 맨 앞 부위를 말하며 머리 부분이라고도 하는데, 다른 부위에 비하여 약간 질긴 편이다.

② **Chateaubriand** 소의 등뼈 양쪽에 붙어 있는 가장 연한 안심 부위로 최상으로 육질이 부드럽고 좋다.

③ **Filet Steak** 안심 스테이크로 사용하는 부위

④ **Tournados** Filet Steak의 옆 부분으로 금전식(Meadallion) 용으로 동그랗게 스테이크 모양을 내서 사용하기에 좋다.

⑤ **Filet Mognon** 안심 부위 중에서 끝 부분으로 고기의 결이 단단하지 않아서 스테이크 모양이 좋지 않다.

⑥ **Filet Tip** 안심 부위 중에서 마지막 끝 부분으로 스테이크용 보다 찹스틱 스테이크(Chopstick Steak), 사테(Satay), 스트로가노프(Stroganoff) 요리에 많이 사용한다.

[그림 16-1] 안심의 부위별 명칭과 용도

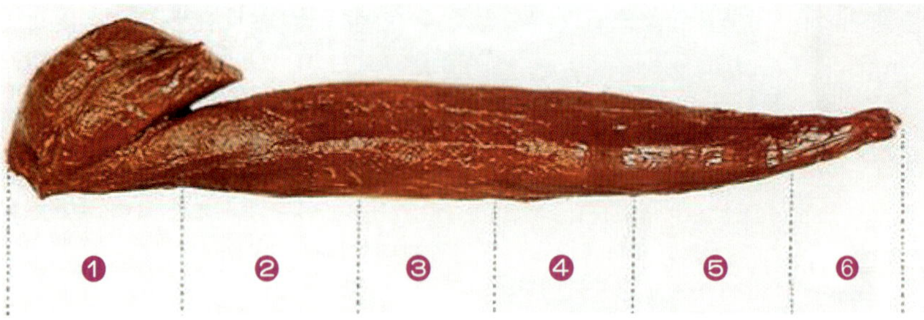

① Head ② Chateaubriand ③ Filet Steak ④ Tournados ⑤ Filet Mognon ⑥ Filet Tip

4. 육류의 굽기 정도(Degrees of Doneness)

육류를 굽는 온도는 조리목적에 따라서 조금씩 차이가 있다. 덩어리가 큰 붉은색 육류(Red Meats)는 초기에 매우 높은 열에 의해서 표면을 캐러멜화시킨 다음 굽는 것이 좋다. 이렇게 함으로써 육류 속에 포함되어 있는 향이나 맛, 육즙이 밖으로 새어나오지 않고 그대로 유지된다. 그러나 작은 덩어리의 고기를 석쇠구이나 철판구이할 때 초기온도가 너무 높으면 내부까지 조리되기 전에 타는 결과를 초래한다.

육류를 구울 때는 송아지고기나 돼지고기, 가금류와 같이 조리가 끝났을 때 내부온도가 높아야 하는 것과 소고기나 양고기처럼 내부온도를 조절해야 하는 종류가 있는데 내부까지 완전히 익혀야 하는 육류는 초기온도를 비교적 낮게 하여 조리되는 속도를 완만하게 하여야 한다. 이렇게 내부까지 완전히 익어야 하는 육류조리가 끝났을 때는 표면이 짙은 황금색이 나와야 한다.

붉은색 육류는 고객의 취향에 따라서 그 굽기의 정도를 조절해 주어야 하고 고객이 요구하는 경우 조리사는 그 욕구에 알맞도록 조리를 해야 하는 의무가 있다. 조리사가 고기 굽는 정도와 기술을 충분히 이해하지 못하고 있으면 주문된 요구를 충족시킬 수 없게 된다.

고기 굽기 정도를 구분하는 기준은 블루(Blue Or Very Rare), 레어(Rare), 미디엄 레어(Medium Rare), 미디엄(Medium), 미디엄웰 또는 웰던(Medium Well Or Well Done)으로 나뉜다. 이렇게 나누는 기준은 조리되었을 때 육류의 내부색깔과 내부온도 차이이다.

덩어리가 큰 것은 오븐(Oven)에서 시작하여 오븐에서 끝내지만 작은 크기의 육류는 처음 석쇠나 철판 또는 프리이팬에서 색깔을 낸 다음 오븐에서 그 굽기의 정도를 조절할 수 있다.

[표 16-1] 육류의 굽기 정도에 따른 등급

Rare	속을 따듯하게 하여 색깔만 살짝 나게 굽는 것을 말하며 절단하였을 때 속은 선분홍색을 띠어야 한다. 고기 내부의 온도는 52℃
Medium Rare	Rare보다 조금 더 익힌 것으로 시각적으로 피가 흐르는 것이 보이지 않아야 한다. 고기 내부의 온도는 55℃ 정도
Medium	절반 정도로 익히는 것을 말하며 검붉은 색이 감돌아야 한다. 고기내부의 온도는 60℃ 정도
Medium Well-done	거의 다 익힌 것으로 절단하였을 때 가운데 부분에 약간 붉은색이 감돌아야 한다. 고기 내부의 온도는 65℃ 정도
Well-done	속부분까지 완전히 익히는 것으로 절단했을 때 핏기가 보이지 않아야 한다. 고기 내부의 온도는 붉은색 고기는 70℃, 송아지, 어린 양고기는 77℃, 돼지고기, 가금류 고기는 85℃ 정도이다.

1) Beef Tenderloin

등심 안쪽에 있는 부위로 소고기 부위 가운데 육질이 가장 연한 최상품이다. 소고기 중 양이 가장 적은 부위로 고깃결이 곱고, 지방이 적어 담백하다. 소를 도축하면 소고기 안심이 2개가 나오는데, 보통 안심의 무게는 2.5kg~3kg 정도가 된다. 용도는 스테이크나 구이용으로 많이 쓰인다.

2) Beef Sirloin

허리뼈를 감싸고 있는 부위로 안심처럼 육질이 부드럽고 지방은 안심보다 많은 편이다. 서양에서는 등심이라고 부르는데, 우리나라에서는 채끝이라고 부른다. 용도는 안심과 마찬가지로 스테이크나 구이용으로 적당하다.

3) Beef Rib Eye

한국인이 가장 좋아하는 소고기 부위이다. 갈비뼈 사이의 살코기로 근내 지방이 많고, 육즙과 뼈에서 나오는 골즙이 어우러져 풍미가 좋다. 고기를 자르면 동그랗게 원형으로 생겨서 갈비의 눈(Eye)이리고 한다. 우리나라에서는 등심이라고 하는데 서양에서는 갈비살 스테이크라고 한다. 용도는 스테이크, 구이, 찜으로 적당하다.

4) Beef T-Bone Steak, Veal T-Bone Steak

안심과 등심이 붙어 있는 부위를 통째로 뼈와 함께 자른 형태를 말하는데 뼈가 T자형으로 생겼다고 해서 티본 스테이크라고 한다. 티본 스테이크는 안심의 연한 맛과 등심의 질감 맛을 동시에 느낄 수 있는 것이 장점이다.

소고기 티본의 색깔이 선홍색을 띠면 좋은데, 송아지 티본의 색깔은 선홍색보다 연한 밝은 핑크색을 띈다.

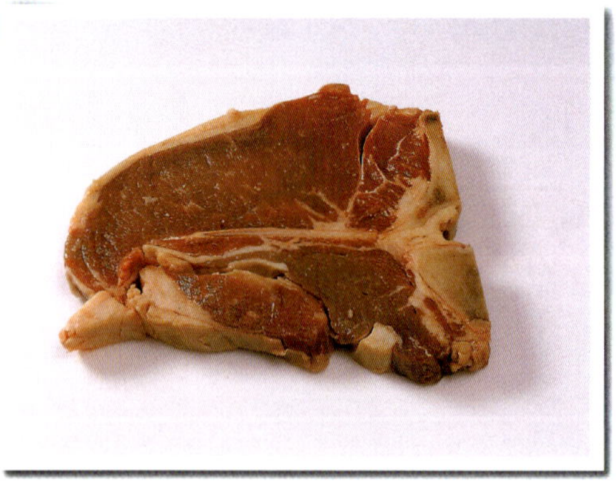

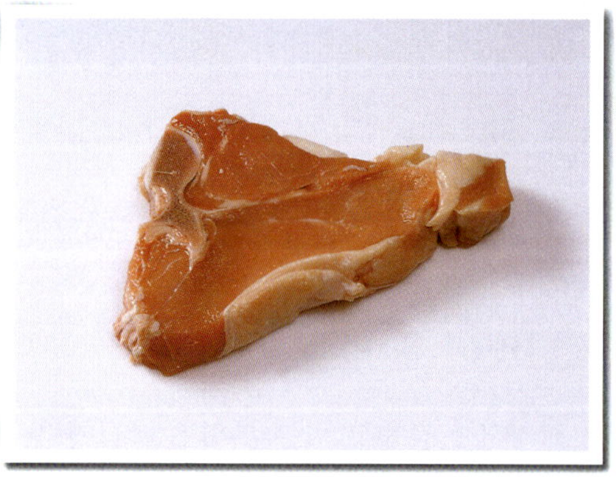

5) Veal Shank

송아지 정강이 부위를 말하는데, 정강이 부위를 잘라서 브레이징 종류의 요리에 많이 쓰인다. 대표적으로 밀나노식 송아지 오소부코(Osso Bucco) 요리가 있다.

6) Rack of Lamb

양 갈비의 큰 덩어리를 Rack of Lamb 이라고 한다. 갈비를 한 대씩 자르면 Lamb Chop이 된다. 양갈비 덩어리를 손질을 하여 손으로 갈비 뼈를 잡기 편하게 할 수 있도록 손질을 하여 Rack of Lamb을 통째로 굽는 방법도 있고, 양 갈비의 뼈가 붙게 하여 작게 잘라서 굽는 방법 등 다양한 조리법이 있다.

Beef Tenderloin with Potato Cake and Mushroom Goulash, Bordelaise Sauce 감자와 버섯을 곁들인 소고기 안심 요리

Quantity Produced 1portion

Beef Tenderloin 180g
Fresh Cream 100ml
Champignon Mushroom 50g
Black Mushroom 50g
Butter 40g
Potato 250g
Olive Oil 60ml
Spinach Leaf 40g
Parsley 1g
Brawn Sauce 150ml

Beurre Blanc Sauce

① 감자는 통째로 2/3 정도 삶는다. ② 삶은 감자는 껍질을 벗기고 그레이트하여 간을 해서 원형 커터 몰드에 넣고, 동그랗게 모양을 만들어서 프라이팬에 갈색이 나도록 굽는다.

Bordelaise Sauce

Mirepoix(Onion, Carrot, Celery), Red Wine, Demi Glace, Butter, Bay Leaf, Basil, Thyme, Black Pepper Corn, Olive Oil

Method

① 소스 팬에 오일을 두르고 미르뽀와를 볶는다.
② 적포도주와 브라운 소스, 향신료를 넣고 미르뽀와가 다 익을 때까지 끓인다.
③ 고운 체에 소스를 걸러서 간을 하여 버터로 몬테(Monte)를 한다.

Method

① 소고기 안심은 오일을 약간 바르고 소금과 후추로 간을 하여 원하는 정도로 굽기 정도로 굽는다.
② 양송이 버섯은 반으로 자르고, 표고 버섯도 양송이 버섯 크기로 잘라서 팬에 볶는 후에 생크림과 브라운 소스를 넣고 끓여서 졸인다. 마지막으로 파슬리를 다져서 뿌려서 마무리한다.
③ 시금치는 잎을 따서 160℃의 온도로 기름에 튀긴다.
④ 접시 중앙에 감자 케이크를 놓고, 그 위에 구운 소고기 안심을 놓고, 튀긴 시금치를 올려 놓고, 볶은 버섯을 얹는다.
⑤ 소고기 안심 가장자리에 보졸레이즈 와인을 뿌려서 완성한다.

Check Point

- 소고기 안심은 천으로 둥글게 접어서 모양을 잘 만들어 두드린 후에 굽는다.
- 적포도주는 많이 넣고 조릴수록 소스의 맛이 좋으며, 포트와인(Port Wine)은 1/2 정도, 국내산 와인은 2/3 정도 졸여야 맛이 좋다.

Pepper Steak with Cream and Brandy Sauce 으깬 통후추를 얹어 구운 소고기 안심 스테이크와 크림 브랜디 소스

Quantity **Produced** 1portion

Beef Tenderloin 150g	Black Pepper Corn 10g	Salad Oil 5ml
Butter 15g	Potato 150g	Broccoli 20g
Cauliflow 20g	Salad Oil 25ml	Parsely 5g, Salt

Cream and Brandy Sauce

Cognac 5ml	Red Wine 20ml	Brown Sauce 50ml
Cream 12.5ml	Butter 50g	

Method

① 브라운 소스에 꼬냑을 넣고 프림베(Flambe)하고 직 포도주를 넣고 끓인다.
② 생크림을 넣고 다시 끓여서 졸이다가 버터를 넣고 몬테를 한다.
③ 소스의 농도와 간을 확인한 후 마무리한다.

Method

① 감자는 씻어서 껍질을 벗기고 두께가 5mm 정도로 얇게 잘라서 흐르는 물에 담가두었다 건져서 물기를 제거한 후, 팬에 색깔이 나게 소테하여 볶는다.
② 당근은 비쉬로 하고, 브로콜리와 컬리플라워는 로즈 모양으로 손질하여 삶아 놓는다.
③ 통후추를 도마 위에 놓고 눌러 으깨서 준비해 놓는다.
④ 소고기 안심은 두드려서 모양을 내고, 안심 위 부분에 으깬 통후추를 뿌려 놓는다.
⑤ 팬에 오일을 두르고 안심을 원하는 굽기 정도로 굽는다.
⑥ 접시 중앙에 구운 안심을 놓고, 소테한 감자와 더운 채소를 보기 좋게 놓는다.
⑦ 마지막으로 소스를 뿌려서 완성한다.

Fillet Steak with Artichoke and Potatoes

아티초크와 감자를 곁들인 소고기 안심 스테이크

Quantity **Produced** 1portion

Beef Tenderloin 150g	Salad Oil 15ml	Butter 10g
Artichokes 30g	Lemon 1/2ea	Butter 10g
Potato 1/2ea	Parsley 5g	Salt and Pepper Mill Some

Sauce

Brown Sauce 50ml	White Wine 10ml	Butter 5g

Method

① 아티초크는 물에 레몬 주스, 약간의 식용유, 소금을 넣고 삶아서 건져내고, 가공된 아티초크의 경우에는 뜨거운 물에 레몬 주스를 약간 넣고 데친다.

② 아티초크는 팬에 버터를 두르고 윤기를 내서 소금과 후추로 간을 하여 볶거나 150℃ 온도의 오븐에서 구워도 좋다.

③ 감자는 파르시안 스쿠퍼로 구슬 모양으로 파서 삶은 후 팬에 오일과 버터를 두르고 색깔이 나게 소테하여 다진 파슬리를 뿌려서 놓는다.

④ 소고기 안심은 소금과 후추로 간을 하여 팬에 원하는 굽기 정도로 굽는다.

⑤ 소고기 안심을 구운 팬에 화이트 와인을 넣고 졸인 다음 브라운 소스를 넣어 끓여서 버터를 조금씩 넣으면서 소스의 농도를 조절한다.

⑥ 접시에 구운 소고기 안심을 놓고 아티초크 위에 소테한 감자를 놓는다.

⑦ 소스를 뿌려서 완성한다.

Grilled Sirloin Steak with Bearnaise Sauce, Potatoes Pont-Neuf 감자 튀김을 곁들인 소고기 등심 스테이크

Quantity **Produced** 1portion

Beef Sirloin 150g	Salad Oil 10ml	Butter 20g
Bearnaise Sauce 60ml	Onion 40g	Zucchini 30g
Potato 150g	Salt and Pepper Mill Some	

Bearnaise Sauce

Hollandaise sauce 55ml　　Fresh Tarragon Choped 3g　　Parsely Chopped 2g

Method

① 제12장의 홀렌다이스 소스 참조

② 홀랜다이스 소스에 다진 타라곤과 파슬리를 넣으면 베어네이즈 소스가 완성이 된다.

Method

① 감자는 깨끗이 씻어 껍질을 벗기고 길이가 6㎝, 두께가 약 1㎝ 정도로 잘라서 2/3 정도 삶은 후, 180℃ 온도의 기름에 튀긴다.

② 양파와 호박은 적당한 두께로 썰어서 양념을 하여 숯불 그릴에 굽는다.

③ 베어네이즈 소스는 홀랜다이스 소스를 참조하여 만들고 다진 타라곤과 파슬리를 넣고 혼합하여 간을 해 놓는다.

④ 소고기 등심은 오일을 바르고 간을 하여 원하는 굽기 정도에 맞게 숯불 그릴에 굽는다.

⑤ 접시에 채소를 담고 구운 등심을 보기 좋게 놓고 베어네이즈 소스를 뿌려서 완성한다. 이때 고객의 취향에 따라서 소스는 별도로 제공해도 된다.

Grilled Fillet of Beef with New Potato, Red Onion and Mushroom Sauce

감자와 양파 버섯 소스를 곁들인 소고기 안심 구이

Quantity Produced 1portion

Beef Tenderloin 150g
Olive Oil 15ml
Sage Leaf 3pc
New Potato 80g
Butter 35g
Parsley Chopped 3g
Cherry Tomato 3pc
Butter 20g
Thyme 0.5g
Salt and Pepper Mill Some

Red Onion and Mushroom Sauce

Olive Oil 5ml
Dried Porcini Mushroom 10g
Brown Sauce 25ml
Garlic 5g
Red Wine 25ml
Butter 5g
Red Onion Ring 45g
Brandy 5ml

Method

① 적 양파는 링으로 얇게 썰어 놓고, 버섯은 물에 담궈 불려서 물기를 제거해 놓는다.
② 소스 팬에 으깬 마늘과 양파 링, 버섯을 볶은 후, 적포도주와 브라운 소스, 브랜디 순서로 넣고 끓여서 마지막으로 버터로 몬테(Monte)를 한다.

Method

① 감자는 작은 감자(Baby Potato)를 사용하는데, 껍질 채로 동그랗게 썰어서 간을 하여 삶는다.

② 방울 토마토는 끓는 물에 데쳐서 껍질을 벗겨 놓는다.

③ 소고기 안심은 모양을 잘 만들어서 겉 표면에 오일을 약간 바르고, 소금과 후추로 간을 한다.

④ 숯불 그릴에 소고기 안심을 원하는 굽기 정도로 굽는다.

⑤ 접시에 삶은 감자를 팬에 버터를 두르고 볶은 후, 다진 파슬리를 뿌려서 감자를 모양 있게 깔고, 그 위에 구운 소고기 안심을 놓는다.

⑥ 소고기 안심 위에 양파 버섯 소스를 뿌리고, 방울토마토와 세이지를 세 군데로 나누어서 보기 좋게 놓는다.

Medallion of Veal in a Mushroom Sauce with Tomato Fondue 토마토 퐁듀와 버섯 소스를 곁들인 금전식 송아지 안심구이

Quantity Produced 1portion

Veal Tenderloin 150g
Butter 20g
Potato 250g
Salad Oil 10ml
Parsely 2.5g
Salt and Pepper Mill

Mushroom Sauce

Shallot 10g
Red Wine 10ml
Champignon Mushroom 30g
Brown Sauce 50ml
Cognac 5ml
Butter 10g

Method

① 소스 팬에 버터를 두르고, 다진 샬롯과 썰은 양송이 버섯을 볶은 후, 꼬냑과 레드 와인으로 플람베(Flambor)하고 브라운 소스를 넣고 끓인다.
② 소스에 간을 하고 버터로 몬테를 하여 완성한다.

Tomato Fondue

Olive Oil 10ml, Shallot 10g, Tomato 100g, Garlic Clove 1ea, Salt and Pepper Mill

Method

① 토마토를 껍질을 벗겨서 콩카세 모양으로 크게 해 놓는다. 이때 토마토 씨는 제거를 안 해도 된다.
② 팬에 오일을 두르고 다진 샬롯과 으깬 마늘을 볶고, 토마토를 넣고 은근히 졸인다.
③ 소금과 후추로 간을 하여 완성한다.

Method

① 감자는 샤또 모양으로 깎아서 찬물에 넣고 물을 끓여서 삶는다.
② 뜨거운 팬에 오일이나 버터를 두르고 감자를 색깔이 나게 볶는다.
③ 송아지 안심은 금전식으로 75g씩 두 개로 만들어서 동그랗게 모양을 내서 오일을 바르고 긴을 해 놓는다.
④ 뜨거운 프라이팬에 고기를 넣고 굽는다.
⑤ 접시에 구운 송아지 안심을 놓고 색깔을 낸 감자를 모양 있게 곁들이고 양송이 버섯 소스를 뿌린다.
⑥ 소스 위에 토마토 퐁듀를 올려 놓고 완성한다.

제19장

가금류요리

1. 가금류의 개요

식용 가금으로는 닭, 칠면조, 오리, 거위, 꿩, 메추리 등이 있다. 오늘날에 식용으로 이용되는 닭은 지금부터 약 3~4천 년 전에 동남아에서 들(야생) 닭을 사육하여 개량한 것으로 알려지고 있다. 닭고기는 피하에 노란 지방질이 많으나 근육질에는 적어 담백하고 연하므로 미식가들이 즐겨 먹는다.

식용으로 사용하는 닭은 병아리(400그램 이하), 영계(800그램 이하), 중닭(1200그램 이하), 성계(1600그램이나 그 이상), 노계 등으로 나뉜다. 산란을 오래한 노계나 닭살을 바르고 나온 뼈는 스톡이나 브이용을 만드는 데 사용한다. 우리나라 사람들은 닭다리 요리를 선호하지만 서양인은 가슴살요리를 선호한다. 그것은 아마도 요리 방법에 따르는 맛 때문에 생긴 성향이 아닌가 생각된다. 닭을 도살하고 2~3일 동안 낮은 온도의 냉장고에서 숙성시키면 육질이 연하고 맛이 좋아진다.

칠면조는 아메리카 대륙이 원산지로 콜롬보스의 신대륙 발견 이후에 유럽에 전해졌다. 칠면조 요리는 추수감사절이나 크리스마스에 등장하는 요리로서 일 년 내내 먹기 시작한 것은 최근의 일이다. 칠면조는 크기에 비하여 고기가 적으며, 저렴한 가격에 거래되고 있다.

오리는 고기보다 뼈와 지방질이 많으며, 연한 것이 특징이다. 오리보다 지방질이 더 많은 거위는 중국과 유럽에서 야생하는 기러기를 육용으로 사육한 것이 지금의 것이 되었다.

2. 닭 손질법

닭은 용도에 따라 다양한 형태로 손질이 가능하며, 뼈의 구조가 모든 가금류와 비슷하여 크게 차이는 없다.

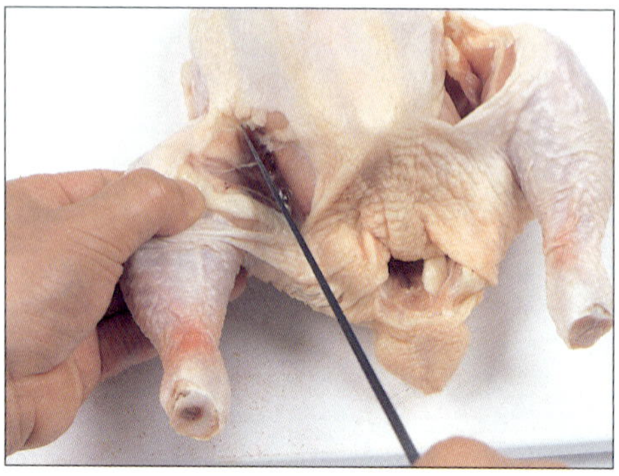

1. 닭 가슴 부분을 위로 하고 양쪽 날개를 자른 후, 양쪽 다리에 칼집을 살짝 넣어서 다리뼈와 골반 사이를 손으로 꺾어준다.

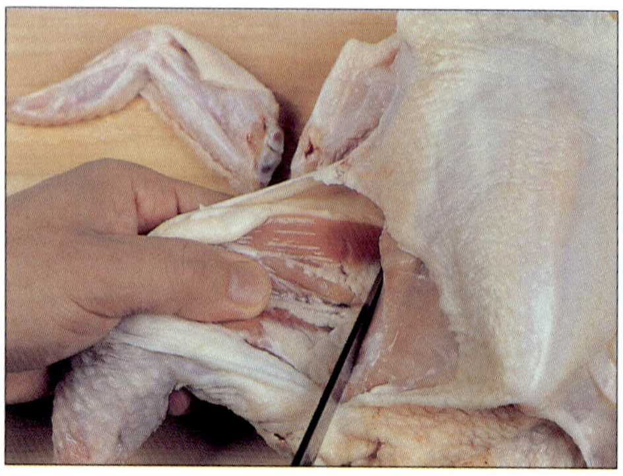

2. 다리를 잡고 살에 칼집을 넣어 홈을 파듯이 칼집을 넣어 주면서 다리를 떼어낸다.

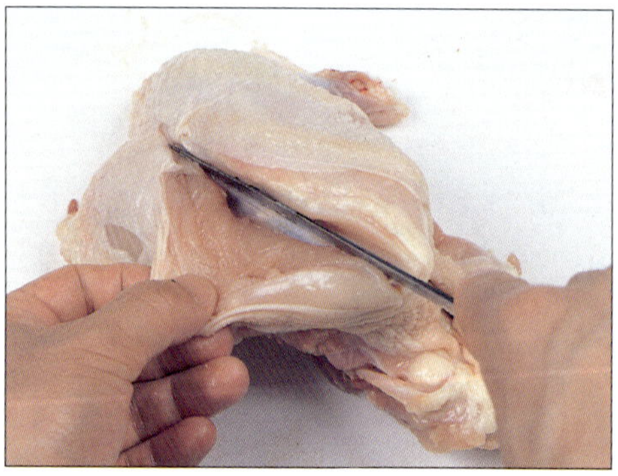

3. 가슴뼈를 중심으로 칼집을 넣어 갈비뼈를 따라 가슴살을 자른다.

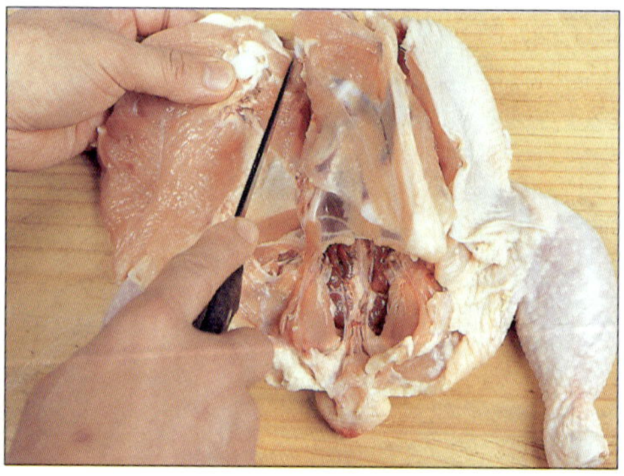

4. 날개뼈 부분을 자르고 갈비뼈에 칼집을 넣어 주면서 가슴살을 분리한다.

5. 날개, 닭다리, 가슴살 순서로 반복해서 부위별로 분리시킨다.

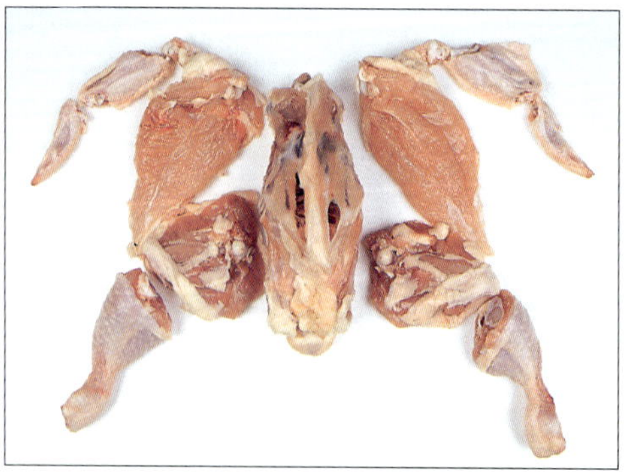

6. 닭을 부위별로 해체시킨 모습으로 조리의 용도에 맞게 사용한다.

3. 닭 갈라틴(Galantin) 손질법

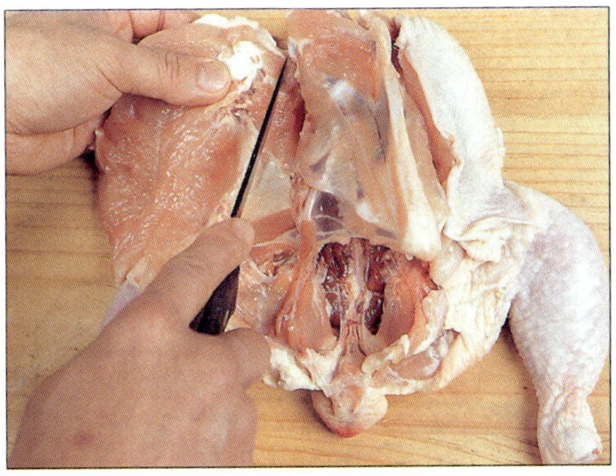

1. 닭 가슴 부분을 위로 하고 양쪽 날개를 자른 후, 가슴뼈를 중심으로 칼집을 넣어 갈비뼈를 따라 가슴살을 자르고, 다리를 잡고 살에 칼집을 넣어 홈을 파듯이 칼집을 넣어 주면서 살과 다리를 떼어낸다. 그리고 가슴살과 닭다리 순서로 반복해서 분리시킨다.

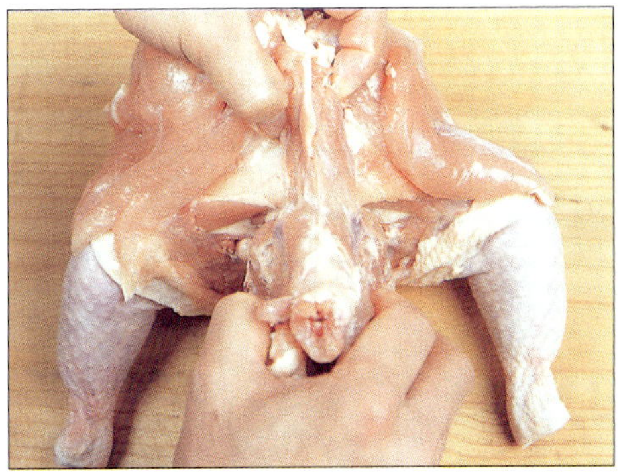

2. 닭의 목과 갈비뼈 부분을 손으로 잡고 껍질이 찢어지지 않게 조심해서 분리한다.

3. 몸통 뼈를 분리한 후, 바닥에 펴서 다리에 칼집을 넣고 뼈를 제거한다.

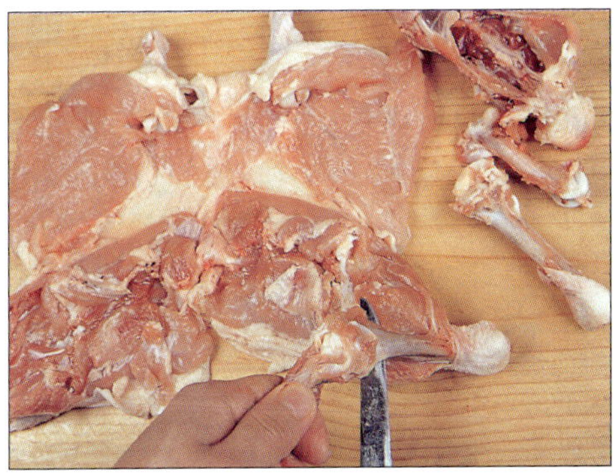

4. 반대쪽 다리도 같은 방법으로 뼈를 제거한다.

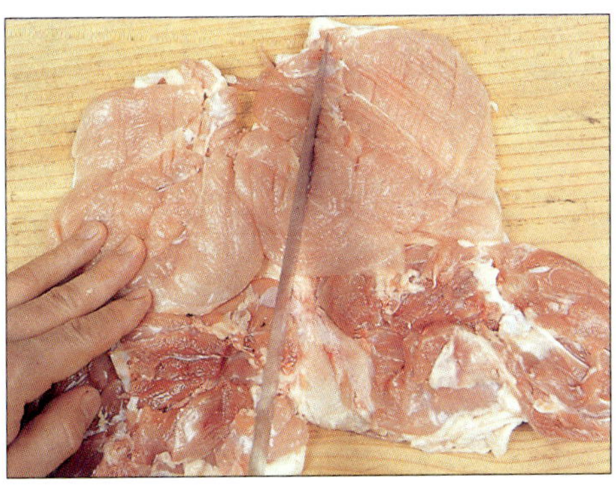

5. 뼈를 제거한 살을 전체적으로 펴서 살이 많이 있는 부분의 살을 없는 부분으로 균등하게 놓아서 칼 등으로 두드려 주면서 마무리한다.

Coq Au Vin 꼬꾸오뱅 요리

Quantity **Produced** 1portion

Chicken Meat 500g	Cleaned Carrot 60g	Cleaned Celery 30g
Onion Cleaned 170g	Bacon Slice 50g	Garlic 30g
Champignon Mushroom 80g	Brandy 10ml	Butter 80g
Flour 20g	Red Wine 150ml	Chicken Stock
Thyme 1pc	Juniperberry 1g	Bay Leaf 1pc
Chive or Parsley 4g	Salt 2g	Black Pepper Mill 1g

Method

① 닭고기는 미르뽀와(양파, 당근, 셀러리)에 적포도주, 향신료를 넣고 마리네이드해 놓는다.
② 절여진 닭고기를 건져서 물기가 빠지게 해 놓는다.
③ 프라이팬에 버터를 두르고 베이컨을 다이스로 썰어 볶다가 마늘과 양파, 양송이 버섯을 넣고 볶는다.
④ 닭고기가 갈색이 나게 구운 후 브랜디로 후람베 하고 냄비에 담는다.
⑤ 브라운 루를 만들어 닭육수와 닭고기를 절여 놓았던 적포도주와 향신료를 넣고 모든 재료를 끓인다.
⑥ 끓기 시작하면 은근히 졸이다가 소금과 후추로 간을 한다.
⑦ 따뜻한 접시에 닭고기를 담고 다진 실파나 파슬리로 가니쉬하여 완성한다.

Check **Point**

- 닭고기에 뼈가 붙어 있어도 된다.
- 적포도주는 많이 졸여줄수록 맛이 좋아진다.
- 주니퍼베리는 가금류요리에 주로 이용한다.
- 양송이 버섯은 처음부터 넣고 끓이면 형태가 부스러지므로 마지막에 볶아서 넣어도 된다.

Chicken Fricassee 닭고기 프리카세

Quantity **Produced** 1portion

Chicken Breat with Out Skin 120g
Fresh Cream 80g
Butter 50g
Potato 130g
Champignon Mushroom 90g
Basil Leaf 1pc
Salt & Pepper Mill

Method

① 닭 가슴살의 껍질을 제거하고 다듬어서 2cm 크기로 자른다.

② 양송이 버섯은 4등분해서 자르고, 감자도 껍질을 벗겨서 2cm 크기로 네모나게 자른다.

③ 냄비에 버터를 두르고 위의 재료를 볶는다.

④ 생크림을 붓고 은근히 끓인다.

⑤ 소금과 후추로 간을 하여 다 익으면 접시에 담고 바질 잎으로 가니쉬하여 완성한다.

Check **Point**

재료를 볶아서 생크림이나 화이트 소스를 넣고 만드는 요리를 "Fricassee"라고 한다.

Chicken A La King 치킨 알라킹

Quantity Produced 1portion

Chicken Meat 120g	Green Pimento 1/2ea	Red Pimento 1/2ea
Onion 30g	Champignon Mushroom 30g	Flour 15g
Fresh Cream 20ml	Milk 100ml	Butter 20g
Bay Leag 1pc	Salt and Pepper Mill	

Method

① 청 · 홍피망 · 양파는 2cm 정도로 네모나게 썰고, 양송이는 껍질을 벗겨서 4등분한다.

② 닭고기는 뼈와 껍질을 제거하고 2.5cm 정도로 자른다.

③ 냄비에 버터를 두르고 채소와 닭고기를 넣어 색깔이 나지 않게 볶는다. 이때 채소는 색깔이 나지 않게 살짝 볶는다.

④ 밀가루와 버터를 넣고 화이트 루를 만든 후, 우유와 생크림를 붓고 끓여서 농도를 맞춘다.

⑤ 접시에 닭고기요리를 보기 좋게 담아서 완성한다.

Check Point

- 농도는 걸쭉하게 흐를 정도가 좋으며, 묽다고 생각할 때에는 더 끓인다.
- 치킨 아라킹은 왕이 먹던 닭고기요리이다
- 채소는 너무 오래 끓이지 않도록 한다.

Pan Fried Chicken Breast with Champignon Mushroom and Chardonnay Wine Sauce

팬에 구운 닭 가슴살과 버섯 볶음, 샤도네이 소스

Quantity **Produced** 1portion

Chicken Breat 120g	Butter 10g	Olive Oil 15ml
Broccoli Rose 20g	Cherry Tomato 1pc	Champignon Mushroom 3ea
Potato 1/2ea	Cocktail Onion 2ea	Onion 20g
Parsley Choppod 2g	Chardonnay Wine 80ml	Salt and Black Pepper Mill

Method

① 양송이 버섯은 슬라이스하고, 방울토마토는 160℃ 온도의 기름에 튀긴다.

② 브로콜리는 로즈 모양으로 다듬어 놓고, 감자는 껍질을 벗겨서 샤또보다 작은 크기로 꼬꼬테(Cocotte)를 해서 삶아 놓는다.

③ 양송이 버섯은 팬에 볶고, 브로콜리는 버터로 윤기를 내고, 감자는 약간 색깔이 나게 소테한다.

④ 뜨거운 팬에 기름을 두르고 닭 가슴살을 굽는다.

⑤ 닭 가슴살을 구운 팬에 샤도네이 와인을 붓고 졸여서 버터로 약간 몬테를 하여 소스를 만든다.

⑥ 접시에 구운 닭 가슴살을 놓고, 양송이와 감자, 방울토마토, 칵테일 양파, 브로콜리를 보기 좋게 놓고 소스를 뿌려서 완성한다.

제20장

디저트

서양요리의 메뉴에서 샐러드 다음에 나오는 감미롭거나 과일 같은 후식을 디저트라 하는데 본래는 프랑스어로 '식사를 끝마치다' 또는 '식탁 위를 치우다'의 뜻이다. 이 과정을 디저트 코스라고 하여, 영국이나 미국에서는 젤리 · 푸딩 · 케이크 · 아이스크림 · 과일 등을 낸다. 프랑스요리에서 말하는 앙트르메는 원래 정식식사에서 요리 사이에 내는 음식이었으나 현재는 식사 후의 후식을 의미한다.

디저트는 식사가 끝나고 식욕도 충족된 상태에서 마지막으로 식사의 끝맺음을 우아하고 향기롭게, 눈을 즐겁게 해주는 것이다. 맛있는 요리를 먹는다는 것은 즐거운 것이다. 즉 디저트는 그 즐거움을 위해 만들어진 요리의 꽃이라고 할 수 있다.

디저트는 일반적으로 식사 후에 제공되는 요리를 뜻하는데 디저트는 단맛(Sweet), 풍미(Savour), 과일(Fruit)의 3요소가 모두 포함되어야 디저트라 할 수 있다. 단맛하면 디저트가 연상되는데 재료는 대개 설탕, 꿀 등이 있다.

사람들은 단 것을 좋아한다. 그것을 만족시켜 주는 것이 디저트인데 설탕이 이만큼 보급되지 않았으면 디저트도 오늘날처럼 발달하지 못했을 것이다. 그리고 풍미가 있어야 하는데 서양에서는 디저트와 치즈 중에서 선택하여 후식으로 식사를 끝내고 있다. 우리와는 약간 동떨어진 얘기지만 짭짤하고 자극적인 것이 디저트가 될 수도 있다.

우리나라와 서양이 약간 차이가 있다. 화려하고 아름다움 속에서 맛의 조화가 어우러지는 것이 서양 디저트의 특징이라 한다면, 동양의 디저트는 춘하추동의 계절감을 담은 섬세함을 가지고 있는 것이 특징이라 볼 수 있다. 그리고 서양의 디저트와 우리의 디저트의 의미를 살펴보면 우리는 디저트가 정식 식사 외에 먹는 기호 식품으로 생각하고 있다.

최근에 와서는 몇 가지 후식에 대한 새로운 개념이 도입되고 있다. 즉 요리에서 버터의 사용을 가급적 억제하는 것처럼 디저트에서는 지나친 파테(Pates), 훼이유타지(Feuilletage)의 사용과 크림을 사용한 크림 케이크가 많이 생산되고 있다. 또한 무스나 바바로와, 수플레에서는 가급적 젤라틴의 함량을 줄이려는 경향이 있으며 또한 미각적 효과를 극대화하기 위해서 소스와 주재료의 시각적 효과를 살리기 위하여 다양한 색상의 접시가 이용되고 있으며, 소스와 주재료 그리고 접시의 색이 전체적인 조화를 이루도록 노력하여야 한다.

Fresh Fruit with Sabayon 과일과 사바용

Quantity **Produced** 1portion

Egg Yolk 2ea	White Wine 60ml	Assorted Fruit 60g
White Sugar 30g	Ice Cream 40g	

Method

① 후식용 접시에 과일을 먹기 좋게 잘라서 놓고, 설탕과 리큐주를 약간 뿌려서 준비한다.

② 스테인리스 믹싱볼에 계란 노른자와 화이트 와인을 넣고 이중탕으로 85℃ 온도에서 위퍼로 거품을 내면서 계란 노른자를 익힌다.

③ 계란 거품에 설탕을 넣고 혼합하여 사바용 소스를 만든다.

④ 과일 위에 소스를 뿌리고 살라만더에 올려서 갈색을 내고, 그 위에 아이스크림을 스쿠퍼로 떠서 올려놓고 완성한다.

사바용(Sabayon)이란 스테인리스 믹싱볼(Stainless Mixing Bowl)에 계란 노른자, 화이트 와인, 설탕을 넣고 혼합하여 중탕에서 거품기로 거품을 내면서 계란 노른자를 익히는 방법을 말한다.

Crepe Suzette 크레이프 수제트

Quantity **Produced** 1portion

Soft Flour 100g	Butter 37.5g	Milk 250ml
Egg 3ea	Sugar 35g	Salt 2g

Crepe Sauce

Sugar 250g	Butter 45g	Orange juice 200ml
Water 250ml	Corn Starch 12g	

Method

① 설탕을 넣고 캐러멜화한다.

② 오렌지 주스와 물을 넣고 끓인다.

③ 전분으로 소스의 농도를 맞춘 후에 버터를 녹여서 맛을 부드럽게 한다.

Method

① 밀가루를 체로 친 다음 설탕과 소금을 섞는다.

② 우유를 1/2 정도 붓고 계란을 넣고 다시 나머지 1/2 정도의 우유를 부어 모두 혼합한다.

③ 버터를 녹여 붓는다.

④ 완성된 반죽을 20분 정도 냉장고에 넣었다 꺼내서 팬에 부친 다음 반 접고 다시 반 접어 준비된 크레이프 소스를 뜨겁게 해서 위에 뿌려준다.

Banana Flambe 바나나 플람베

Quantity **Produced** 2portion

Banana 3ea
Butter 60g
Brown Sugar 70g
Lemon Juice 10ml
Orange Juice 200ml

Method

① 바나나 껍질을 벗기고 흰줄을 제거한다.

② 팬에 황설탕과 레몬 주스, 오렌지 주스를 넣고 설탕이 완전히 녹으면 버터를 넣고 소스를 만든다.

③ ②에 바나나를 넣고 겉이 연갈색이 될 때까지 앞뒤로 서서히 굴린다.

④ 갈색 바나나를 놓고 소스를 부어준다. 그 위에 아이스크림을 퍼서 담아 뜨거운 것과 찬 것을 조화시켜 손님 앞에서 조리하여 환상적인 분위기와 맛을 내어 서브한다.

Custard Pudding 커스타드 푸딩

Quantity Produced 8portion

Milk 1ℓ
Sugar 180g
Egg 9ea
Vanilla Some

Caramel(캐러멜) 만들기

냄비에 설탕과 물을 넣고 진한 갈색이 날 때까지 젓지 말고 끓인다.

Milk	1ℓ	2.5ℓ	4ℓ
Sugar	180g	450g	800g
Egg	9ea	20ea	37ea
Vanilla	some	some	some

Method

① 설탕과 찬물을 냄비에 넣어 진한 갈색이 될 때까지 끓인다. 진한 갈색이 되면 뜨거운 물을 조금씩 부어 캐러멜 시럽을 만든다.

② 푸딩에 사용할 종이컵을 준비하여 완성된 캐러멜을 종이 컵 바닥에 얇게 약 2~3mm 정도 깔리도록 붓는다.

③ 계란을 거품기로 휘저어서 잘 섞는다.

④ 우유와 설탕, 바닐라 향을 넣고 끓여서 약간 식힌 후에 계란을 섞은 후 체에 거른다.

⑤ 종이컵에 80% 정도 붓고 중탕이나 180℃ 온도의 오븐에서 30~35분 정도 익힌다.

⑥ 푸딩이 익었으면 오븐에서 꺼내서 식힌 후에 접시 중앙에 푸딩을 놓고 완성한다.

Check Point

- 종이 컵 안의 가장자리를 칼끝으로 조심스럽게 돌리면서 떼어낸다.
- 완성된 푸딩을 접시에 담을 때에는 접시 바닥을 거꾸로 한 다음 내려 놓듯이 순간적으로 살짝 흔들면서 푸딩을 접시에 담는다.

Cream Brulee 크림 뷸리

Quantity **Produced** 20portion

Milk 500ml
Fresh Cream 500ml
Egg 10ea
Sugar 200g

Method

① 계란과 설탕을 넣고 잘 섞어준다.

② 끓인 우유를 부어 섞어주고 고운 채에 걸러준다.

③ 생크림은 끓여서 위에 붓는다.

④ 수플레 몰드를 준비하여 몰드 안에 버터를 약간 발라준다.

⑤ 몰드 안에 혼합한 재료를 채우고, 중탕을 하여 오븐에 굽는다.

⑥ 구워졌으면 꺼내서 접시에 담고 샐러드 부케, 스틱 빵과 함께 제공한다.

Souffle 수풀레

Quantity Produced 4portion

Milk 250ml	Butter 40g	Egg 5ea
Sugar 75g	Flour 40g	Liquor 10ml
Sugar Powder 5g		

Method

① 수풀레 몰드에 버터를 바르고 설탕을 묻혀서 뒤집어 설탕을 털어 주고 찬 곳에 보관해 놓는다.

② 우유와 버터를 중불로 90℃까지 가열한다.

③ 계란 노른자와 설탕 1/2를 따뜻한 온도에서 위핑하여 밀가루를 섞어 준다.

④ 위의 반죽에 뜨거운 우유와 버터를 천천히 부으면서 저어준 후, 리큐를 넣고 혼합한 뒤 중탕에 올려서 크림 상태가 되도록 섞어서 식힌다.

⑤ 계란 흰자를 위퍼로 거품을 내면서 머랭을 올린다. 60% 위핑이 되었을 때 남은 설탕의 1/2을 넣어 주고 90% 상태로 위핑이 되었을 때 나머지 설탕을 넣고 마무리한다. 이때 머랭을 만들 때에는 온도가 차가워야 거품이 잘 생긴다.

⑥ 수풀레 크림에 흰자 머랭을 2~3회로 나누어 섞은 후, 패스트리 백에 원형 노즐을 끼워서 수풀레 크림 반죽을 담고 수풀레 몰드에 90% 정도가 되도록 짠다.

⑦ 이중탕 팬에 수풀레 몰드를 일정한 간격으로 놓고, 몰드 높이의 1/2 정도로 물을 채워 180℃ 온도의 오븐에서 25분 정도 굽는다.

⑧ 수풀레 표면이 갈색으로 변하고 몰드 위로 수풀레 반죽이 1cm 정도 올라오면 오븐에서 꺼낸다.

Check Point

- 수풀레를 보기 좋은 접시에 담아서 즉시 제공한다. 왜냐하면 부풀어 오른 수풀레가 온도가 낮아지면 가라앉기 때문이다.

Fresh Fruit 신선한 과일

Quantity **Produced** 1portion

Muskmelon 1/16ea
Strawberry 1ea
Watermelon 40g
Cherry 2ea
Apple 20g
Grape 15g
Pineapple 20g

Method

① 머스크멜론은 반으로 잘라서 속을 파내고, 웨이지 모양으로 8등분한 후에 머스크멜론 한 쪽을 다시 반으로 모양 있게 잘라서 놓는다.

② 수박과 파인애플도 모양 있게 잘라서 놓는다.

③ 딸기와 포도, 체리는 흐르는 물에 깨끗이 씻어서 물기를 제거해 놓는다.

④ 접시에 위의 과일을 보기 좋게 놓고, 민트 잎을 올려서 완성한다.

⑤ 신선한 과일은 한눈에 입맛이 당길 정도로 색깔별로 준비해서 즉석에서 보기 좋게 담아야 한다. 그 밖에 키위, 참외, 망고 등 여러 가지 과일을 이용한다.

제21장

치즈

1. 치즈의 정의 및 역사

전유, 탈지유, 크림, 버터 밀크 등의 원료 우유를 유산균에 의해 발효시키고 응유 효소를 가하여 응고시킨 후 유청을 제거한 다음 가열 또는 가압 등 처리에 의해 만들어진 신선한 응고물 또는 숙성시킨 식품을 말한다. 가공 치즈는 이렇게 만들어진 자연 치즈에 유제품을 혼합하고 첨가물을 가하여 유화한 것을 말한다.

아라비아 민화에 아라비아 상인이 양의 위로 만든 물주머니에 우유를 넣어 여행을 하는 동안 태양열로 따뜻해진 우유가 응유 효소의 작용으로 굳어져 치즈가 처음으로 만들어졌다고 하는 얘기가 있다. 역사적으로는 BC 3500년 무렵 메소포타미아 지방에서 젖소 사육, 착유, 유가공을 했음을 나타내는 석판이 발견되었고 BC 4000~BC 2000년에 이집트, 인도, 중앙아시아 지방에서도 치즈 등이 제조되었다고 한다.

이것이 터키를 거쳐 그리스에 전해져 〈오딧세이〉에도 치즈가 기록되어 있음을 볼 수 있다. 그 뒤 이탈리아 반도에서 유럽 각국으로 퍼져 각국에 독자적인 치즈가 많이 만들어지게 되었다. 우리나라에서는 1967년 임실에서 처음으로 제조되었다.

고대 그리스에 버드나무로 만든 바구니에 치즈를 넣어 숙성시켜 먹는 것을 Formos라 불렀다는 말이 있다. 이 말이 Forma→Formage로 변형되었다가 오늘날의 Formage(프랑스)로 변형된 듯하다. 각국의 치즈 명칭은 Cheese(영국), Fromage(프랑스), Kase(독일), Formaggio(이탈리아), Gueso(스페인)라고 부른다.

2. 치즈의 제조법

1) 천연 치즈

종류에 따라 제조법이 다른데 고우다 치즈와 같은 경질 치즈에서는 원료유를 살균하여 이것에 젖산균 스타터(젖산균을 미리 탈지유에 배양하여둔 것)를 첨가하면 젖산균은 우유의 젖당을 발효하여 젖산을 생성한다. 이 젖산은 치즈 제조 과정에서 잡균 번식을 억제하는 역할을 하는 동시에 다음에 더해질 레닛 작용을 도와준다.

레닛은 송아지의 제4위에서 추출된 응유 효소로서 우유를 두부처럼 응고시킨다. 우유 성분 가운데 레닛으로 응고되는 것은 우유의 주요 단백질인 카세인으로, 지방은 그것의 자체 작용은 받지 않으나 응고되는 카세인에 둘러싸이는 형태로 커드(우유의 응고물)에 함유된다. 커드를 주사위 모양으로 절단하여 천천히 휘저으면서 섭씨 30도까지 가열하면 커드가 수축하여 유청이 내부로부터 배출되어 흰색의 커드 입자와 황록색의 유청으로 나뉘어진다.

이 가운데 커드 입자를 모아 틀에 채우고 치즈 압착기로 압착한 다음 가염한다. 가염에는 식염을 표면에 바르는 방법과 식염수에 1~3일 동안 담그는 방법이 있다. 식염은 치즈의 보존성과 맛을 좋게 한다. 가염한 뒤에는 수분의 증발과 잡균의 번식을 막기 위해 표면을 파라핀이나 플라스틱 필름으로 덮어 씌워 습도 80~90%, 섭씨 10℃~15℃의 숙성실에서 3~6개월 동안 숙성한다.

숙성 중에는 젖산균 등 미생물의 단백질 분해 효소나 지방 분해 효소에 의하여 아미노산 등 수용성 질소 화합물, 유리 지방산 등이 생성된 각각의 천연 치즈 특유의 풍미가 난다. 비숙성 치즈인 코티지 치즈는 커드 입자를 모아 찬물로 2~3회 씻은 다음 가염하여 용기에 넣어 냉장하므로 단백질이나 지방 분해에 의한 진한 맛은 없으나 신선하고 상쾌한 맛이 난다.

2) 가공 치즈의 제조법

주원료인 고우다 치즈와 체더 치즈를 초피 및 치즈 그라인더로 분쇄, 배합하여 인산 나트륨이나 스트르산 나트륨과 함께 80~120도로 수분 동안 가열하여 용해시킨다. 이들 염류는 칼슘 이온과 결합하는 성질이 있어, 칼슘과 응고되어 있던 카세인으로부터 칼슘을 빼앗아 카세인을 가용화시킨다. 이로 인하여 치즈는 쉽게 녹는다. 용해된 치즈는 섭씨 7℃ 이상에서 유동성 있는 상태로 알루미늄박이나 왁스를 입힌 셀로판에 담아 밀봉하여 냉각한다.

3. 치즈의 보관법

1) 온도가 높은 곳에 두면 곰팡이가 발생하여 풍미가 떨어지므로 반드시 냉장고에 보관한다. 그러나 치즈의 수분이 얼어버릴 정도로 찬 곳에 두면 흐늘흐늘 문드러지므로 주의한다.

2) 건조하게 두면 치즈의 잘린 부분이 말라 딱딱해지므로 폴리에틸렌 필름으로 감싸서 공기에 닿지 않게 해둔다.

3) 치즈를 냉장고에 그대로 넣어두면 물방울이 생겨 곰팡이가 발생할 위험이 있으므로 필히 폴리에틸렌 필름으로 감싸서 물방울이 생기지 않도록 한다.

4) 플라스틱 통에 넣어 다른 재료와는 혼합하지 않는다.

5) 적어도 먹기 45분 전에 냉장고에서 실온에 꺼내 놓는다. 그러나 냉장고에 넣고 꺼내기를 반복하여 온도가 변동하면 맛을 손상하므로 치즈에는 치명적이다. 따라서 조리장에 두어서는 안 된다.

6) 치즈는 나무 위에 놓아두면 맛이 좋아진다.

7) 치즈 보온의 이상적인 온도는 섭씨 5도에서 8도 사이다.

8) 주위 공기의 습도는 일정해야 하며, 세찬 통풍은 좋지 않다.

9) 절대로 직사광선에 쪼이면 안 된다.

10) 두 개의 치즈를 딱 붙여주면 안 된다. 치즈와 치즈 사이에 공기가 잘 통하도록 해 둔다.

11) 잘려진 부분은 알루미늄 호일로 잘 감싸둔다.

12) 외피 위에 곰팡이가 발생한 부분은 완전히 깎아낼 필요가 있다.

13) 발코니에 놓아둘 때는 잘 감싸서 나무 판자 위에 두면 맛이 좋아진다.

14) 일반적으로 소량씩 구입하는 것이 좋다.

4. 치즈 고르는 법

1) 치즈에 대한 지식과 견문이 많은 전문가의 의견을 듣는다.

2) 계절을 존중할 것.

3) 치즈의 상표에 대해 신중할 것.

4) 산지와 진위 여부를 확인할 것.

5) 습관을 고수하지 말고, 선입견을 갖지 말 것.

6) 외적인 모양보다는 맛의 질을 선호할 것, 그리고 주저하지 말고 치즈를 맛볼 것.

7) 저장고에 쌓인 것보다는 새로운 치즈를 선호할 것.

8) 주문을 잘 분명하게 하고, 그 주문이 제대로 이해되었는지 확인할 것.

9) 시식 분위기에 젖어들 것.

5. 치즈 자르는 법

치즈의 맛은 언제나 한결같은 것이 아니다. 치즈를 제대로 잘 자르면 치즈가 갖고 있는 모든 맛을 골고루 향유할 수 있다. 구형, 삼각형, 피라미드형, 원통형, 원뿔형 등등 치즈의 모양은 치즈의 맛 만큼이나 다양하다.

치즈의 맛을 제대로 감상하기 위해서는 치즈의 외피에서부터 가운데 속부분까지 음미할 줄 알아야 한다. 쟁반 위에 치즈를 어떻게 배열할 것인가?

자연물(대리석, 석반석, 버드나무 등 나무로 만든 도마, 유리, 짚단 등)로 만든 받침 위에 치즈를 놓아야 한다. 은이나 스테인리스스틸은 치즈의 맛을 변질시키므로 피하는 것이 좋다. 쟁반은 깨끗하고 간결해야 하며 아름답고 식욕을 돋우는 형식으로 짜여져야 한다. 포도나무 잎사귀라든가 꽃이나 과일 등으로 장식하면 좋다. 색깔과 모양을 갖추어 놓는 것이 보기에도 아름답다. 숙성 상태를 감상할 수 있도록 치즈의 모든 부분을 맛보아야 한다. 반드시 각 치즈에 맞는 여러 개의 칼을 준비해야 한다.

6. 치즈의 종류

치즈는 천연 치즈와 가공 치즈로 나뉜다.

1) 천연 치즈

종류가 매우 많고 대표적인 것만 해도 세계에 400여 종류가 된다고 한다. 명칭은 원산지 이름이나 외관, 형태에서 유래된 것이 많다. 치즈는 치즈의 굳기나 그 숙성에 관여하는 미생물의 종류 등에 따라 분류한다.

(1) 파마산 치즈(Parmesan Cheese)

이탈리아 파르마 지방에서 생산되는 매우 딱딱한 치즈로서, 분말 치즈로 만들어 사용한다. 지름이 30~45cm, 높이 15~25cm, 무게 15kg~35kg의 원통형이며 숙성 기간은 3년~4년이다.

(2) 에멘탈 치즈(Emmenthal Cheese)

스위스 에멘탈이 원산지로 이 나라의 대표적인 치즈다. 스위스 치즈라고도 한다. 탄력 있는 조직을 가지고 있으며 호두와 같은 맛을 낸다. 지름 1m, 무게 100kg의 큰 원반형으로 세계 최대의 치즈이고, 숙성 기간은 10~12개월이다. 숙성 중에 프로피온산균에 의한 가스 발포를 하며, 치즈 내부에 숟가락 끝마디 정도의 가스 공이 형성된다.

(3) 고우다 치즈(Gousa Cheese)

네덜란드 남부 고우다가 원산지이며, 지름 30cm ~35cm, 높이 10cm~13cm, 무게 약 8kg의 원판형으로 숙성 기간은 306개월이며, 부드러운 맛이 특징이다.

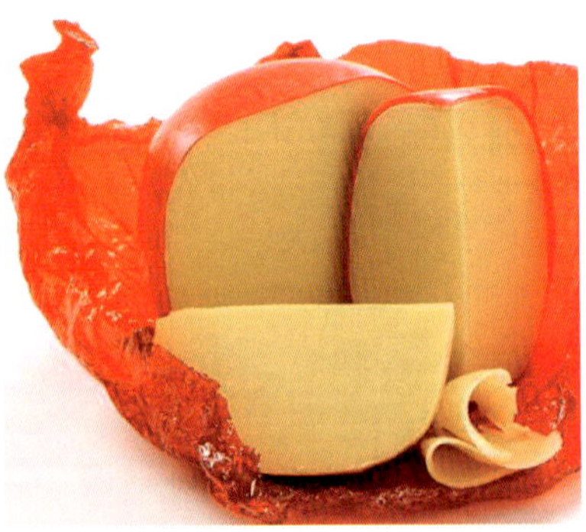

(4) 에담 치즈(Edam Cheese)

네덜란드 북부 에담이 원산지인 치즈로 고우다 치즈와 함께 네덜란드의 대표적인 치즈다. 표면이 빨간색 왁스나 셀로판으로 덮여 있어서 적옥 치즈라고도 한다. 편평한 공모양이며 지름 15cm,무게 약 2kg이고 숙성 기간은 3~5개월이다.

(5) 체더 치즈(Cheddar Cheese)

영국 서미식주의 체더 지방이 원산지이며 지름 37cm, 높이 30cm,무게 약 35kg의 원통형이나 직육면체 치즈로 만들어진다. 숙성 기간은 3~6개월로 부드러운 신맛을 지니며, 단단한 형태를 띤다.

(6) 브리 치즈(Brie Cheese)

치즈의 여왕 브리는 까멩베르와 함께 프랑스를 대표하는 소프트 치즈이다. 까멩베르와 브리는 형태나 제조과정이 매우 유사하다. 까멩베르와 같이 매우 부드럽고 좋은 감촉을 지닌 조직을 가지고 있으며, 상온에서 흘러내리지는 않는다. 흰색의 곰팡이가 표면을 덮고 있는 것이 특징이다.

미국에서 만들어진 치즈로, 나비 13cm, 길이 8cm, 높이 25cm, 무게 약 2kg의 벽돌형이다. 숙성 기간은 23개월로 약간 자극적인 맛이 있다. 최소 4주의 숙성기간을 가지며 보통 48주 정도 숙성시킨다. 2.5kg 정도의 무게로 제조되어 진다. 너무 오랜 기간의 냉장 보관은 맛과 향에 좋지 않다. 와인과 매우 잘 어울리기 때문에 와인 매니아들이 좋아하는 치즈이기도 하다.

(7) 로크포르 치즈(Roquefort Cheese)

이탈리아에 고르곤졸라가 있다면 프랑스를 대표하는 로크포르가 있으며, 고르곤졸라와는 달리 양의 젖으로 만들어진다. 프랑스 로크포르가 원산지이며 양유에서 생긴 푸른 곰팡이로 숙성시켜 만든 치즈다. 지름 약 20cm, 높이 810cm, 무게 23kg의 원통형으로, 숙성 기간은 25개월이다. 푸른 곰팡이에 의한 치즈의 지방 분해로 생기는 톡 쏘는 자극적인 맛이 특징이다. 푸른 곰팡이 균사가 치즈 내부에 그물처럼 뻗어, 절단면에는 아름다운 대리석 모양을 나타낸다. 우유를 이용하여 각국에서 만들어지는 이러한 종류의 치즈를 블루 치즈라고 한다.

(8) 카망베르 치즈(Cammembert Cheese)

프랑스의 노르망디 지역인 까망베르 지방이 원산지이며 소의 젖으로 만들어지며 흰 곰팡이를 이용하여 숙성시킨 치즈로 이미 국내의 치즈 매니아들에게도 널리 알려져 있는 유명한 치즈이다. 지름 12cm, 두께 3cm, 무게 약 250g으로, 숙성 기간은 약 3주다. 치즈 표면에는 흰 곰팡이가 펠트 모양으로 생육한다. 단백질 분해가 비교적 빠른 것이 특징이다.

(9) 코티지 치즈(Cottage Cheese)

보통 탈지유로 만드는 숙성시키지 않은 치즈로 저칼로리 고단백질 식품으로 미국에서 대량으로 소비된다. 맛이 더 좋도록 하기 위해 소량의 크림을 첨가하기도 한다.

(10) 고르곤졸라 치즈(Gorgonzola Cheese)

고르곤졸라 치즈는 이탈리아의 3대 치즈 중의 하나이며, 대표적인 소프트 치즈이다. 전형적인 곰팡이로 만든 치즈 고르곤졸라는 대단히 특이한 맛을 가지고 있다. 물론 블루 치즈로서는 특이하다고 할 수는 없지만 유산균(lactic acid bacteria)에 의해서 만들어진 치즈에 비해서 강렬한 인상을 받을 수 있기 때문에 이러한 표현을 사용한 것이다.

이탈리아의 롬바르디 지방이 원산지이며 대략 612kg 정도의 드럼형태로 제조된다. 소젖으로 만들어지고 숙성된 제품의 표면에는 적색에서 오랜지색에 가까운 Rind(껍질)로 덮이게 되며 안쪽은 푸른곰팡이에 의해 부스러지기 쉬운 회색과 푸른색이 섞인 부분을 갖게 된다. 대략 36개월 정도의 숙성기간을 가지게 되며 48% 정도의 지방을 함유하게 된다.

(11) 그뤼에르 치즈(Gruyere Cheese)

그뤼에르 치즈는 스위스 프리보그 주의 한 지역이다. 그곳에서 그뤼에르 치즈는 수세기 동안 제조되어 왔다. 그뤼에르 치즈는 에멘탈과 함께 퐁듀의 재료로 널리 알려져 있다. 에멘탈과 그뤼에르를 이용하는 것이 가장 기본적인 퐁듀를 만드는 방법이다.

에멘탈보다는 약간 더 밀집된 조직을 가지고 있으며 굳기도 더 강하다. 하지만 에멘탈보다 더 크림맛이 진하고 에멘탈이 좀 더 신선한 맛을 가지고 있다면 그뤼에르는 견과류와 같은 맛을 가진다. 약 3~6개월 또는 1년 이상 숙성기간을 가지며 일반적으로는 32~36kg 정도의 무게이다. 색은 에멘탈 보다 좀 더 짙은 노란색을 띠고 있고, 갈색의 Rind를 형성한다.

그라탕이나 프렌치 양파 수프, 퐁듀 요리에 많이 사용 한다. 퐁듀 사용 시에는 아펜젤러는 강한 맛을 내게 되고 에멘탈은 신선한 맛을 그뤼에르는 견과류의 맛을 내게 된다.

(12) 크림 치즈(Cream Cheese)

크림이나 크림을 첨가한 우유로 만드는 숙성되지 않는 치즈로 버터처럼 매끄러운 조직으로 되어 있고 진한 맛이 난다. 미국에서 가장 많이 보급되어 있는 지스 중 하나나.

2) 가공 치즈

종류, 숙성도가 다른 천연 치즈를 혼합, 가열 융해하고 균질화하여 성형, 포장한 것으로서 유고형분을 40% 이상 함유한다. 가공 치즈의 특색은 밀봉되어 있어서 보존성이 좋고, 원료 치즈의 배합에 따라 기호에 맞는 맛을 낼 수 있다.

Cheese Fondue 치즈 퐁듀

Quantity Produced 1portion

Emental Cheese (Grated)70g	Appengeller Cheese(Grated) 70g	Gruyere Cheese(Grated) 70g
White Wine 100ml	Garlic(Chop) 10g	Butter 5g
White Pepper Ground Little	Nutmeg Little	Corn Stach Little
Kirsch Liquor Little	French Bread(Cube) 2pc	

Method

① Butter를 두른 Pan에 Garlic을 볶는다.

② ①에 White Wine을 넣고 약불에 Cheese를 서서히 녹인다.

③ Cheese가 다 녹으면 Pepper, Nutmeg을 넣고 Liquor, Corn Stach(물에 푼 것)를 넣고 걸쭉하게 만든다.

④ Warner에 ③을 담고 뜨거운 French Bread과 함께 서브한다.

Check Point

- Garlic은 최대한 Fine Chop한다. 그래야 Cheese와 섞여도 진한 Garlic Flavor가 나지 않는다.
- Cheese를 너무 센 불에 녹이면 타므로 약불에서 천천히 녹인다.
- Kirsch Liquor는 달고 과일향이 나는 Liquor다.
- Swiss의 대표적인 요리이다.

Appengeller Cheese, Gruyere Cheese, Emental Cheese 3가지를 사용하여 한다. 하지만 Appengeller Cheese, Gruyere Cheese를 구입하기가 어렵기 때문에 Mozzarella Cheese를 대신 사용한다.

부록

조리용어 해설

Aioli 다진 마늘과 레몬 즙을 넣어서 만든 마요네즈를 말한다. 프랑스 요리에서 부야베이스 해산물 요리에 곁들여지는 사프론 아이올리는 마요네즈에 다진 마늘, 샤프론 주스, 앤초비, 레몬즙을 넣고 만든다.

A la carte 일품 요리

A la king 베샤멜 소스에 양송이, 피망 등을 다이스로 썰어서 볶아서 넣어 만든 요리

Al dente 파스타를 삶을 때 약간 덜 익은 상태로 삶는 것

Albumen 계란 흰자의 주요 단백질 성분

Aging 고기를 일정 시간 냉장 온도에서 보관하여 고기를 연하게 만드는 방법

Amandine 아몬드를 첨가하여 조리하거나 아몬드로 가니쉬한 것

Almond 복숭아씨처럼 생긴 타원형의 땅콩 맛이 나는 열매로, 버터에 볶아서 생선 위에 뿌려서 냄

Alkali PH가 7보다 큰 값을 갖는 물질로 산성은 육류에 많고, 알칼리성은 과일에 많은데, 올리브와 베리킹 소다는 알칼리성 식품 중 일부이다.

Allumette 성냥개비 모양과 크기로 자른 채소 모양

Andalouse 스페인 스타일의 마요네즈 혼합물, 토마토 퓌레와 고추, 피멘토를 다 다져서 마요네즈에 섞어 넣은 것

Aspic 젤라틴이 농후제로 사용된 스톡(때로는 과일이나 채소 주스)으로 만든 투명한 젤리를 말한다. 완성된 음식을 코팅하여 마르지 않도록 하거나 윤기가 나게 보기 좋게 할 때 사용한다.

Aromates 조리할 때 향신료를 넣어 향기가 나게 만든다는 뜻

Appetizer 전채요리를 말하는데, 식욕을 촉진시키기 위해 식사의 맨 처음에 먹는 요리나 음료

Aperitif 식욕을 촉진하기 위해 식사 전에 마시는 알코올 함유량이 낮은 음료

Andalouse 스페인 스타일인 마요네즈의 혼합물로서 토마토 퓌레와 고추 · 피망 등을 다져서 마요네즈에 섞어 넣은 것

Anchovy 멸치류로서 에피타이저 등에 사용되는 맛이 짠 서양 멸치젓

Au Jus 가미하지 않은 자연적인 고기의 천연즙

Ajouter 더하다. 첨가하다.

Abaisser 파이지를 만들어 반죽을 방망이로 밀어 주는 것

Appareil 요리 시 필요한 여러 가지 재료를 밑 장만하여 혼합한 것

Arroser 로스트할 때 마르거나 색깔을 잘 내기 위해서 구운 즙이나 기름을 표면에 바르거나 끼얹어 주는 것

Assisonnement 요리에 소금, 후추를 넣는 것

Assaisonner 소금, 후추, 그 외 향신료를 넣어 요리의 맛과 풍미를 더해 주는 것

Bain Marrie 끓는 물에 조리된 음식을 넣어 뜨겁게 데우는 중탕기

Baking Powder 산성 물질과 알칼리성 물질을 1:1로 섞어서 만든 화학적 팽창제. 액체에 닿게 되면 이산화탄소 가스를 생성하며, 이 이산화탄소에 의해 반죽이 부풀게 된다. 베이킹 파우더에는 액체와 닿았을 때와 가열된 때 각각 한 번씩 두 번 팽창 작용을 일으키는 성분이 들어 있다.

Barbecue 탄불이나 숯불에 육류를 통째 그을려 굽는 것, 또는 돌을 달구어 굽는 것

Bard 로스트나 브레이즈하는 동안 기름을 칠해주기 위해서 베이컨이나 돼지비계 같은 지방 조각으로 지방이 적은 고기를 둘러싸는 것, 이 지방 조각은 대개 푸주한 실을 사용하여 고기에 묶는다.

Barder 베이컨이나 맛이 짠 돼지고기를 썰어 가금류나 생선 위에 얹어 로우스트하는 방법

Baste 고기를 구울 때 타거나 마르지 않도록 기름이나 버터, 물, 소스 등을 끼얹어 바르는 것

Batch Cooking 음식을 제공해야 하는 시간 동안 음식의 총 필요량을 적당한 분량으로 몇 번에 나누어 조리함으로써 항상 신선한 음식을 제공할 수 있도록 하는 방법

Batonnet 알뤼메트나 줄리엔보다 조금 더 커다한 조각으로 자른 것 1/4×1/4×1~2인치, 6×6×25~50mm가 표준이다. 영어로는 막대 모양이나 작은 막대 모양으로 번역한다.

Battre 계란 흰자를 거품기로 쳐서 올린다.

Bavarian cream, bavarois 헤비 크림과 달걀로 만든 커스터드의 일종. 감미료를 넣고, 향미를 내고, 젤라틴으로 안정시킨다.

Bearnaise 네덜란드 소스이며, 태러건(tarragon)향을 넣는다.

Beat 공기가 들어가지 않게 반죽을 치대는 것

Bechamel 소스의 기본이 되는 화이트 소스이다. 밀크, 스톡, 크림이 주재료이다.

Beurre Blanc 화이트 와인에 셜롯, 타라곤, 월계수 잎, 파슬리 줄기, 통후추, 생크림 등을 넣어 졸여서 버터를 녹여 주면서 농도를 맞추어 만든 소스를 말한다.

Beurre Fondue 녹인 버터

Beurre Manie 버터와 밀가루를 1:1의 비율로 혼합하여 데미그라스 소스와 수프, 소스에 사용하는 농후제를 말한다.

Binder 소스를 걸쭉하게 하거나 서로 다른 재료의 혼합물을 함께 붙여 주는 데 사용하는 단일 재료 또는 혼합물

Bisque 주재료를 많이 넣어 만든 크림 스타일의 수프

Blanch 재료를 끓는 물에 넣어 살짝 익힌 후 건져 놓거나 찬 물에 식히는 것

Blanquette 화이트 스튜, 대개 송아지고기로 만들지만 때로는 닭고기나 양고기로도 만든다. 소스에 리에종을 넣어 걸쭉해지게 한 다음 제공한다.

Blend 두 가지 이상의 재료를 혼합하는 것

Bloom 젤라틴을 사용하기 전에 따뜻한 물에 넣어서 부드럽게 하는 것, 초콜릿 표면에 생기는 하얀색 막

Boil 재료가 액체에 잠기도록 한 다음 액체의 끓는점 또는 그 이상의 온도인 100°C에서 삶는 조리방법

Bordelaise 브라운 소스에 포도주, 마늘, 양파 등을 넣어서 만든 소스

Boston cream pie 케익에 푸딩이나 커스터드 소스를 넣어 만든 것

Bouchee 퍼프 페스트리로 만들어 크림고기나 생선으로 채운 작은 카나페 형태

Boucher 혐기성 박테리아 clostridium botulinum이 생산하는 독소에 의해 발생하는 식중독

Bouillabaisse 생선 수프나 스튜이며, 3~4종류의 생선을 넣어 끓인 걸죽한 것

Bouillon 수프나 소스를 만드는 스톡이며, 고기를 고아서 육수로 만든다.

Bouquet Garni 파슬리, 월계수 잎, 타임, 양파, 클로브, 통후추를 셀러리에 싸서 실로 묶어 스톡이나 수프, 소스를 만들 때 삶아서 우려낸다.

Braise 고기나 채소를 약간의 기름을 넣고 볶은 다음에 물, 밀크, 크림, 스톡을 넣고 끓이는 것

Brandy 와인 또는 과일 으깬 것을 발효시킨 것을 증류하여 만드는 독한 술, 오크통에서 숙성시킨다.

Bread 밀가루, 설탕, 쇼트닝, 소금, 액체로 만든 반죽을 효모를 사용하여 부풀려서 만든 음식

Brisket 소의 앞쪽 1/4 부분의 배 쪽에서 잘라 낸 가슴살, 브레이즈처럼 오랜 시간 가열하는 음식에 적합하다.

Brochet 고기나 채소를 쇠고챙이에 꿰어 굽는 요리

Brochette 꼬치구이

Broil 식품의 위쪽에 있는 복사열 장치에 의해 식품을 가열하는 것

Broiler 브로일에 사용되는 조리 기구

Broth 물이나 스톡에 육류, 채소를 넣고 약한 불에 끓여서 만든 맛있고 향기로운 액체. 향신료나 허브는 넣기도 하고 넣지 않기도 한다.

Brounoise 채소와 고기를 3~4mm 길이로 네모로 써는 것

Brown Sauce 브라운 스톡과 방향성 재료를 섞은 것이 루를 넣어 걸쭉하게 한 소스. 졸이기도 하고 졸이지 않기도 한다.

Brown Stock 소뼈를 갈색이 될 때까지 오븐에 구워서 미르뽀와, 향신료 등을 넣고 끓여서 만든 육수

Brunoise 작은 주사위, 사방 1/8인치(3mm)의 정사각형이 표준 크기이다, 먼저, 재료를 줄리엔으로 썬 다음 길이에 맞도록 썬다.

Burn 설탕을 물에 타서 소스팬에 끓여 캐러멜처럼 색깔이 나도록 하는 것

Butcher 육류, 가금류, 때로는 생선의 도살에 책임이 있는 요리사 또는 식료품 조달자. 브리게이드 시스템에서는 육류나 생선에 빵가루를 입히는 것과 다른 육류와 관련된 조리 준비에 대한 책임이 있다.

Butter Cream 버터, 설탕, 달걀 또는 커스터드의 혼합물. 케이크나 페이스트리를 장식하는 데 사용한다.

Butterfly 재료(대개 육류나 해산물)를 잘라서 양쪽 끝을 책 또는 나비의 양 날개처럼 펼쳐 놓은 것

Cajun 프랑스와 미국 남부 지방의 영향을 받은 영양이 풍부한 조리 방법, 특징적인 재료들은 향신료, 다크 루, 돼지기름, 파일 파우더, 피망, 양파, 셀러리 등이다, 잠발라야(jambalaya)가 전통적인 케이준 요리이다

Cake 밀가루, 설탕, 소금, 달걀, 우유, 약체, 향신료, 쇼트닝, 팽창제 등을 재료로 하여 구워 낸 빵과자

Calorie 식품의 에너지를 측정하는 데 사용하는 단위. 물 1g의 온도를 1℃ 상승시키는 데 필요한 에너지의 양이 1칼로리이다.

Calzone 반달형 모양의 이탈리아식 피자

Cammbert 프랑스 치즈

Canape 빵이나 크레커를 기본으로 하여 새우, 햄, 해산물, 치즈, 채소, 계란 등을 얹어서 한입에 넣을 수 있도록 작고 예쁘게 장식하여 오픈 샌드위치처럼 만든 것을 말한다.

Canneler 장식을 하기 위해 레몬, 오렌지 등과 같은 과일이나 채소의 표면에 칼집을 낸다.

Capers 향이나 조미에 사용되는 향초, 절인(Pickled) 것

Caramel 설탕에 물을 넣고 조린 것(물엿처럼 색깔이 진한 것)

Caramelization 설탕을 갈색이 나도록 가열하는 과정, 설탕이 캐러멜화하는 온도 범위는 대략 320~360°F(160~182℃)이다

Cassoulet 돼지고기 또는 육류, 가금류 등을 이용하여 소스를 넣어 만든 스튜의 일종

Caviar 애피타이저나 오르되브르에 사용되는 철갑상어 알

Chafing Dish 음식을 따듯하게 유지하거나 식탁 옆에서 음식을 익히거나 뷔페 음식에 사용하는 가열 장치(불을 피우는 것과 전기적인 것을 포함함)가 달려 있는 금속 접시

Champagne 프랑스의 샹파뉴 지역에서 생산되는 거품이 이는 화이트 와인

Chateaubriand 소고기 안심 부위별 명칭을 말하는데, 안심 중에서 가장 부드러운 부위의 스테이크

Cheesecloth 소스나 육수를 거를 때 사용하는 고운 헝겊 천을 말한다.

Chef de Partie 조리부서의 부조리장

Chiffonanade 채소를 아주 얇게 썬 것

Chili Powder 건조시킨 고추가루

Chili Con Carne 콩과 고기를 섞어 만든 요리

Chop 등심 부위를 갈비뼈가 붙어 있게 자른 것

Chowder 감자, 양파, 베이컨 등을 넣어 볶아 만든 크림 스타일의 걸쭉한 수프

Chutney 과일을 이용하여 만든 잼 형태의 졸임

Clarification 버터나 스독 같은 액체에서 고체 불순물을 제거하는 방법. 브로스나 콘소메를 맑게 하는데 사용되는 간 육류, 달걀 흰자, 미르포와 토마토 퓌레 허브 향신료 혼합물을 말함

Clarified Butter 순수한 버터 지방만 남아 있는 정제 버터

Clarifier 콘소메 수프를 만들 때 기름기 없는 고기와 채소, 위퍼로 거품을 낸 계란 흰자, 육수를 혼합하여 끓여서 맑게 만드는 것

Colbert 양파를 넣어서 만든 브라운 소스에 백포도주를 넣은 것

Coleslaw 양배추를 가늘게 썬 것

Collagen 동물의 결합 조직에서 발견되는 섬유상 단백질 아교나 젤라틴뿐만 아니라 소시지 케이싱을 만드는 데 사용한다. 오랜 시간 수분을 가하여 가열하면 젤라틴으로 분해한다.

Compote 과일에 설탕을 넣어 끓여서 익힌 과일

Concasser 토마토를 잘게 네모나게 썬 것

Condiment 음식에 곁들여 지는 소스나 양념

Confit 자체 지방을 사용하여 조리하고 보존 처리한 육류, 일반적으로 거위고기, 오리고기, 돼지고기

Consomme 맑은 수프, 고기 간 것, 달걀 흰자, 불순물을 걸러 내는 작용을 하는 다른 물질들을 혼합한 것을 사용하여 걸러 낸 브로스

Convection 열이 공기나 물의 순환에 의하여 전달되는 열전달 방식

Convecrion Oven 팬을 통하여 뜨거운 공기를 내보냄으로써 음식 주위에 뜨거운 공기의 순환을 일으키는 오븐

Coral 바닷가재나 새우의 알을 말하는데, 익히면 붉은색이 된다.

Corned Beef 소고기를 피클링 물에 절인 것을 말하는데, 삶아서 조식요리나 얇게 썰어서 뷔페 요리에 사용한다.

Cornstarch 말린 옥수수를 빻은 고운 흰색 가루, 소스의 농후제로 주로 사용한다.

Coulis 채소나 과일을 이용해서 만든 소스로 소스를 말할 때 사용한다.

Crispy 바삭 바삭한 것

Croissant 파삭파삭한 초승달 모양의 페이스트리로 발효된 퍼프 페이스트리로 성형하여 만들어진다.

Croquette 밀가루와 계란, 빵가루를 입혀서 기름에 튀긴 것

Crouton 토스트 빵을 네모나게 작게 썰어서 정제 버터를 두르고 구운 작은 빵 조각을 말하는데 샐러드, 수프에 사용한다.

Crumb 빵가루

Crustacean 딱딱한 껍질을 가진 절지동물의 한 종류, 바닷가재, 게, 새우, 가재 등

Cuisiner 조리사

Custard 우유, 거품 낸 달걀의 혼합물. 달콤하거나 짭짤한 향신료 같은 다른 재료들도 사용할 수 있다.

Debeard 홍합의 먹을 수 없는 복슬복슬한 털을 제거하는 일. 이 섬유들은 홍합을 바닥에 부착시키는 역할을 한다.

Deep Fry 식품을 기름에 푹 잠기게 하여 익히는 방법. 종종 빵가루 또는 튀김옷을 입혀서 튀긴다.

Deep Poach 식품이 완전히 잠길 정도의 액체를 사용하여 약한 불로 서서히 익히는 방법

Demiglace 문자 그대로의 의미는 '반으로 졸인'. 브라운 스톡과 브라운 소스를 같은 양으로 섞은 다음 반으로 줄어들 때까지 졸인 혼합물. 모체 소스 중의 하나

Dessecher 건조시키다. 말리다. 소스의 경우 재료의 즙을 졸이는 조리법을 말함. 냄비를 센 불에 달궈 재료에 남아 있는 수분을 증발시키는 것(포도주 알코올 증발)

Devil 향기 강한 소스, 소고기 스톡에 머스터드, 고추, 양파, 백포도주 또는 피멘토, 풋고추 등을 넣은 것

Dice 주사위처럼 네모로 써는 것

Dry Saute 기름을 사용하지 않고 소테하는 것. 일반적으로 눌어붙지 않는 코팅 팬을 사용한다.

Duchesse 으깬 감자요리에 계란 노른자를 섞어 만들어 살라만더나 오븐에 구워 색깔을 낸다.

Duxelles 팬에 다진 샬롯이나 양파, 버섯을 볶아 생크림, 브라운 소스를 조금 넣고 졸여서 스터핑이나 육류 위에 얹어서 사용한다.

Ecaler 삶은 계란 또는 반숙 계란의 껍질을 벗긴다.

Ecumer 거품을 제거한다.

Emince 얇게 저미다. 얇게 슬라이스하다.

Enrober 싸다. 옷을 입히다. 재료를 파이지로 싸다. 초콜릿, 젤라틴 등을 입히다.

Entrecóte 갈비뼈 사이의 등심을 일컫는 말로 주로 스테이크로 사용된다.

Entrée 주요리

Escalope 육류나 생선을 동일한 두께로 얇게 썬 조각

Essence 농축된 엑기스, 바닐라나 농축된 육수 또는 콘소메 등이 있다.

Expagnole 브라운 소스로 만든 소스

Filet 뼈가 없는 안심 부위나 생선의 뼈와 껍질을 제거한 실코기 부위

Fillet Mignon 소고기 안심 부위 중의 명칭을 말하는데, 끝 쪽에서 잘라낸 뼈가 붙어 있지 않은 안심

Flamber 태우다는 뜻으로 바나나 후람베, 크레이프 수제트 요리를 손님들 앞에서 만들 때 꼬냑이나 리큐르를 넣어 불을 붙인다. 또는 육류요리 시 잡냄새를 제거할 때 브랜디나 꼬냑으로 불을 붙이는 것을 말한다.

Foie Gras 오리나 거위의 간

Fond 스톡

Fondre 녹이다. 팬에 채소를 넣고 기름을 넣은 뒤 색깔이 나지 않도록 약한 불에 천천히 볶는다.

Food Cost 식재료 원가의 비율

French Dressing 드레싱의 일종으로 마요네즈에 식초, 양파 등을 혼합해서 만든 드레싱

French Toast 식빵에 계란 푼 것을 적셔서 팬에 굽는 것. 설탕과 계피 가루를 뿌려서 먹는다.

Fricasse 화이트 소스에 육류나 가금류를 요리하는 것

Fritter 반죽을 입혀서 튀긴 요리

Fromage 치즈

Fumet 생선, 가금, 육류의 스톡에 포도주를 넣은 것. 이것으로 고기를 찌든가 조리는 것

Gard Manger 찬 요리를 만드는 주방. 일반적으로 콜 키친이라고 한다.

Galantine 뼈를 발라 낸 가금류에 소를 넣고 말아서 삶은 조리 방법

Garnish 음식에 먹을 수 있는 식재료로 장식하는 것으로 음식의 외형을 돋보이게 하는데 목적이 있다.

Gazpacho 채소로 만드는 차가운 수프. 전형적으로 토마토, 오이, 피망, 양파를 사용한다.

Gelatin 동물의 뼈와 결합 조직에서 발견되는 단백질에 기초한 물질. 뜨거운 액체에 들어가면 녹고 식으면 굳어지는데 농후제나 안정제로 사용한다.

Glace 졸인 진한 콘소메나 데미그라스

Glazed 광택이 나게 하다. 설탕을 입히다.

Gluten 밀가루에 수분을 가하여 반죽할 때 길고 탄력성이 있는 실 모양을 형성하는 단백질. 글루텐은 이스트 도우의 특징적인 신축성을 준다.

Gratin 음식에 홀랜다이스 소스나 치즈, 계란 등을 얹어서 오븐이나 살라만더에 구워 표면을 갈색이 나게 하는 요리법

Gravlax 소금, 설탕, 신선한 딜(Dill)로 마리네이드한 연어요리

Grill 석쇠에 굽다. 음식의 아래쪽에 위치한 복사열원에 의해 음식을 조리하는 방법으로 가스, 전기, 석탄 또는 나무를 열원으로 사용할 수 있다.

Hash Brown Potatoes 감자를 삶아 주사위처럼 네모로 썰어 갈색이 나도록 버터로 굽는 것

Hollandaise 계란 노른자, 버터, 레몬즙, 식초를 넣어 만든 소스

Hygiene 공중 위생과 개인의 청결을 포함하는 건강을 유지하기 위해 지켜야 하는 규정

Inventory 현재 보유하고 있는 상품과 기계의 종류, 추정 가치와 비용이 적혀 있는 목록

Jardinier 채소를 2.5cm 길이로 바통처럼 써는 것

Jardiniere 채소 혼합물

Julienne 채소를 가늘게 썬 것

Jus 고기, 채소, 과일의 즙

Lardon 돼지고기나 베이컨의 가는 조각

Lecithin 달걀과 대두에서 발견되는 유화제

Liaison 소스나 수프의 농도를 조절해 주는 농후제

Liqueur 과일, 감미료 등으로 향미를 낸 술로서 주로 디저트나 식후주로 사용한다.

Low Fat Milk 유지방 함유량이 2% 이하인 우유

Lyonnaise 양파를 넣어서 만든 것

Madeira 포도주, 체리 포도주와 비슷한 술

Mandoline 스테인리스 스틸로 만든 슬라이스 기구로 여러 가지 채소를 다양한 모양과 굵기로 썰 수 있도록 칼날을 조절할 수 있다.

Mapoleon 층층이 재료를 쌓이서 만들 때 사용하는 용어

Marbling 육류를 자르면 대리석 무늬를 띄게 하는 부드럽고 즙이 많게 하는 근육 내 지방으로 마블링이 많으면 좋다.

Marinade 절인다는 뜻으로 오일, 포도주, 드레싱, 소스를 이용하여 절여지도록 하는 것

Medallion 동그랗게 금전식으로 만든 소고기 안심

Meringue 계란 흰자에 설탕을 넣고 휘핑해서 부풀어 오르면 케이크나 파이, 푸딩위에 얹어 굽는 것

Microwave oven 마그네트론이라고 하는 장치에서 발생하는 전자기파(전자파와 유사함)가 식품을 관통하여 식품 내 물분자가 진동하도록 하는 오븐. 이 급속한 분자의 움식임이 열을 발생시켜 식품을 익게 한다.

Mignon 소고기 안심의 부위 명칭

Mince 작게 다지는 것

Minestrone 이탈리아 채소 수프를 말한다.

Mirepoix 양파, 당근, 셀러리를 작은 크기로 썰어 놓은 것

Mise en Place 요리를 하기 전에 사전 준비를 해 놓는 것

Mornay 베샤멜 소스에 파마산 치즈를 넣어서 만든 베샤멜 소스의 파생 소스

Mold 각종 준비된 재료를 원형으로 된 틀에 넣고 준비한다.

Mulligatawny 치킨 스톡에 쌀, 옥수수, 사과, 카레를 섞어 수프를 만드는 것

Onion Brule 문자 그대로의 의미는 '태운 양파'. 껍질을 벗기고 반으로 자른 양파를 팬에서 검게 색깔을 낸 것으로 주로 가금류의 스톡과 콩소메의 잡냄새제거와 색깔을 내기 위해서 사용한다.

Paella 스페인의 정통 밥요리를 말하는데, 쌀을 볶아 양파, 마늘 채소와 닭고기, 해산물, 사프론, 토마토 소스 등을 넣어 만든다.

Parisienne Scoop 채소나 과일을 구슬 모양으로 동그랗게 도려내는 데 사용하는 작은 기구

Paste 농축을 시킨 상태를 말하는데, 예를 들어 토마토 페스트, 칠리 페스트(고추장)

Paupiette 생선이나 육류를 이용하여 그 안에 여러 가지 소를 넣고 랩이나 쿠킹호일로 말아서 삶거나 브레이징한 요리로 내용물이 익으면 벗겨서 보기 좋게 썰어서 담는다.

Pickling Spice 피클을 만들때 사용하는 향신료 혼합물로서 향미를 내는 데 사용한다.

Poach 끓는 물에 넣었다 익혀 내는 것

Poisson Fish의 프랑스어로 생선을 말한다.

Polenta 옥수수 가루에 우유와 파마산 치즈를 넣고 끓여 만든 죽 형태의 요리

Potage 걸쭉한 크림 스타일의 수프

Pat au Feu 국물이 있는 탕 요리를 말하는데, 가금류와 소고기로 만드는 프랑스 요리

Provencal 프랑스 프로방스 지방식으로 준비된 음식. 마늘, 토마토, 올리브, 앤초비가 들어간다.

Puree 재료를 거칠게 갈거나 삶아서 으깬 상태

Ragout 스튜로 고기, 채소를 넣고 걸쭉하게 끓인 것

Reduction 액체 상태를 졸이는 것

Reduce 소스나 즙을 농축시키기 위해서 끓여서 졸인다.

Refresh 재료를 데친 다음 더 많이 익는 것을 방지하기 위해서 차가운 물에 담그거나 헹굼

Rillette 삶아서 거칠게 으깨거나 찢어서 양념을 하는 방법

Risotto 쌀을 볶아서 육수를 넣고 끓인 이탈리아식 밥요리

Rissole 오븐에서 브라운 색깔이 나도록 구운 음식

Roe 생선이나 갑각류의 알

Roquefort 프랑스의 유명한 블루 치즈

Round 소고기의 엉덩이 부위를 말하는데 우둔육이라고 한다.

Roux 밀가루와 버터를 동량으로 볶은 것

Sabayon 스테인리스 믹싱 볼에 계란 노른자와 와인이나 리큐를 넣고 중탕에서 위퍼로 거품을 내면서 익히는 것으로 이탈리어로는 자바요네(Zabaglione)라고 한다.

Saute 순간 볶기로 뜨거운 팬에 볶는 조리법

Scale 재료의 무게를 재는 저울 또는 생선의 비늘을 말한다.

Scallop 가리비

Scallopine 송아지 안심을 얇게 저민 후 두드려서 팬에 굽는 요리

Seasoning 식품에 풍미를 주기 위하여 첨가하는 양념, 즉 소금 후추로 간을 하는 것을 말한다.

Shellfish 갑각류

Sherbet 주요리 전에 제공되는 과일을 이용해서 얼린 것

Sieve 물기를 빼는데 사용하는 고운 체

Simmer 물이나 액체를 서서히 끓이는 것

Slice 얇게 써는 것

Smoked 식품을 연기에 노출시켜 향미를 주고 보존 처리하는 몇 가지 방법. 식품을 완전히 익지 않는 저온 훈제, 식품을 완전히 익히는 고온 훈제, 스모크 로스팅이 있다.

Souffle 부풀린이란 뜻으로 거품을 낸 계란 흰자를 넣어 오븐에서 굽는 디저트 요리

Sparerib 돼지갈비

Spatzle 밀가루 반죽을 끓는 액체에 조금씩 떨어뜨려 만드는 부드러운 국수 또는 작은 덤플링

Spice 방향성 식물성의 건조된 향신료

Steak 육류, 가금류 또는 생선을 근육결의 수직방향으로 1회 분량으로 자른 것. 뼈를 발라 내기도 하고 뼈가 붙어 있기도 하다.

Steel 칼날을 가는 데 사용하는 도구

Stock 육수를 말하며 소고기, 생선, 채소를 넣고 오래 끓인 국물

Strain 입자들을 제거하기 위해서 액체를 체나 망에 거르는 것

Tartar Sauce 마요네즈에 다진 양파, 피클, 파슬리, 레몬즙을 넣어 만든 소스로 튀김요리에 주로 사용한다.

Thousand Island Dressing 1,000가지 종류의 제료를 넣었다고 하여 천 드레싱이라고도 하는데, 마요네즈에 토마토 케첩, 삶은 계란, 피클, 파슬리 등을 다져 넣은 소스

Tournrdos 소고기 안심의 부위별 명칭을 말한다.

Tripe 소의 천엽

Venison 사슴고기

Vichysosse 찬 감자 수프를 말한다.

Vin 포도주

Vinaigrette 식초와 오일을 넣어 만든 식초 드레싱을 말한다.

Vinegar 식초

Walnut 호두

Wheat 밀

Whole Grain 빻거나 가공하지 않은 곡식의 낟알

Yeast 빵의 팽창제

Yolk 달걀 노른자

Zest 오렌지나 레몬 등 감귤류 껍질을 벗긴 후 쥬리엔으로 길게 썬 것. 썬 껍질은 물에 살짝 삶아 쓴맛을 제거하여 사용하거나 설탕물에 졸여 디저트나 가금류 요리에 가니쉬로 사용한다.

Zucchini 호박

Zuppa 이탈리어의 수프를 말한다.

참·고·문·헌

나영선(2008), 서영조리실무개론, 백산출판사

양태석(2008), 서양조리, 백산출판사

오석태(2011), 조리입문, 신광출판사

최수근(1993), 서양요리, 형설출판사

저·자·소·개

■ 민 계 홍

현) 전주대학교 외식산업학과 교수

현) 한국외식경영학회 이사

현) 한국관광경영학회 이사

현) 한국조리학회 편집위원 및 이사

- 경기대학교 외식산업경영전공 석사(2002)
- 경기대학교 외식산업경영전공 박사(2006)
- 호주 퀸즐랜드대학교 관광학과 교환교수(2010)

서양조리실무

2012년 6월 20일 초 판 인쇄
2012년 6월 31일 초 판 발행

저 자 민 계 홍

발행인 한 인 환
발행처 도서출판 **기 문 사**
등 록 1978. 8. 9. NO. 6-0637
주 소 서울시 동대문구 용두2동 730-4번지 홍신빌딩 3층
전 화 02) 2265-7214 / 922-8662~8663
팩 스 02) 922-8772

homepage : www.kimoonsa.co.kr
e-mail : book@kimoonsa.co.kr

ISBN : 978-89-7723-546-5 13590

저자와의
협의하에
인지생략

정가 : 30,000원